JESSICA MITFORD

HUNNEN *und* REBELLEN

Meine Familie und das 20. Jahrhundert

Aus dem Englischen und mit einem Nachwort und Anmerkungen von Joachim Kalka

BERENBERG

Für Constancia Romilly
(»the donk«)

PROLOG

Familienerinnerungen haben eine fast universelle Faszination. In den meisten Häusern findet man – auf dem Dachboden oder ganz oben in irgendeinem Regal – aufgereihte Babyschühchen, den preisgekrönten Aufsatz des großen Bruders in der Schulzeitschrift, Schwesters Hochzeitsschleier, vergilbte Telegramme mit Glückwünschen aus diesem, jenem und noch einem anderen Anlass. Die meisten Häuser tragen auch die Narben, mit denen die Bewohner sie gezeichnet haben – die immer noch sichtbaren Einschüsse von Luftgewehren, abgefeuert von kindlich unsicherer Hand, das Loch, das der Kaminteppich hinnehmen musste, als eine Party allzu lustig wurde.

Hat man einmal das mittlere Alter erreicht, sind diese Trophäen wieder von großem Interesse, denn sie bringen einem mit bestürzender Deutlichkeit vergessene Ereignisse zurück, Erinnerungen, die unter einem Gebirge von Abertausenden vergangener Tage vollkommen verschüttet lagen. Als ich das Haus meiner Mutter im Jahre 1955 zuerst wieder aufsuchte, mit achtunddreißig, nach einer Abwesenheit von neunzehn Jahren, geriet ich auch unter den Bann der Vergangenheit. Deren greifbare Hinweise sind allerdings, das stimmt schon, von etwas anderer Art, als man sie im durchschnittlichen englischen Heim findet.

An den Fenstern, immer noch sichtbar, sind Hakenkreuze mit einem Diamantring in die Scheiben geritzt, und für jedes Hakenkreuz ein sorgfältig ausgeführtes Hammer-und-Sichel-Emblem. Meine Schwester Unity und ich haben diese Symbole dort eingekratzt, als wir Kinder waren. An den Wänden hängen gerahmte Bilder und Gedichte, die Unity gemacht hat, als sie noch ganz klein war – eigenartige, phantasievolle, interessante Arbeiten, manche in winzigem Format mit mikroskopischem Detail, manche riesenhaft und prachtvoll. Der Honnen-Wandschrank, wo Debo und ich den größten Teil unserer Zeit verbrachten, hat immer noch denselben charakteristisch muffigen Geruch und enthält die zauberische Verheißung einer privaten Zone, die den Erwachsenen vollkommen entrückt ist.

Es steht Familienliteratur im Regal im Wohnzimmer: die Memoiren von Lord Redesdale, Großvaters bedrückend umfangreiche Autobiographie; *Schriften eines Rebellen*, ein Privatdruck von Onkel Geoff mit seinen Briefen an die *Times*; Esmond Romillys *Out of Bounds* und *Boadilla*; ein paar Bücher von Sir Oswald Mosley; ein beeindruckendes Fach mit den Büchern von Nancy, auf Englisch und in Übersetzungen.

Am faszinierendsten sind die vielen Klebealben meiner Mutter, Dutzende von großen Folianten, alle sorgfältig nach einem bestimmten Prinzip geordnet, entweder thematisch oder nach Epochen. Eines ist ganz den Zeitungsausschnitten über die Familie gewidmet: »Wenn ich ›Tochter eines Peers‹ in einer Schlagzeile lese«, sagte sie einmal etwas melancholisch, »dann weiß ich gleich: Es geht um eines von euch Kindern.« Ein anderer Band enthält eine Sammlung von Hochzeitsfotos ihrer Kinder. Dianas Hochzeit mit Bryan

Guinness, die bei weitem opulenteste Feier, nimmt mehr als die Hälfte des Buches ein, und die Sepiafotos sind so groß, dass sie kaum auf die immensen Seiten des Buches passen. Eine Pose folgt der anderen, Diana von ganz nahe, Diana neben dem Kamin stehend, Diana von vorne, Diana im halben Profil, immer mit demselben bräutlich-reinen Ausdruck. Dann kommt Nancys Hochzeit mit zehn kleinen Pagen in weißem Satin, einige wegen der Kälte in Kaschmirstolen eingepackt. Pam und Debo scheinen irgendwie zu kurz gekommen, denn es gibt weit weniger Fotos von ihren Hochzeiten, da Pam auf dem Standesamt geheiratet hat und Debo mitten im Krieg. Irgendwo vergraben in diesem Hochzeitenalbum ist ein ziemlich unscharfer Schnappschuss mit der Beischrift »Deccas Hochzeit«, der meinen Mann und mich zeigt, wie wir mit bewusst herausforderndem Blick auf der Kante eines ungemachten Betts in einem Hotelzimmer sitzen. »Es tut mir leid, kleine D., aber es gab nur das hier, weißt du?«, sagte meine Mutter vorsichtig.

Zurückzublicken entspricht meinem Wesen nicht besonders, aber nachdem ich nun einmal diesen Blick getan habe, schreibe ich auch auf, was ich da sah. Ich sollte wohl an dieser Stelle erwähnen, dass es zwangsläufig einige Ungenauigkeiten und Verzerrungen geben wird, wie stets, wenn man sich ganz auf die Erinnerung verlässt; doch für eine Darstellung wie diese gibt es keine anderen Quellen als das eigene, oft unzuverlässige Gedächtnis.

EINS

Die Cotswolds, diese alte, malerische Landschaft voller Geister und Legenden, sind heute Teil der Touristenroute. Hat man Oxford abgehakt, wäre es doch schade, wenn man nicht noch die zwanzig Meilen oder so weiter fahren würde, um ein paar der historischen Dörfer mit den pittoresken Namen zu besehen – Stow-on-the-Wold, Chipping Norton, Minster Lovell, Burford. Die Dörfer selbst haben brav versucht, sich dieser Aufmerksamkeit würdig zu erweisen. Burford ist in der Tat so etwas wie ein kleines Stratford-on-Avon geworden, und seine alten Wirtshäuser sind sorgfältig renoviert und verbinden modernen Komfort mit einer gewissen Tudor-Atmosphäre. Man bekommt sogar Coca-Cola dort, wenn es wohl auch mit Zimmertemperatur serviert wird, und die kleinen Läden sind voller »Andenken an das Historische Burford« mit dem unauffälligen Schriftzug *Made in Japan*.

Aus irgendeinem Grund ist Swinbrook, das nur drei Meilen entfernt liegt, dem Tourismus entronnen und liegt noch genauso da, wie ich es vor über dreißig Jahren gekannt habe. In dem winzigen Dorfpostamt werden immer noch die vier gleichen Süßigkeiten – Toffee, saure Drops, Edinburgh Rock und Butterscotch – in denselben vier großen Kristallglasbehältern im Schaufenster angeboten. Hinten im Laden hängen wie schon seit zwei Generationen zwei gerahmte Drucke von viktorianischen Schönheiten, die eine eine zarte junge Dame mit goldenem Haar und leuchtend blauen Augen, um die weichen weißen Schultern irgendetwas Präraffaelitisches drapiert, die andere im Kontrast ein neckisch-hübsches Zigeunermädchen, dessen unglaublich dichtes schwarzes Haar in großen runden Locken herabfällt. Als Kind fand ich immer, dass die beiden eine erstaunliche Ähnlichkeit mit Nancy und Diana hätten, meinen älteren Schwestern. Daneben schauen die unnatürlich rosigen und weißen Gesichter von König George V. und Königin Mary immer noch freundlich in die Welt.

Die einzigen anderen öffentlichen Gebäude sind das Schulhaus mit seinem einen großen Raum und die Kirche. Drumherum liegt ein Dutzend kleiner Häuser aus grauem Stein, dicht gedrängt wie Cotswolds-Schafe, ruhig und zeitlos. In der Kirche machen die Reihen der lackierten Sitzbänke – eine davon von meinem Vater nach dem Ersten Weltkrieg infolge einer erfolgreichen Wette beim Grand-National-Rennen gestiftet – immer noch einen recht modernen Eindruck, verglichen mit den mittelalterlichen steinernen Bodenplatten, den Strebepfeilern, Säulen und Bögen. Das Wappen der Redesdales mit dem lakonisch selbstgefälligen Motto »Gott sorget fuer uns«, das über dem Chorgestühl der Familie hängt, sieht immer noch ein wenig zu zeitgenössisch und glänzend aus neben den verwitterten grauen Steindenkmälern einer vormals in Swinbrook ansässigen Familie, deren Grabstatuen vierhundert Jahre lang starr dagelegen haben.

Zwei Meilen vom Dorf den Hügel hinauf steht ein großes rechteckiges graues Gebäude mit drei Geschossen. Sein Stil ist weder modern noch traditionell zu nennen und simuliert auch keine historische Epoche – es hat eher das utilitaristische Aussehen einer Institution und könnte eine kleine Kaserne sein, ein Mädcheninternat, eine private Irrenanstalt (oder in Amerika ein Country Club). Alle diese Funktionen haben sich in seiner kurzen Geschichte durchaus angedeutet. Es handelt sich um Swinbrook House, das mein Vater für die Bedürfnisse – nach damaliger Auffassung – einer Familie mit sieben Kindern hatte bauen lassen. Wir zogen 1926 dort ein, als ich neun Jahre alt war.

Swinbrook hatte viele Züge einer Festung oder Zitadelle aus dem Mittelalter. Vom Standpunkt der Insassen aus betrachtet war das Haus autonom – in dem Sinne, dass es weder notwendig noch (im Allgemeinen) möglich war, das Gebäude zum Zweck irgendwelcher Aktivitäten des menschlichen Lebens zu verlassen. Ein Schulzimmer mit Gouvernante für die Erziehung, Reitställe und Tennisplatz für den Sport, wir sieben Kinder als Gesellschaft, die Dorfkirche für spirituelle Tröstungen, unsere jeweiligen Schlafräume als Krankenzimmer, selbst wenn Operationen notwendig waren – alles war da, entweder im Hause selbst oder in geringer Entfernung zu Fuß zu erreichen. Von draußen betrachtet war der Zutritt – in dem recht unwahrscheinlichen Fall, dass jemand ihn versucht hätte – für Außenseiter unmöglich. Zu den Außenseitern zählte mein Vater nicht nur Hunnen, Froschfresser, Amerikaner, Schwarze und sämtliche Ausländer, sondern auch Kinder anderer Leute, die Mehrheit der Bekannten meiner älteren Schwestern, nahezu sämtliche jungen Männer – tatsächlich die ganze wimmelnde Bevölkerung des Planeten, ausgenommen ein paar (gewiss nicht alle) unserer Verwandten und einige wenige rotgesichtige, in

Tweed gekleidete Nachbarn, die mein Vater aus irgendeinem Grund schätzte.

Er war auf seine Art frei von »Vorurteilen« im modernen Sinne. Seit den dreißiger Jahren versteht man hierunter die Konzentration eines leidenschaftlichen Hasses auf eine bestimmte Rasse oder einen Glauben – Schwarze, Orientalen, Juden; das Wort »Diskriminierung« ist mittlerweile schon fast ein Synonym für »Vorurteil«. Mein Vater diskriminierte in keiner Weise, tatsächlich war er sich gewöhnlich irgendwelcher Unterschiede zwischen diversen Ausländern gar nicht bewusst. Als eine unserer Cousinen einen Argentinier spanischer Herkunft zum Mann nahm, bemerkte er: »Hat Robin also einen Schwarzen geheiratet.«

Es fand ein unablässiges Tauziehen zwischen »Farve« und Nancy, Pam und Diana statt, den älteren Töchtern, die gerne ihre Freunde eingeladen hätten. Da meine Mutter Besuch ganz gerne hatte, war sie oft ihre Verbündete, und die Schlachten wurden gewonnen. Die Freunde meines Bruders Tom – kräftig gebaute junge Männer mit hellem Haar, die Nancy »die dicken Blonden« nannte – bildeten eine Ausnahme; sie durften immer kommen.

Für die drei jüngeren Kinder, Unity, Debo und mich, galt die Gesellschaft, die wir aneinander hatten, als völlig ausreichend. Von sehr seltenen Besuchen von Cousins und Cousinen abgesehen, wuchsen wir in vollkommener Isolation von Gleichaltrigen auf. Meine Mutter hielt die Anwesenheit weiterer Kinder für unnötig, sie würde uns nur überreizen. Trotzdem hatte es eine Zeit gegeben, da wir bei seltenen Anlässen zu Geburtstagsfeiern oder Ostereiersuchen in die Häuser benachbarter Familien gebracht wurden.

Selbst dieses eingeschränkte Gesellschaftsleben kam jedoch abrupt zum Erliegen, als ich neun war, und sollte nie wieder beginnen – und der Grund dafür war ich selbst, ahnungsloserweise. Ich wurde in einen Tanzkurs eingeschrieben, der sich wöchentlich traf, immer in einem anderen der großen Häuser der Nachbarschaft. Kleine Mädchen in Organdykleidchen und Kaschmirstolen, von gestärkten Nannys begleitet, wurden vom Chauffeur im vereinbarten Hause abgeliefert und warteten auf den Lehrer, der mit dem Bus aus Oxford kam. Eines verhängnisvollen Nachmittags verspätete er sich um eine Stunde, und ich ergriff die Gelegenheit, die anderen Mädchen aufs Dach zu führen und ihnen dort reizvolle Informationen über Zeugung und Geburt von Babys mitzuteilen, die ich kürzlich erfahren hatte. »Und – sogar der König und die Königin machen das!«, sagte ich mit eindrucksvoller Betonung. Es war ein großer Erfolg, insbesondere weil ich nicht widerstehen konnte, während des Erzählens einige Ausschmückungen zu erfinden. Alle baten mich, ihnen doch noch mehr zu erzählen, und schworen feierlich auf die Bibel, nie einer Menschenseele etwas zu verraten. Einige Wochen später ließ mich meine Mutter kommen. Ihr Gesicht war eine Gewitterwolke; und ich wusste sofort, was geschehen war. Bei der fürchterlichen Schelte, die nun erfolgte, erfuhr ich, dass eines von den kleinen Mädchen Nacht für Nacht schreiend aus Albträumen aufgefahren, blass und dünn geworden war und am Rand einer Nervenkrise schien. Schließlich hatte ihre Gouvernante ihr die Wahrheit über die entsetzliche Sitzung auf dem Dach entlockt (glücklicherweise enthüllte die Kleine nicht, dass ich auch das Königspaar mit hineingezogen hatte). Die Vergeltung folgte auf dem Fuße. Meine Teilnahme am Tanzkurs wurde beendet; es war allen – selbst mir – klar, dass ich fortan keine Gesellschaft für anständige Kinder mehr war. Die Ungeheuerlichkeit meiner unvorsichtigen Handlungsweise, ihr Gewicht und ihre Folgen waren derart, dass ich Jahre später – als ich mit siebzehn unter den Debütantinnen bei Hofe war – von einer älteren Cousine erfuhr, zwei jungen Männern der Nachbarschaft sei es immer noch verboten, sich mit mir abzugeben.

Unity, Debo und ich waren also auf unsere eigenen Möglichkeiten zurückgeworfen. Wie ein isolierter Eingeborenenstamm, getrennt von der übrigen Menschheit, nach und nach ganz eigene Charakteristika in Sprache, Benehmen und Weltbild ausformt, so entwickelten wir Idiosynkrasien, die auf andere Kinder unseres Alters recht exzentrisch gewirkt hätten. Selbst nach englischen Maßstäben in den fernen Zeiten der Mittzwanziger war unsere Erziehung einigermaßen ungewöhnlich. Unsere Fähigkeiten, Hobbys und Vergnügungen nahmen deutlich eigene Formen an. So verbrachte Debo (in einem Alter, wo sich andere Kinder mit Puppen, Sport, Klavierunterricht oder Ballettstunden befassen) lange stumme Stunden im Hühnerhaus und lernte, den Ausdruck schmerzhafter Konzentration präzise nachzuahmen, der auf das Gesicht eines Huhns tritt, wenn es ein Ei legt; außerdem sah sie jeden Morgen methodisch die Familiennachrichten in der *Times* durch und notierte die Zahl der Totgeburten in einem kleinen Buch. Ich vergnügte mich, indem ich mit meinem Vater Tatterich-Übungen durchführte, die darin bestanden, dass ich sanft sein Handgelenk schüttelte, während er Tee trank: »In ein paar Jahren, wenn du richtig alt bist, bekommst du wahrscheinlich den Tatterich. Ich muss jetzt vorher schon ein wenig mit dir üben, damit du dann nicht alles fallen lässt.«

Unity und ich erfanden eine vollständige Sprache namens Boudledidge, die für alle anderen unverständlich war, und übersetzten verschiedene unanständige Lieder (die sich auf diese Weise gefahrlos vor Erwachsenen singen ließen) sowie große Teile des *Oxford Book of English Verse*. Debo und ich organisierten die Sozietät der Honnen, deren Vorsitzende und einzige Mitglieder wir waren. Bei den Sitzungen der *Society of Hons* wurde Honnisch gesprochen, die offizielle Sprache der Sozietät, ein Englisch, gefärbt mit einer Art Mischung aus nordenglischen und amerikanischen Akzenten. Der Hinweis, den eine kürzlich erschienene Studie zum Ursprung der Honnen gibt, trifft nicht zu – der Name kam nicht von dem Umstand, dass Debo und ich den Titel *Honourables* führen konnten, sondern von den Hennen, die in unserem Leben eine so große Rolle spielten. Diese Hennen waren tatsächlich die Grundlage unserer Privatökonomie. Wir hielten Dutzende von ihnen, wobei meine Mutter das Futter lieferte und uns die Eier abkaufte – eine Art wohlwollender Variante des Erntepachtsystems. (Das H in »Honnen« wird natürlich – wie in »Hennen« und im Gegensatz zu »Honourables« – ausgesprochen.)

Die Hauptaktivität der Honnen bestand in Plänen, die Abstoßenden Anti-Honnen zu überlisten und zu besiegen, deren Hauptrepräsentant Tom war. »Tod den Abstoßenden Anti-Honnen!« war unser Schlachtruf, während wir ihn mit selbstgefertigten Speeren durchs ganze Haus jagten. Wir entwickelten und spielten endlos ein honnisches Spiel namens

»Hure, Hare, Hure, und jetzt der Anfang« (des unerträglichen Schmerzes), ein Wettbewerb, bei dem ermittelt wurde, wer es am besten aushalten konnte, richtig fest gekniffen zu werden. »Hure, Hare, Hure« war die Weiterentwicklung eines früheren Spiels, das als »Langsam dran arbeiten« bekannt war. Das langsame Arbeiten bestand darin, dass man unbemerkt die Hand eines Älteren (gewöhnlich war es Tom) nahm, während er ein Buch las. Zuerst ganz sanft und mit unendlicher Geduld kratzte man die Haut an ein und demselben Punkt. Das Ziel war es, Blut fließen zu lassen, ehe das Opfer merkte, was vor sich ging. »Hure, Hare, Hure« andererseits brauchte zwei aktive Mitspieler. Der erste Spieler kniff den Arm des zweiten und verstärkte stetig den Druck, während er viermal langsam und rhythmisch psalmodierte: »Hure, Hare, Hure, und jetzt der Anfang«. Der Spieler, der es schweigend bis zum vierten Mal aushielt, hatte gewonnen. Uns schien das ein wunderbares Spiel, und wir baten Tom (der Jura studierte) unablässig, doch nachzuschlagen, ob man es nicht patentieren lassen und kommerziell nutzen konnte – jedes Mal, wenn es jemand irgendwo spielte, müsste eine Schutzgebühr in die Honnen-Kasse wandern.

Tom, unser einziger Bruder, hatte im Familienleben einen besonderen Platz inne. Wir nannten ihn Tuddemy, einerseits, weil dies die Boudledidge-Übersetzung von »Tom« war, andererseits, weil wir glaubten, das reime sich mit dem Wort für Ehebruch: *adultery*. »Nur ein Bruder und sechs Schwestern! Wie ihr den lieb haben müsst! Der muss ja völlig verwöhnt sein«, sagten Fremde meist. »Ihn lieb haben? Ihn verabscheuen!« war die honnische Standardantwort. Debo erwiderte auf die Frage eines Volkszählers, aus wem die Familie bestehe, wütend: »Drei Riesen, drei Zwerge und ein Vieh!« Die Riesen waren Nancy, Diana und Unity, alle ungewöhnlich groß, die Zwerge Pam, Debo und ich, und das Vieh war der arme Tuddemy. Meine Mutter besitzt bis zum heutigen Tage ein aus Pappe ausgeschnittenes Abzeichen mit der sorgfältigen Aufschrift: »Liga gegen Tom. Oberhaupt: Nancy«.

Tatsächlich war die Anti-Tuddemy-Kampagne, die während unserer ganzen Kindheit tobte, nur Ausdruck unserer Zuneigung für ihn, gemäß den Regeln der merkwürdigen honnischen Spiegelwelt. Über Jahre war er das einzige Familienmitglied, mit dem keines der anderen je den Kontakt abgebrochen hätte; alle sprachen mit ihm.

Trotz häufiger, nicht besonders dauerhafter Allianzen – zu Boudledidge-Zwecken oder wegen honnischer Projekte oder gegen einen gemeinsamen Feind (gewöhnlich eine Gouvernante) – waren die Beziehungen zwischen Unity, Debo und mir nicht ganz einfach und von gegenseitigen Ressentiments geprägt. Wir waren wie allzu verschiedene Tiere, die mit ihren Leinen am selben Pfahl angebunden sind.

Gelegentlich taten Unity und ich uns zu dem verbotenen Vergnügen zusammen, »Debo zu plagen«. Dies musste weit außer Hörweite meines Vaters geschehen, denn Debo war sein erklärter Liebling, und es konnte fürchterliche Folgen haben, wenn wir sie zum Weinen brachten. Sie war ein ungewöhnlich weichherziges Kind, und es war leicht, ihre großen blauen Augen von Tränen übergehen zu lassen – im Familienkreise als »Überlauf« bekannt.

Unity erfand eine tragische Geschichte mit einem kleinen Pekinesen. »Das Telefon klingelte«, hieß es da. »Großvater erhob sich aus seinem Sessel und ging hinüber, um den

Hörer abzuheben. ›Babette im Bett?‹, rief er aus …« Babette lag auf dem Totenbett, Opfer einer Lungenentzündung. Der letzte Wunsch der Sterbenden war es, dass Großvater für den armen kleinen Pekinesen sorgen sollte. Doch in der ganzen Aufregung des Begräbnisses vergaß man den Hund, und er wurde mehrere Tage später am Grab seiner Herrin gefunden, gestorben vor Hunger und an gebrochenem Herzen.

Diese Geschichte ließ Debo jedes Mal in schrecklichem Kummer versinken, ganz gleich, wie oft sie schon erzählt worden war. Uns wurden dafür Monate unseres Taschengelds konfisziert, und oft wurden wir noch dazu ins Bett geschickt. Ein Grenzfall war es, wenn man lediglich mit tragischem Vibrato sprach: »Das Telefon klingelte …!«, worauf Debo so laut heulte, als hätten wir die Geschichte bis zum bitteren Ende erzählt.

Seltsame Beschäftigungen in der Tat, und kein Wunder, dass der Refrain meiner Mutter stets lautete: »Ihr seid wirklich sehr alberne Kinder.«

Meine Mutter plante und überwachte unsere Erziehung persönlich, und bis wir acht oder neun waren, unterrichtete sie uns selbst. Danach kamen wir ins Schulzimmer, wo eine rasch wechselnde Serie von Gouvernanten herrschte. Sicherlich diskutierten damals auf der ganzen Welt die Pädagogen den Streit zwischen den Anhängern von John Dewey und den Traditionalisten; sicherlich strömten Tausende zu den Vorträgen über die neue »Kinderpsychologie«. Wenn jedoch irgendwo – als Teil der das Jahrhundert prägenden Auseinandersetzung um die Gleichberechtigung – der Kampf um die weibliche Bildung geführt wurde, so erreichten uns in Swinbrook davon keinerlei Signale. Tom war natürlich mit acht ins Internat geschickt worden und dann nach Eton, aber meine Mutter war der Meinung, für Mädchen wäre diese Art Schulbildung überflüssig, wahrscheinlich schädlich, und auf jeden Fall viel zu teuer. Sie war stolz darauf, dass sie unsere gesamte Erziehung aus den Erträgen ihres Hühnerhofs finanzieren konnte, der nach Abzug aller Kosten (darunter der Lohn des Hühnermanns, der sinnvollerweise »Lay« hieß) etwa hundertzwanzig Pfund im Jahr abwarf, damals in etwa der Jahreslohn einer Gouvernante.

Die Lektionen bei »Muv« im Wohnzimmer sind in meiner Erinnerung immer noch viel klarer umrissen als irgend etwas, das ich später von den Gouvernanten gelernt habe. (Der Name Muv, schwarz auf weiß niedergeschrieben, mag übrigens das Bild einer zierlichen, zärtlichen Mutti beschwören, umgeben von Kindern, die sie als »meine Küken« bezeichnet. Ebenso lässt Farve vielleicht an einen jovial-gemütlichen Daddy denken. Für mich bestimmt nicht. In meinen frühesten Erinnerungen sind Muv und Farve himmelhoch groß und breit wie der Marble Arch, und mächtiger als König und Parlament zusammen.)

Muv lehrte englische Geschichte aus einem großen illustrierten Buch mit dem Titel *Unsere Insel* und mit einem wunderschönen Bild von Königin Victoria als Frontispiz. »Seht ihr, England und alle unsere Besitzungen im Empire sind auf der Karte ein wunderschönes Rosa«, erklärte sie. »Deutschland ist von einem hässlichen, schlammfarbenen Braun.« Die Illustrationen, der Text und Muvs erläuternde Kommentare ließen eine Reihe eindringlicher Szenen entstehen: Königin Boadicea, die furchtlos ihrem Heer voranritt … die armen kleinen Prinzen im Tower … Karl der

Große, von Großvater unter seine Ahnen gezählt … der verhasste öde Cromwell … Charles I., der Märtyrerkönig … die heroischen Erbauer des Empire, wie sie tapfer die schwarzen Horden Afrikas niederzwangen, zum Ruhme Englands … die bösen Inder und das Schwarze Loch von Kalkutta … die Amerikaner, die aus dem Empire hinausgeworfen worden waren, weil sie dauernd Unruhe stifteten und auf der Weltkarte ihr Anrecht auf das schöne Rosa verwirkt hatten … die dreckigen Hunnen, die im Krieg Onkel Clem umgebracht hatten … die russischen Bolschewisten, die eiskalt die Hunde des Zaren erschossen hatten (tatsächlich auch den kleinen Zarewitsch und die Zarewnas, nur schien deren Schicksal nicht ganz so traurig wie das der unschuldigen Hunde) … die Guten, die so unglaublich gut waren, die Bösen, die so unglaublich böse waren. Die Geschichte, wie Muv sie lehrte, war mir, alles in allem, sehr klar.

Muv hatte eine Lehrmethode ausgedacht, die alle Prüfungen überflüssig machte. Wir lasen einfach den Abschnitt durch, um den es ging, dann machten wir das Buch zu und erzählten, was uns davon im Gedächtnis haften geblieben war. »Ich bin der Meinung, ein Kind muss sich nur an das erinnern, was ihm wichtig vorkommt«, erklärte sie ein wenig vage. Manchmal funktionierte das System nicht so gut. »Also, kleine D., ich hab dir jetzt ein ganzes Kapitel vorgelesen. Erzähl mir, woran du dich noch erinnerst.« »Ich fürchte, ich erinnere mich an gar nichts.« »Komm schon, kleine D., kannst du dich denn an gar kein einziges Wort mehr erinnern?« »Also gut – ›die‹.« Fataler Satz! Noch nach Jahren konnte es mich zum Weinen bringen, wenn Schwestern und Cousinen im Chor riefen: »Also gut – ›die‹.«

Als ich neun war, rückte ich ins Schulzimmer auf. Dieser Raum – groß und luftig, mit Erkerfenstern, einem kleinen Kamin für Kohle und chintzbezogenen Möbeln – lag im ersten Stock von Swinbrook House, neben dem Zimmer der Gouvernante. Von den Besuchsschlafzimmern und den Räumen meiner Eltern war er im Korridor durch eine grünbespannte Zwischentür getrennt. Hier verbrachten wir den größten Teil unserer Zeit. Wir aßen mittags und manchmal abends drunten mit den Erwachsenen zusammen, nur nicht, wenn Besuch kam; dann wurde das Essen für uns nach oben geschickt, und wir aßen in der langweiligen Gesellschaft der Gouvernante und malten uns wütend aus, was es drunten für köstliche Dinge geben mochte.

Unity – »Bobo« für den Rest der Familie, aber für mich »Boud« – war das einzige andere Kind im Schulzimmeralter; Debo war erst sechs und bekam ihre Lektionen noch von Muv und ansonsten im Kinderzimmer unter der Jurisdiktion der Nanny. Nancy und Pam waren schon lange erwachsen, Tom lebte gerade eine Zeitlang im Ausland, und Diana war in Paris, innerlich unruhig zwischen dem Schulzimmer und ihrer ersten Ballsaison in London schwebend.

Boud war ein hochgewachsenes, übergroßes Kind von zwölf Jahren. Ich musste bei ihr immer an den Ausdruck »großes Mädchen« in viktorianischen Kinderbüchern denken. »Ach je, die gute Bobo, sie ist schon enorm groß«, klagte Muv, wenn die halbjährlichen Kartons von Daniel Neal in London mit Kinderkleidern zur Auswahl bei uns eintrafen, anprobiert und im Falle Boud unweigerlich zurückgeschickt und gegen etwas Größeres umgetauscht wurden. Nancy gab ihr den groben Spitznamen »Miss Scheußlich«, aber das war sie nicht. Ihre großen, drohenden blauen Augen, die langen, unbeholfenen Gliedmaßen, das völlig glatte flachsblonde Haar, manchmal in sauberen Zöpfen, meist lose herabströmend, ließen sie aussehen wie einen struppigen Wikinger oder wie Little John. Sie war der Fluch aller Gouvernanten, von denen wenige längere Zeit ihrer unerbittlichen Ungezogenheit gewachsen waren, und es blieb deshalb kaum eine über einen nennenswerten Zeitraum hinweg. Sie kamen und gingen in verwirrender Folge, und jede brachte eine neue Perspektive auf das Wissen der Menschheit mit.

Miss Whitey lehrte uns, zu wiederholen: »a-Quadrat minus b-Quadrat gleich a-Quadrat minus 2ab plus b-Quadrat«, doch blieb sie nicht lange genug bei uns, um zu erklären, warum das so war. Boud fand heraus, dass sie Todesangst vor Schlangen hatte, und ließ eines Morgens ihre Lieblingsringelnatter Enid säuberlich um die Ziehkette im WC geringelt zurück. Wir warteten atemlos auf das Ergebnis, das sich rasch einstellte. Miss Whitey schloss sich ein, dann ertönte ein markerschütternder Schrei, gefolgt von einem dumpfen Schlag. Die bewusstlose Frau wurde schließlich mit Hilfe diverser Brechstangen befreit, und Boud wurde entsprechend ausgescholten und angewiesen, Enid künftig in ihrer Schachtel zu lassen. Auf Miss Whitey folgte Miss Broadmoor, die uns beibrachte, *mensa, mensae, mensam* und so weiter bis zum Schluss zu sagen. Nancy, die schon in diesen frühen Tagen ein gespitztes Ohr für klassenspezifische Aussprache hatte, machte ein Gedicht, das die hauptsächlichen Züge von Miss Broadmoors »gepflegter« Redeweise illustrierte: »Ich schätt-ze ganz besondahs Botter, besondahs die von meiner Motter, wwwenn ich nur meine Botter haabe, die wwwundahbare Gottesgaabe!« Wir konnten der Versuchung nicht widerstehen, es jeden Morgen herzusagen, wenn die Schulstunden näherrückten. Miss McMurray zog Bohnen auf Stückchen von feuchtem Flanell und brachte uns die Namen verschiedener Teile dieser heranwachsenden Bohnen bei – Plumula, Radix, Embryo.

Auf sie folgte dann Miss Bunting, deren hauptsächlicher Beitrag zu unserer Erziehung darin bestand, dass sie uns eine maßvolle Form des Ladendiebstahls beibrachte. Miss Bunting war eine liebe, kleine, runde, ständig kichernde Frau, geformt wie ein Milchkrug, und sie stand dem Leben mit einer sorglosen und unorthodoxen Haltung gegenüber, die wir sehr attraktiv fanden. Boud überragte sie weit, und manchmal hob sie die Gouvernante hoch und setzte die Aufquiekende auf das Schulzimmerklavier.

Gelegentlich machten wir Ausflüge nach Oxford. »Wie wär's mit ein bisschen Allotria, Kinder?«, schlug Miss Bunting vor. Es gab zwei hauptsächliche Methoden – die Einkaufstaschenmethode, bei der man eine Komplizin brauchte, wurde bei größeren Gegenständen eingesetzt. Die Komplizin übernahm es, das Ladenfräulein einen Augenblick lang abzulenken, während die Diebin – oder, in Miss Buntings Idiom, Fräulein Allotria – ihre Tasche mit Büchern, Unterwäsche oder Pralinenschachteln vollstopfte, je nach Angebot des betreffenden Geschäfts. Die Methode des fallengelassenen Taschentuchs war bei Lippenstiften und kleinen Schmuckstücken angemessen. Miss Bunting in ihrem beigen Gouvernantenmantel und mit Handschuhen, Boud und ich in identischen Panamastrohhüten – so stolzierten wir hochmütig an den servilen Angestellten vorbei, um uns rasch in die Sicherheit von Fuller's Tea Room zurückzuziehen, wo wir begeistert vor Tassen dampfendheißer Schokolade die Beute des Tages durchsahen.

Mit den Lektionen nahm Miss Bunting es leicht. Erst wenn wir den leicht zu erkennenden Schritt meiner Mutter sich dem Schulzimmer nähern hörten, gab sie uns ein Zeichen, uns über die Arbeit zu beugen. Von Algebra, Latein oder den Elementen der Bohne hatte sie keine Ahnung, all das war ihr vollkommen gleichgültig; selbstverständlich mochten wir sie viel lieber als ihre Vorgängerinnen. Wir taten, was wir konnten, um ihr das Leben einigermaßen erträglich zu machen, und so blieb sie einige Jahre.

ZWEI

Das öffentliche Leben drehte sich bei uns in Swinbrook um die Kirche, die Konservative Partei und das Oberhaus. Meine Eltern nahmen ein freundliches, wenn auch unstetes Interesse an allen dreien, und von Zeit zu Zeit versuchten sie, uns Kinder zu staatsbürgerlichen, unserem Alter angemessenen Aktivitäten heranzuziehen.

Meine Mutter war eine zuverlässige Unterstützerin der Konservativen Partei. Obwohl sie von unserem lokalen Abgeordneten nicht viel hielt (»Was für eine langweilige kleine Kreatur«, bemerkte sie häufig betrübt), beteiligte sich Muv getreulich an jedem Wahlkampf. Mengen braver Dorfbewohner wurden auf dem Rasen von Swinbrook House versammelt, damit unsere Onkel ihnen eindringliche Reden über die Vorzüge der Konservativen Partei halten konnten, und später mit dicken Fleisch-Sandwiches, Kuchen und Tassen mit schön starkem Tee verwöhnt. Unsere Familie hatte immer einen Stand beim jährlich stattfindenden Sommerfest der Konservativen Partei von Oxfordshire, wo wir Eier, Gemüse aus dem Küchengarten und große Mengen Schnittblumen verkauften. Debo und ich, angetan mit unseren teuren Wendy-Kleidchen, durften umhergehen und Sträuße feilhalten. Debo hasste diese Anlässe, weil die Erwachsenen unweigerlich gurrten: »Ach, sieht Debo nicht süß aus!« »Decca ist doch auch süß«, war ihre wütende Antwort.

Am Wahltag begleiteten wir Muv oft bei Werbeausflügen, angetan mit den blauen Rosetten der Partei. Das Auto war mit blauen Bändern geschmückt, und wenn wir an einem Wagen mit dem roten Symbol des Sozialismus vorbeikamen, durften wir uns aus dem Fenster lehnen und rufen: »Nieder mit der scheußlichen anti-honnischen Labour-Partei!«

Die Wahlwerbung bestand darin, dass man die Dörfler in Swinbrook und den umliegenden Ortschaften aufsuchte, ihnen das Versprechen abnahm, konservativ zu wählen, und sie dann von unserem Chauffeur zum Wahllokal fahren ließ. Anhänger der Labour-Partei waren in Swinbrook buchstäblich unbekannt. Nur ein einziges Mal sah man eine rote Rosette im Dorf. Es trug sie der Sohn unseres Wildhüters – zur bitteren Scham der gedemütigten Familie, die ihn wegen dieses Akts der Illoyalität aus dem Hause verstieß. Es gab das Gerücht, er habe in einer Fabrik in Glasgow angefangen und sich prompt mit den Gewerkschaften eingelassen.

Der Generalstreik des Jahres 1926 war enorm aufregend. Es lag ein wunderbares Krisengefühl in der Luft. Die Erwachsenen brüteten mit unnatürlich ernsten Gesichtern über dem täglichen Nachrichtenbulletin, das die Zeitungen ersetzte. Es gelang mir, mein Lämmchen Miranda nachts in mein Zimmer zu schmuggeln, damit es nicht von den Bolschewiken erschossen wurde. Alle wurden zu Notstandsdiensten eingeteilt. Nancy und Pam, die nun Anfang zwanzig waren, richteten in einer etwa zwei Meilen vom Haus gelegenen alten Scheune an der Landstraße eine Kantine ein, wo sie an die streikbrecherischen Lastwagenfahrer Tee, heiße

Suppe und Sandwiches ausgaben. Nach den Schulstunden marschierten Boud und ich mit unserer Gouvernante und Debo mit der Nanny mühsam den Hügel hinauf, um zu assistieren, wobei Miranda strikt bei Fuß gehalten wurde, für den Fall, dass ein Kommunist aus der Hecke sprang.

Da die Lastwagen die ganze Nacht unterwegs waren (ein Umstand, der keiner von uns bewusst gewesen war), war es notwendig, die erste Schicht sehr früh am Morgen zu beginnen, noch vor Sonnenaufgang. Pam wurde hierfür eingeteilt; sie war bei weitem am besten geeignet für die Arbeit in der Kantine, da sie sich für Hauswirtschaft interessierte, Tee und Sandwiches machen und die Tassen spülen konnte. Nancy war hierin bekanntlich ein hoffnungsloser Fall und stöhnte traurig, wenn man ihr mehr abverlangte, als die Sandwichteller herumzureichen: »Ach, Darling, du weißt doch, ich kenn mich da nicht aus, Sachen aus dem Herd rausnehmen und so, meine armen Hände … und außerdem hasse ich das Frühaufstehen derartig.«

Eines Morgens gegen fünf Uhr war Pam allein in der Kantine, als ein dreckiger Landstreicher aus der unheimlichen Dunkelheit hereinschlurfte. In seinem zerlumpten Anzug und mit einer Arbeitermütze, das Gesicht schmutzig und mit Narben übersät, bot er einen furchterregenden Anblick. »Kann ich 'ne Tasse Tee haben, Miss?«, sagte er mit laszivem Lächeln zu Pam und brachte sein schreckliches Gesicht ganz nahe an ihres, wobei er mit den grünen Augen zwinkerte. Pam begann nervös, Tee einzuschenken, aber er ging geschickt um die Theke herum. »Kann ich ein Küsschen haben, Miss?« Und er legte ihr den Arm um die Taille. Pam, zutiefst erschrocken, stieß einen furchtbaren Schrei aus, und in ihrer verzweifelten Hast, davonzulaufen, fiel sie hin und verstauchte sich den Knöchel. Der Landstreicher stellte sich als die verkleidete Nancy heraus. Alles in allem waren wir recht traurig, als der Generalstreik endete und das Leben zu seiner langweiligen Normalität zurückkehrte.

Zur Enttäuschung meiner Mutter war Farves Interesse an der Politik viel sporadischer als das ihre. Bei sehr seltenen Gelegenheiten quälte er sich in seine Londoner Kleider und bereitete sich schweratmend auf die Reise vor (die immer als unerhört beschwerliche Fahrt galt, obwohl es nur achtzig Meilen waren), um seinen Platz im Oberhaus einzunehmen. Er ging aber nur, wenn Fragen von wirklich brennendem Interesse verhandelt wurden, etwa die, ob jene Frauen, die nicht als Gattinnen, sondern aus eigenem Recht Peeresses waren, zusammen mit den Lordschaften ihren Platz im Oberhaus einnehmen durften. Bei diesem Anlass raffte er sich auf, reiste hin und stimmte dagegen; Nancy blieb dabei, dass der eigentliche Grund für sein Votum gegen das Sitzrecht der Peeresses darin zu suchen war, dass es im Oberhaus nur ein einziges WC gab und er Angst hatte, sie könnten sich angewöhnen, es zu benützen.

Farves tiefster Zorn blieb jedoch einem Antrag vorbehalten, das Oberhaus zu reformieren, indem man seine Macht begrenzte. Die Befürworter dieses Vorschlags befürchteten, dass ohne eine solche Maßnahme eine zukünftige Labour-Regierung das Oberhaus ganz abschaffen könnte. Farve wandte sich wütend gegen dieses gewundene politische Manöver. Seine Rede wurde in der Presse viel zitiert: »Darf ich Eure Lordschaften daran erinnern, dass die Aufkündigung des Erblichkeitsprinzips ein direkter Schlag gegen die Krone ist? Eine solche Aufkündigung ist in der Tat ein Schlag gegen die Grundlagen des christlichen Glaubens selbst.« Zu seinem Ärger machten sich selbst die konservativen Blätter über diese Einlassung lustig, und die Labour-Presse berichtete begeistert. »Was *hast* du denn sagen wollen?«, fragten wir, und er erklärte uns geduldig, dass so, wie Jesus Gott wurde, weil er der Sohn Gottes war, der älteste Sohn eines Lords dessen Titel und Rechte erben sollte. Nancy tat so, als überrasche sie die Erklärung: »Ach, und ich habe gedacht, es wäre ein Schlag gegen den christlichen Glauben, weil der Sohn des Lords das Recht verlieren würde, den Pfarrer auszusuchen.«

Das Recht, die Geistlichkeit einzustellen und zu entlassen, war eines, das mein Vater nur höchst ungern aufgegeben hätte. Er verfügte über die Pfründe in Swinbrook, was bedeutete: wenn der amtierende Pfarrer starb oder die Gemeinde verließ, war es Farves Verantwortlichkeit, die sich meldenden Nachfolgekandidaten in Vorstellungsgesprächen zu prüfen und einen davon auszuwählen. Kurz nach unserem Umzug nach Swinbrook wurde ein solches Verfahren durch den Tod von Reverend Foster, dem Gemeindepfarrer, erforderlich. Debo und mir gelang es, bei zumindest einem der Gespräche heimlich mitzuhören. Ein blasser junger Mann mit dem üblichen Priesterkragen wurde vom Hausmädchen eingelassen. »Kommen Sie bitte hier entlang, Sir«, sagte sie. »Seine Lordschaft ist im Schließzimmer.« Das Arbeitszimmer meines Vaters war einmal unter üblicheren Bezeichnungen bekannt gewesen – Bibliothek, Geschäftszimmer, Herrenzimmer –, aber ich hatte Farve darauf hingewiesen, dass er quasi sein ganzes Leben in diesen vier Wänden verbrachte und infolgedessen unvermeidlicherweise dort einmal die Augen schließen würde. So wurde der Raum als Schließzimmer bekannt, und selbst die Dienstboten übernahmen die Bezeichnung. Das Schließzimmer war ein durchaus angenehmer Raum, wenn man nicht zwangsweise dorthin beordert worden war; die Wände waren von oben bis unten mit Tausenden von Büchern bedeckt, die Großvater angesammelt hatte, und es gab viel bequemes lederüberzogenes Mobiliar sowie ein großes Grammophon. Doch die Vorstellung, von Farve zu einem Gespräch dorthin bestellt zu werden, erfüllte uns mit mitfühlendem Schrecken.

»Ach, der Arme. Da kommt er. Jetzt passiert's«, flüsterte Debo in unserem Versteck unter der Treppe. Wir hörten Farve erklären, dass er persönlich die Choräle für den Sonntagsgottesdienst aussuchen würde. »Keine von diesen verdammten komplizierten ausländischen Melodien. Ich gebe Ihnen eine Liste, was in Frage kommt. ›Holy, holy, holy‹, ›Rock of Ages‹, ›All Things Bright and Beautiful‹ und dergleichen.« Er fuhr fort mit dem Hinweis, dass die Predigt niemals länger als zehn Minuten dauern dürfe. Es bestand keine Gefahr, dass diese Zeit überschritten wurde, da Farve es gewohnt war, seine Stoppuhr anzuschalten und zwei Minuten vor Ende der dem Redner zugemessenen Zeitspanne die Hand zu heben.

»Haben Sie's mit Stinkerei und Spitzen?«, brüllte er den erstaunten Bewerber plötzlich an. »Hmm?« Fragende Laute wurden durch die Wand des Schließzimmers hindurch vernehmlich. »Weihrauch, Chorhemden und der ganze papistische Quatsch! Sie wissen, was ich meine!« Debo und ich wanden uns voll Sympathie.

Der arme Pfarrer, der schließlich ausgewählt wurde, muss sich oft gewünscht haben, ihm wäre eine leichtere Aufgabe zugefallen. Zunächst einmal war der Kirchgang eine eherne Regel für die gesamte Familie Mitford. Ob Regen oder Sonnenschein, jeden Sonntagmorgen trabten wir den Hügel hinunter, zusammen mit der Nanny, der Gouvernante, Bouds Ziege, ihrer Schlange Enid, Miranda, diversen Hunden und meiner zahmen Taube. Einige der Grabstätten auf dem Kirchhof von Swinbrook waren praktischerweise von hohen Gitterzäunen umschlossen, die dem Schutz dienten und einer gewissen Privatheit. Die gaben gute Käfige für die verschiedenen Tiere ab, deren lautes Blaffen, Gurren und Mähen sich harmonisch in den kräftigen Gesang des Kirchenchors mischte und den größten Teil der zehnminütigen Predigt mühelos übertönte. Wenn Tom zu Hause war, vergnügten Debo, Boud und ich uns während des Gottesdienstes damit, dass wir versuchten, »ihn zum Gibbeln zu bringen« – ein honnischer Ausdruck für unfreiwilliges oder unterdrücktes Kichern. Der beste Moment dafür ergab sich während der Verlesung der Zehn Gebote. Mit offenen Gebetbüchern im Chorgestühl der Familie aufgereiht, warteten wir auf das Signal »Du sollst nicht ehebrechen« und gaben dann die ganze Reihe entlang einen Rippenstoß bis zu dem armen Tom weiter, dabei verzweifelt unser Gekicher erstickend. Wir waren sicher, dass er im Ausland und in seiner Londoner Wohnung ein glamouröses Leben führte und bei diesem speziellen Gebot eine betonte Ermahnung brauchte.

Meine Mutter war bei theologischen Diskussionen schwer festzunageln. »Glaubst du an Himmel und Hölle?«, fragte ich. »Nun, man hofft ja immer, dass es irgendein Weiterleben nach dem Tode geben wird. Ich würde irgendwann gerne Onkel Clem wiedersehen, und Cicely, so eine gute Freundin von mir …« Sie schien das Jenseits für einen gutgelaunten Nachmittagsempfang zu halten, wo alle möglichen Leute unversehens vorbeikommen mochten. »Aber wenn du nicht an die Wunder und so glaubst, warum muss man dann jeden Sonntag in die Kirche gehen?« »Nun ja, kleine D., schließlich und endlich ist es die *Church of England*, wir müssen sie unterstützen, verstehst du.«

Die Unterstützung nahm verschiedene Formen an. Wenn Muv daran dachte, lud sie den Pfarrer und seine Frau sonntags zum Mittagessen ein: »Die armen Dinger, sie schauen immer so hungrig drein, ich frage mich, ob sie *wirklich* genug zu essen bekommen.« Ihre weitgehende Ignoranz kirchlicher Gebräuche muss den Pfarrer gelegentlich in Verlegenheit gesetzt haben. Einmal wurde Geld für den Katafalk – *the bier* – bei Beerdigungsgottesdiensten gesammelt; der Pfarrer kam ins Haus und fragte sie, ob sie hierzu nicht etwas beitragen wollte. »Gewiss, wie viel wird denn gebraucht?« Der Pfarrer meinte, fünf Pfund wären eine ausreichende Summe. »Fünf Pfund? Wer um Himmels willen soll denn all das Bier trinken?«

Muv nahm mich oft mit, um die Frauen im Dorf zu besuchen, denen sie kleine Almosengeschenke machte. Die Armut dieser Dörflerinnen erfüllte mich mit unruhiger Besorgnis. Sie lebten in sehr alten, sehr kleinen Häuschen, rührend mit Bildern der königlichen Familie und Porzellannippes geschmückt. Der Geruch von Jahrhunderten Kohlsuppe und starkem Tee hing in den Mauern. Die Frauen waren mit dreißig Jahren alt und meist zahnlos. Viele hatten Kröpfe, Warzen, krumme Rücken und andere Gebrechen, wie sie Generationen Armut mit sich bringen. War es möglich, dass diese armen Wesen eigentlich auch Leute wie wir waren? Woran dachten sie, was brachte sie zum Lachen, worüber redeten sie bei den Mahlzeiten? Wie füllten sie die Tage aus? Warum waren sie so arm?

Auf dem langen Weg heimwärts nach einem solchen Besuch kam mir plötzlich ein glänzender Einfall.

»Hör mal, wäre es nicht eine gute Idee, wenn das ganze Geld in England gleichmäßig unter alle aufgeteilt würde? Dann würde es gar keine richtig armen Leute geben.«

»Nun, das wollen die Sozialisten machen«, erklärte mir Muv. Es war mir etwas peinlich, zu erfahren, dass die antihonnischen Sozialisten meine gute Idee bereits gehabt hatten, ich fuhr aber trotzdem fort mit dem Thema.

»Warum kann man das nicht machen?«

»Weil es nicht fair wäre, Liebling. Es würde dir doch nicht gefallen, wenn du dein ganzes Taschengeld sparst und Debo gibt ihres aus, und ich sage dann, du musst die Hälfte von deinem Geld an Debo geben, oder?« Ich sah das sofort ein. Meine Idee war doch ziemlich hoffnungslos.

Kurz danach nahm man mich zu einer konservativen Wahlversammlung im Dorf mit. Onkel Geoff hielt die Rede. »Das Problem mit der Labour-Partei ist es, dass die wollen, dass jeder arm ist«, sagte er. »Wir wollen aber, dass jeder reich ist.« Ich hatte dieses ehrwürdige Klischee noch nie gehört, und es schien mir ein Gedanke von brillanter Originalität, von dauerhafter Wichtigkeit. Es sollten noch einige Jahre vergehen, ehe ich wieder über sozialistische Ideen nachdachte.

DREI

In England auf dem Lande heranzuwachsen schien ein endloser Vorgang. Der eisige Winter wich dem frostigen Frühling und dieser einem kühlen Sommer – aber nie geschah irgend etwas. Die lyrisch sanfte Schönheit des Jahreszeitenwechsels in den Cotswolds ließ uns – buchstäblich – kalt. »Wär ich jetzt in England, / Jetzt wird es April…« oder »Narzisse, holde, wie es schmerzt, / Sinkst du so früh dahin…« – die Worte hatten eine gewisse Beschwörungsgewalt, aber ich nahm nicht viel vom April wahr, und Narzissen interessierten mich nicht. Es kam mir nie in den Sinn, mit meinem Schicksal zufrieden zu sein. Da ich kaum Kinder meines Alters kannte, mit denen ich vergleichend über ihr Leben hätte reden können, beneidete ich die Kinder in der Literatur, denen ständig interessante Dinge zustießen: »Oliver Twist hat wirklich *Glück* gehabt mit diesem interessanten Waisenhaus!«

Immerhin gab es gelegentliche Ablenkungen. Manchmal fuhren wir nach London in die Mews-Wohnung in Rutland Gate, wegen der Weihnachtseinkäufe (beziehungsweise der weihnachtlichen Ladendiebstähle, je nachdem, ob uns Nanny begleitete oder Miss Bunting), und manchmal, wenn Swinbrook House ein paar Monate lang vermietet war, kam es zu einer kompletten Völkerwanderung mit Nanny, Gouvernante, den Hausmädchen, den Hunden, Enid, Miranda, meiner Taube und uns allen ins Haus meiner Mutter am Rand von High Wycombe. Diese kleinen Exkursionen unterstrichen aber nur die Langweiligkeit des Alltagslebens in Swinbrook.

Es war, als seien wir in einem Winkel der Welt gefangen, wo die Jahre nicht vergingen, »Ziehkinder« wenn schon nicht »des Schweigens«, so doch gewiss »der langsamen Zeit«. Schon die Landschaft selbst, vollgestellt mit Geschichte, lieferte den bestürzenden Beweis, dass die Dinge alle unveränderlich waren. Die Straße nach Oxford, vor zweitausend Jahren von Julius Cäsar erbaut, war lediglich durch einen modernen Belag zur größeren Bequemlichkeit der Autofahrer ein wenig verändert worden; römische Münzen, die der Pflug so beiläufig aufwarf, als wären sie gestern verloren gegangen, brauchte man nur aufzusammeln. Als Teil unseres Schulunterrichts legten wir Hundertjahreshefte an, eine Seite pro Jahrhundert, wo wir die Daten der hauptsächlichen Schlachten, der Könige und Königinnen, der wissenschaftlichen Erfindungen eintrugen. Die menschliche Historie schien beim Umblättern dieser Seiten so deprimierend kurz. Die Französische Revolution lag nur zwei Seiten zurück, und husch! war man mit einem Fingerschnipp im 21. Jahrhundert, wo wir alle tot und begraben sein würden – und was hatte es dann gebracht? Wenig genug, dachte ich melancholisch, wenn wir das ganze Leben lang hier in Swinbrook festhingen.

Das große golden umglänzte Ziel jeder Kindheit – einmal ein Erwachsener zu sein – schien endlos weit entfernt. Es gab für uns keine Etappenziele, die den langen, langweiligen

Abstand ausgefüllt hätten, keinen Wechsel von einer Stufe der Erziehung zur nächsten, keine »ersten Partys« der Jugend, auf die man sich gefreut hätte. Man war ein Kind und lebte in allen Beschränktheiten des Kindlichen, von der Geburt bis zum Alter von siebzehn oder achtzehn Jahren – je nachdem, wie der Geburtstag im Verhältnis zur Londoner Ballsaison fiel. Das Leben reduzierte sich auf eine endlose Reihe zusammenhangloser Einzelheiten, die Tage wurden von Schulstunden, Mahlzeiten und Spaziergängen gegliedert, die Wochen durch gelegentliche Besuche der Freunde der älteren Geschwister, die Monate und Jahre vom Unerwarteten …

Onkel und Tanten kamen häufig zu längeren Besuchen. Da mein Vater eins von neun Kindern war und meine Mutter eins von vieren, erstreckte sich ein Netzwerk von Verwandten kreuz und quer durch England, von der schottischen Grenze bis nach London. Ganz gelegentlich wurde eine Tante oder ein Onkel auf ewig aus dem Gesichtskreis meines Vaters verbannt und in seiner Gegenwart niemals mehr erwähnt, wegen eines Vergehens wie einer Scheidung oder einer Heirat mit einem Ausländer oder einer Ausländerin, aber das waren Ausnahmen.

Die Tanten zerfielen grob in zwei Kategorien. Es gab die verheirateten Tanten, Mütter großer Familien, Aufseherinnen über umfangreiche Dienstbotenscharen, energische Treiber aller Kinder. Diese unbezähmbaren Frauen mit strengen Zügen, eisengrauem Haar, abgetragenem Tweedkostüm und rauher Haut stöberten einen an den kältesten schneeregendurchwehten Tagen des Jahres am Zufluchtsort vor dem Schließzimmerkamin auf. Bewaffnet mit einem massiven Spazierstock gab eine solche Tante einem einen derben Schlag aufs Hinterteil: »Lesen? In diesem muffigen Haus? Komm schon, komm schon, raus mit dir, mach einen schönen langen Gang, du faules kleines Ding.« Nanny deutete an, dass diese Tanten von einer unkontrollierbaren Macht angetrieben wurden, nämlich den körperlichen und psychischen Qualen des Klimakteriums, denn wenn man bemerkte: »Warum ist Tante Soundso nur so fürchterlich blöd?«, gab sie immer in bedeutungsvollem Ton zur Antwort: »Das sind jetzt eben diese *Jahre* bei ihr, Darling.« (Folgte man Nanny, dann war das Lebensalter einer Person die Quelle so gut wie aller persönlichen Schwierigkeiten, und sie gab stets dieselbe Antwort, wenn wir uns über jemanden beklagten, ob es sich nun um eine dreijährige Cousine, eine Schwester von siebzehn oder eine Großmutter handelte: »Du musst bedenken, Darling, sie ist jetzt eben in diesen *Jahren*.«)

Andererseits gab es die altjüngferliche Tante, einen sanfteren, verhuschten Typus; die unverheiratete Tante lebte mit einem einzigen Dienstmädchen in einer kleinen Wohnung in London. Der Status der alten Jungfer hatte sich seit den Tagen Königin Viktorias eigentlich nicht verändert. Sie lebte von einer durch die Familie ausgesetzten Rente, die sorgfältig kalkuliert war, um ein notwendiges Minimum sicherzustellen, eine Summe, die man als ausreichend und nicht übertrieben hoch für die unverheirateten Töchter und jüngeren Söhne eines Peers ansah. Während es den jüngeren Söhnen freistand, ihr Einkommen durch einen freien Beruf, den Militärdienst, den Ausbau des Empire oder vielleicht sogar eine kaufmännische Tätigkeit aufzubessern, blieben solche Wege den unverheirateten Töchtern streng verschlossen, die dann im Lauf der Zeit in das Dämmerleben der Tantenschaft versanken.

Die jungfräuliche Tante war oft von der Aura einer Legende umgeben, die umso geheimnisvoller war, als diejenigen ihrer Generation, die wie meine Mutter Bescheid wussten, niemals dazu bewegt werden konnten, die ganze Geschichte zu erzählen. Die Andeutungen, die Muv gelegentlich machte, vertieften das Geheimnis nur und machten es umso beunruhigender. »Warum hat sie denn nie geheiratet?« Muvs Gesicht verdüsterte sich angesichts dieser impertinenten Neugier auf ein fremdes Privatleben. »Nun, Darling, es geht dich ja eigentlich nichts an, aber wenn du es unbedingt wissen musst, als sie ein junges Mädchen war, da ist etwas Fürchterliches mit ihren Zähnen passiert.« »Was *war* das denn Fürchterliches?« »Ich glaube, das heißt Pyorrhoe. Jedenfalls fingen sie an, auszufallen, und monatelang ist es ihr noch gelungen, sie mit so kleinen Stückchen Brot anzukleben, aber es hat nicht funktioniert ... Jetzt lauf, mehr sage ich dir nicht.« Wie entsetzlich! Ich konnte diese Tante niemals wieder anschauen, ohne ein junges Mädchen vor mir zu sehen (mit einer aufwendigen edwardianischen Frisur), wie es auf seinem Zimmer panisch versucht, die ruinierten Zähne notdürftig zu reparieren.

Einer anderen Tante war ein noch seltsameres Missgeschick zugestoßen. Bei ihrem ersten Ball war ein junger Mann ihr auf den Fuß getreten. Sie musste einige Zeit das Bett hüten, und als sie sich wieder erholt hatte, war es zu spät zum Heiraten. »Kann man denn nicht heiraten, auch wenn man zahnlos und fußlos ist?«, fragte ich Muv, aber sie runzelte die Stirn und wechselte das Thema.

Onkel Tommy, der Bruder meines Vaters, lebte nur ein paar Meilen entfernt, und deshalb sahen wir ihn öfter als alle anderen Verwandten. Ein pensionierter Kapitän der Royal Navy mit hellrosigem Gesicht und schneeweißem Haar, schien er mir wie eine fast übertriebene Bilderbuchdarstellung eines Onkels, der zur See gefahren ist. Einer von Nancys jungen Männern machte den Fehler, in Hörweite meines Vaters zu sagen: »Darling, dein Onkel ist bei *weitem* der *schönste* Mann, den ich je im Leben gesehen habe«, was bei Farve einen ungeheuerlichen Wutanfall und bei uns Kindern herzliches Gelächter auslöste.

Onkel Tommy präsidierte als Friedensrichter des örtlichen Polizeigerichtshofs und teilte in dieser Eigenschaft an die Anwohner jene Gerechtigkeit aus, die seinen Vorstellungen entsprach. Er war besonders stolz darauf, dass er eine dreimonatige Gefängnisstrafe über eine Frau verhängt hatte, die in dunkler Nacht mit ihrem Auto gegen eine Kuh gefahren war. »Einfach hinter Gitter! So kriegt man diese verdammten Weiber wieder von den Straßen runter!«

Dieses Magistratsamt brachte die Pflicht mit sich, dass er anwesend war, wenn in Oxfordshire jemand gehängt wurde. Einer erwähnte die Möglichkeit, dass ein Magistrat sich dieser Verpflichtung entledigen konnte, falls er einem berufsmäßigen Zeugen ein Honorar zahlte. »Jemand bezahlen, dass er ins Theater geht?«, röhrte Onkel Tommy. »Kommt überhaupt nicht in Frage!«

Er tischte uns gerne Geschichten aus seiner Zeit zur See auf und behauptete, er habe Menschenfleisch gekostet, in Form von schwarzen Säuglingen, die als Ragout in den Häfen der südlichen USA serviert wurden. Ich fand seine Geschichten widerlich und unkomisch. Einmal wurde ich ins Bett geschickt, weil ich dem Wunsch Ausdruck gegeben hatte, die Kannibalen hätten ihn fangen und zu einer schmackhaften Suppe verkochen sollen.

Die Verwandten meiner Mutter waren sehr verschieden von den Mitfords. Ihr Bruder, Onkel Geoff, der oft auf Besuch nach Swinbrook kam, war ein kleiner, schmaler Mann mit nachdenklichen blauen Augen und zurückhaltendem Gebaren. Verglichen mit Onkel Tommy war er ein Intellektueller höchsten Ranges, und tatsächlich widersprach seine giftige Feder dem milden Aussehen. Er verbrachte den größten Teil seiner wachen Stunden damit, Briefe an die *Times* sowie andere Veröffentlichungen zu verfassen, in denen er seine durchaus eigenwillige Theorie vom Verlauf der englischen Geschichte darlegte. Für Onkel Geoff standen die Erfolge und Rückschläge Englands im Lauf der Jahrhunderte in direkter Beziehung zu dem Ausmaß, in welchem natürlicher Dünger oder Kompost in der Landwirtschaft eingesetzt wurde. Die Pest von 1348 war die Folge des nach und nach eingetretenen Verlusts von fruchtbarem Humus unter den zusehends abgeholzten Waldbäumen. Der Aufstieg der Elisabethaner zwei Jahrhunderte später war dem verbreiteten Gebrauch von Schafdung zuzuschreiben.

Viele von Onkel Geoffs Briefen an den Herausgeber haben sich glücklicherweise in einem privat gedruckten Band mit dem Titel *Schriften eines Rebellen* erhalten. Einer der dort abgedruckten Briefe fasst seine Ansichten über den Zusammenhang von Dünger und Freiheit am besten zusammen. Er schrieb:

> Wenn man alte Dokumente vergleicht, zeigt sich, dass unsere nationale Größe mit der lebendigen Fruchtbarkeit unseres Bodens steigt und stürzt. Und heute haben viele Jahre des erschöpften und chemisch gemordeten Erdreichs unseren Körper und, schlimmer noch, unseren Nationalcharakter schlaff werden lassen. Es ist eine schlichte Tatsache, dass der Charakter in starkem Maße ein Produkt des Erdbodens ist. Viele Jahre gemordeter Nahrung aus abgetöteter Erde haben uns allzu zahm gemacht. Die Chemikalien haben ihren giftigen Einfluss ausgeübt. Jetzt ist die Stunde gekommen, da der Wurm Englands Mannheit wiederherstellen muss! Unsere Durchschlagskraft, unseren Charakter, unsere verlorenen Tugenden und mit ihnen die Freiheit, die Inselbewohnern natürlich ist, können wir nur wiedergewinnen, wenn wir den Untergrund unserer Äcker lockern und sie so kompostieren, dass Schimmelpilze, Bakterien und Regenwürmer wieder lebendiges Erdreich herstellen, das den englischen Körper und den englischen Geist nähren kann.

Das englische Gesetz, das die Pasteurisierung von Milch vorschreibt, war ein bevorzugtes Angriffsziel von Onkel Geoff. Er liebte Alliterationen und sprach dementsprechend stets vom »Mord an der Milch«, und er gründete die »Liga zur Wiederherstellung der Freiheit«, deren Hauptquartier sich in seinem Haus in London befand und die den erklärten Zweck hatte, in dieser Angelegenheit zum Gegenangriff überzugehen. »Freiheit und nicht Doktorheit!«, lautete der stolze Slogan der Liga. Eine nachgeordnete, aber doch ebenfalls wichtige Aktivität der Liga war der Einsatz für eine Rückkehr zum »unaufgeschlitzten, langsam geräucherten Hering« und zu einem Brot, hergestellt aus »englischem steingemahlenem Mehl, Hefe, Milch, Meersalz und Rohrzucker«.

Wo er ging und stand, trug Onkel Geoff Stapel von Kopien seiner Briefe an die *Times* und den *Spectator* mit sich, zusammen mit gedruckten Anweisungen zur Herstellung von unaufgeschlitzten, langsam geräucherten Heringen und hausgebackenem Brot. Meine Mutter unterstützte seine Ideen zum gesunden Leben rückhaltlos und fügte noch ein paar eigene hinzu. Sie machte sich strafbar, indem sie sich weigerte, irgendeines ihrer Kinder impfen zu lassen (»widerliche tote Keime in den guten Körper hineinpumpen!«). Es war uns nicht nur strikt untersagt, irgendwelche Konservennahrung zu essen – das mosaische Gesetz wurde so strikt wie in irgendeinem orthodox jüdischen Haushalt befolgt. Schweinefleisch, Schalentiere, Kaninchen wurden für die Schulzimmerernährung mit der Begründung verboten, dass Moses diese Nahrungsmittel als ungesund für die Israeliten betrachtet hatte, und weil meine Mutter einer Theorie anhing, dass Juden niemals Krebs bekamen.

Da ich nicht in einem Alter war, in dem man das Exzentrische zu schätzen wüsste, war ich von den Onkeln nur gelangweilt. Auch die Aussicht, den Weg entweder der verheirateten oder der unverheirateten Tanten gehen zu sollen, war nicht sehr erhebend. Unterhaltung und Lebensweise der älteren Generation erfüllten mich mit unruhiger Abneigung und dem starken Wunsch, in andere Bezirke zu fliehen.

Ich sehnte mich leidenschaftlich danach, auf eine der üblichen Internatsschulen zu gehen. Die warme, leuchtende Utopie, weit weg von zu Hause mit Mädchen meines Alters zusammenzuwohnen und alle möglichen faszinierenden Dinge zu lernen, beherrschte jahrelang meine Gedanken. Aber keines der von mir vorgebrachten Argumente konnte meine Mutter in diesem Punkt umstimmen. Außerdem hatte sie das alles schon von ihren älteren Töchtern gehört, die, Pam ausgenommen, sämtlich darum gebettelt hatten, fortzudürfen. Pam war die Einzige unter den vier älteren Kindern, die es stets geliebt hatte, zu Hause auf dem Land zu wohnen. Als Kind wäre sie am liebsten ein Pferd gewesen, und sie verbrachte lange Stunden mit Übungen, bei denen sie realistisch mit den Hufen scharrte, den Kopf zurückwarf und wieherte.

»Ich möchte auf die Universität gehen, wenn ich groß bin«, wiederholte ich.

»Nun, Darling, wenn du groß bist, dann kannst du ja machen, was du willst.«

»Aber man kann nur auf die Universität, wenn man die Prüfungen besteht, und wie kann ich denn dafür genug lernen bei einer dummen alten Gouvernante?«

»Das ist sehr unhöflich dahergeredet. Wenn du auf eine Schule gehen würdest, wärst du wahrscheinlich kreuzunglücklich. Tatsache ist, dass Kinder immer etwas anderes wollen, als sie gerade tun. Die Kindheit ist eben ein arges Alter, ich weiß noch, dass ich mich als Kind immer elend gefühlt habe. Das kommt alles in Ordnung, wenn du achtzehn bist.«

Das also war das Leben: ein düsteres Bergmassiv wie von Doré, steil, dunkel und mühsam zu besteigen, dornenbewachsen, voller spitzer Stolpersteine – aber auf der anderen

Seite würde dann, wenn man mit achtzehn den Gipfel erreichte, ein leicht zu durchwanderndes Land voller Vergnügungen liegen ... Es hörte sich gut an, aber würde man je zum Gipfel emporkommen?

Doch gab es immerhin zwei große Ereignisse in den späteren zwanziger Jahren. Gut, sie fanden beide in der anderen, hellerleuchteten Welt der Erwachsenen statt, und wir Schulzimmerkinder waren nur Zuschauerinnen, die immer im interessantesten Moment unter lautem Protest aus dem Wohnzimmer gezerrt oder gescheucht wurden. Trotzdem blieben wir nicht unbeeinflusst. Diese Ereignisse, die das Leben zumindest zeitweilig über das öde, unveränderliche Einerlei emporhoben, waren das Erscheinen von Nancys erstem Roman und Dianas Heirat mit Bryan Guinness.

Über Monate hinweg hatte Nancy, hilflos-unwillkürlich kichernd, am Wohnzimmerkamin gesessen, und ihre eigenartig dreieckigen grünen Augen hatten gefunkelt vor Vergnügen, während ihre dünne Feder die Linien eines Kinderschulhefts entlangflog. Manchmal las sie uns Passagen vor. »Das *kannst* du nicht unter deinem Namen veröffentlichen«, sagte meine Mutter stets empört, denn die Seiten von *Highland Fling* waren nicht nur von lediglich oberflächlich umgezeichneten Tanten, Onkeln und Freunden der Familie bevölkert, es fand sich dort auch überlebensgroß und unter dem glücklich erfundenen Namen General Murgatroyd niemand anderer als Farve. Doch Nancy brachte das Buch unter ihrem eigenen Namen heraus, und die Leihbibliothek in Burford dekorierte sogar ihr Schaufenster mit dem handgeschriebenen Plakat »Nancy Mitford – eine Autorin von hier«.

Der General wurde dargestellt als leidenschaftlicher Organisator von Jagdgesellschaften, als ein Mann von vulkanischem Temperament, Schrecken aller Hausmädchen und Wildhüter, der den größten Teil seiner Zeit mit Tiraden gegen die Hunnen verbrachte und damit, diverse schlaff-künstlerische junge Männer mit pastellfarbenen Seidenhemden wütend anzuknurren, die immer wieder unerwartet auftauchten. Das private Argot meines Vaters – »Kloake, verdammte!« oder »Stinkt die ganze Hölle aus!« – und sein Abscheu vor allem und jedem, was irgendwie etwas Literarisches oder Ästhetisches hatte, waren lebensecht wiedergegeben.

So wurde Farve – fast über Nacht – eher eine Romanfigur als eine des wirklichen Lebens, eine garadezu sagenhafte Gestalt, selbst für uns. Mit den Jahren perfektionierte Nancy ihre Technik, ihn einzufangen und zwischen zwei Buchdeckel zu sperren, manchmal als General Murgatroyd, später als den furchterregenden Onkel Matthew in *The Pursuit of Love*. Sie war dabei so erfolgreich, dass selbst der Verfasser des Nachrufs in der *Times*, der Farve kurz nach seinem Tod 1958 schilderte, eine gewisse Unsicherheit erkennen ließ, ob er über den Right Honourable David Bertram Ogilvy Freeman-Mitford oder den »explosiven, lautstarken Onkel Matthew« schrieb.

Trotz des kurzen Streits, den es gab, als Nancy darauf bestand, *Highland Fling* unter eigenem Namen zu veröffentlichen, stellte sich bald heraus, dass meine Eltern und selbst die Onkel und Tanten recht stolz darauf waren, eine Schriftstellerin in der Familie zu haben. Sie führten eine frühere Miss Mitford an – Mary Mitford, Autorin eines kleinen viktorianischen Romans in der Manier von Mrs Gaskells

Cranford. Sie bemerkten wiederholt, ein solches Talent überspringe oft eine Generation, und wiesen auf die *Memoiren* von Lord Redesdale hin, Großvaters ungeheuerlich langweilige zweibändige Geschichte des eigenen Lebens.

Was Farve betraf, so liebte er es eigentlich, General Murgatroyd zu sein. Nun, da er sozusagen klassifiziert worden war, fingen seine murgatroydischen Züge an, viel von dem Furchterregenden zu verlieren, sie wurden tatsächlich weitgehend zum Rohmaterial der Fiktion. Tatsächlich war schon zu dem Zeitpunkt, als ich das Kinderzimmer verließ, das entsetzlich lodernde Feuer etwas heruntergebrannt, und Farve war sehr viel abgeklärter als zu der Zeit, als die anderen heranwuchsen.

Das Drama von Nancys, Pams, Toms und Dianas Kindheit war damals schon legendär. Es gab da den schrecklichen Tag, als sie es gewagt hatten, einen bedeutenden deutschen Wissenschaftler zum Tee einzuladen, und Farve hatte auf eine Weise zu toben begonnen angesichts der Zumutung, er solle einen »gottverdammten Hunnen« in seinem Haus empfangen, dass die Kinder gezwungen waren, den Professor anzurufen und zu erklären, es sei wohl besser, er käme nicht. »Eine Woche lang hat niemand auch nur ein Wort gesprochen«, endete die Geschichte. Und selbst ich erinnerte mich noch an die düstere Stille, die über dem Haus hing, in dem die Mahlzeiten Tag um Tag in tränenreichem Schweigen gegessen wurden, als Nancy sich mit zwanzig eine Pagenfrisur hatte schneiden lassen. Nancy, die Lippenstift gebrauchte, Nancy, die auf der modisch gewordenen Ukulele spielte, Nancy in Hosen, Nancy mit Zigarette – sie hatte für uns alle die Pionierarbeit geleistet, aber um den hohen Preis fürchterlicher Szenen, gefolgt von Tränen und verstocktem Schweigen.

Außenseiter mussten noch mehr erleiden. Als Nancy zwei war, wurde ein Arzt gerufen, um ihren schwer entzündeten Fuß zu behandeln. Er stellte fest, dass man den Fuß mit einem Schnitt öffnen musste, und anästhesierte Nancy mit einem chloroformgetränkten Taschentuch. Farve, bei Operationen immer anwesend (er beaufsichtigte sogar die Geburt aller seiner Kinder), stellte fest, dass Nancy offenbar aufgehört hatte zu atmen. »Was hast du da gemacht?«, fragten wir an dieser Stelle der Geschichte. »Ich hab den Doktor im Nacken gepackt und ihn geschüttelt wie eine Ratte.« Nancy überlebte, aber ob der Arzt sich je erholte, erfuhren wir nie.

Nun, da Farve General Murgatroyd war, beteiligten wir uns alle an dem Spiel. Ich entwickelte die Theorie, dass er ein evolutionärer Rückfall in eine frühere Epoche der Menschheitsgeschichte war, das fehlende Zwischenglied, das die Menschenaffen und den *homo sapiens* verbindet. Meine Mutter behielt mein Taschengeld ein, weil ich ihn »den alten Untermenschen« nannte, aber ihn störte es eigentlich nicht.

»Halt still, ich will mal deinen Schädel messen und schauen, ob das dieselben Maße wie beim Piltdown-Menschen sind.«

»Also gut … Aber was machst du dann mit den Messungen?«

»Ich stelle sie natürlich der Wissenschaft zur Verfügung. Wie möchtest du katalogisiert werden? Würdest du gerne als Swinbrook-Mensch bekannt sein oder lieber als Rutland-Gate-Mensch oder als High-Wybrook-Mensch?«

Die dekorativ schlaffen jungen Ästheten aus *Highland Fling* tauchten ebenfalls häufig im wirklichen Leben auf, von Nancy als Gäste nach Swinbrook importiert. Die meisten von ihnen versetzten Farve in eine murgatroydische Wut; ein oder zwei gefielen ihm unerwarteterweise. Ob es das schlimmere Schicksal war, verabscheut oder geschätzt zu werden, das war noch die Frage, denn um sich des Vorzugs dauerhaft würdig zu erweisen, musste man große Opfer bringen – wochenends an Jagdgesellschaften teilnehmen und pünktlich um acht Uhr zum Frühstück erscheinen.

»Hirn zum Frühstück, Mark!«, röhrte Farve jovial beim Erscheinen eines seiner kapriziös ausgewählten Günstlinge, der, um seinen Status nicht zu gefährden, Punkt acht ins Esszimmer gewankt kam, fahl und gebrochen aussehend. Das Standardfrühstück des Ästheten war ein *cachet faivre*, in jenen Tagen das Äquivalent einer Beruhigungstablette, und gegen Mittag ein Glas Orangensaft oder eine Tasse chinesischer Tee.

Der arme Mark verfärbte sich zu einem zarten Chartreusegrün und entschuldigte sich; gleich darauf hörte man, wie er sich auf der nächstgelegenen Toilette übergab. Auch dieser Vorfall ging in die Mythologie von Farve ein. Um das Ereignis zu feiern, komponierten Debo und ich sogleich ein honnisches Lied, eine Art Leitmotiv für Mark, das immer gesungen wurde, wenn er nach Swinbrook kam, mit dem klagenden Refrain: »Hirn zum Frühstück, Mark! Hirn zum Frühstück, Mark! Kloake, verdammte! Ach, Kloake, verdammte!«

Das seltsam ausgewählte Schlachtfeld von Nancys Generation war der Kampf der Athleten und der Ästheten (gelegentlich *the Hearties and the Arties* genannt), und die Zeitungen waren voll von den Scharmützeln, die sich diese gegnerischen Kräfte in Oxford lieferten.

Die Athleten waren natürlich ideologisch gesehen die direkten Nachfahren früherer Patrioten, welche europäische Kriege dank dem Training auf den Spielfeldern Etons gewonnen hatten, von Männern mit Krawatten in den Farben der alten Schule und ihren Reithosen-Gattinnen.

Die Ästheten beanspruchten ein exotischeres Erbe für sich … die romantischen Dichter, das England Oscar Wildes, das Frankreich von Baudelaire und Verlaine. Die meisten waren irgendwie für den Sozialismus, waren Pazifisten und (entsetzlich!) Gegner der Fuchs- und Fasanenjagd – mit der Begründung, dass diese geheiligten Sportarten grausam und sadistisch seien. Fröhlich warfen sie die schlichten alten Hausgötter vom Sockel – England, Heimat und Ruhm, das göttliche Recht der Könige (und also auch des Oberhauses), die axiomatische Überlegenheit des Engländers über alle anderen Rassen und Nationen. Blasphemischerweise fanden sie den Burenkrieg, in dem Farve laut Debretts Adelskalender »dreimal verwundet« worden war, langweilig und sagten dementsprechend statt *Boer War* nur *Bore War*, und sie zitierten Blakes berühmte Zeile über »England, grün und angenehm« mit der Abwandlung »grün-unangenehm«.

An den Wochenenden fielen sie in fröhlichen Horden aus Oxford oder London bei uns ein, von meiner Mutter mit massiver Missbilligung begrüßt und von meinem Vater mit wütenden Blicken.

Boud, Debo und ich wurden meist sorgfältig von Nancys Freunden ferngehalten, da meine Mutter diese für einen ganz und gar schlechten Einfluss hielt. »Was ein Haufen«, sagte sie immer, wenn Nancy deren exaltiertere Ideen erläuterte. Sie sprachen im Jargon der Epoche: »Darling, zu und zu hinreißend, macht mich total krank, wie überaus peinlich …« Ich drückte mich fasziniert im Wohnzimmer herum, so lange ich konnte, bis meine Anwesenheit bemerkt und ich ins Schulzimmer zurückgejagt wurde. Manchmal, wenn ich Glück hatte, holten mich Nancy und Diana zu einem Auftritt mit der Übersetzung eines englischen Minderdichters ins Boudledidge oder mit einer Runde »Hure, Hare, Hure, und jetzt der Anfang«. Ein Höhepunkt trat ein, als Evelyn Waugh, »so einer von diesen Schreiberlingen« und für Swinbrook eine der Hauptkloaken, mir versprach, er würde Miranda unsterblich machen, indem er in seinem im Erscheinen begriffenen Roman *Vile Bodies* das Wort »hinreißend« durch »schäfchenhaft« ersetzte. Ich lebte in höchster Spannung, bis das Buch schließlich erschien, weil ich befürchtete, er könne sein Wort nicht halten. Aber da stand es schwarz auf weiß: »Er hat sein durchaus schäfchenhaftes Haus in der Hertford Street verlassen …« Mit Miss Buntings Hilfe stahl ich in der Buchhandlung in Oxford ein Zweitexemplar und hing es stolz auf Mirandas Wiese an einen Baum.

Da ich keinen Bildungsmaßstab hatte, um Ideen oder Grade von Intelligenz einzuschätzen, und in einer isolierten Welt lebte, wo die Ansichten von Muv und Farve die einzigen waren, die ich je gehört hatte (in der Tat die einzigen, die, soweit ich wusste, überhaupt existierten), machten die respektlos-überschwänglichen Auslassungen dieser attraktiven Leute auf mich einen tiefen Eindruck. Ich klaute »verbotene« Bücher, die ich sie hatte diskutieren hören – Aldous

Huxley, D. H. Lawrence, André Gide –, und las sie heimlich bei Taschenlampenlicht unter der Bettdecke. Seltsame, unerhörte Horizonte öffneten sich auf allen Seiten, Dutzende möglicher Varianten einer unswinbrookischen Weltanschauung.

Nancy hing den neuen Tendenzen in der Kunst an. Wir dachten uns, dass dieses Interesse zumindest teilweise mit dem Versuch zusammenhing, »den alten Untermenschen zu provozieren«, und das gelang auch höchst effektiv. Die Plastiken von Jacob Epstein (den Vater unzutreffenderweise einen »verdammten Hunnen« nannte) und die Werke Picassos (»Dreckige Kloake!«) riefen jeweils faszinierende Auseinandersetzungen drunten hervor, von denen wir im Schulzimmer nur gedämpfte Echos vernahmen. Der Höhepunkt war erreicht, als Nancy eine Reproduktion von Stanley Spencers »Auferstehung« mit nach Hause brachte. Dieses Bild, auf dem sich seltsam längliche Menschen in moderner Kleidung langsam aus ihren Gräbern erheben, reizte Farve zu einem seiner klassischen Zornesausbrüche, der das Haus von oben bis unten erschütterte.

Seine Wut verdoppelte sich, als Nancy ihre Absicht verkündete, nach London zu ziehen und dort an der Slade School Kunst zu studieren. Wie üblich hörten wir nur den fernen Widerhall der titanischen Streitereien drunten. Wir kamen zu Mahlzeiten hinunter, die in lähmender Stille eingenommen wurden, und kehrten ins Schulzimmer zurück, um dort hin und wieder den erstickten Donner der väterlichen Stimme zu hören. Muv muss eingegriffen haben, denn Nancy setzte sich schließlich durch und zog in ein möbliertes Zimmer in Kensington. Ich verfolgte ihr Vorgehen mit höchstem Interesse und war furchtbar enttäuscht, als sie nach einem Monat wiederkehrte.

»Wie *konntest* du nur! Wenn ich je ein möbliertes Zimmer hätte, käme ich nie wieder zurück!«

»Ach, Darling, du hättest es sehen sollen. Nach etwa einer Woche stand ich knietief in meiner Unterwäsche. Ich musste förmlich hindurchwaten. Niemand da, der sie aufgeräumt hat.«

»Also, ich finde, du bist sehr willensschwach. Ich würde nie wegen einer Kleinigkeit wie der Unterwäsche aufgeben.«

Unklar nahm ich mit den Augen der Kindheit eine andere Welt wahr. Eine Welt mit möblierten Zimmern in London, Kunststudenten, Schriftstellern ... eine Welt neuer, ganz anderer Ideen ... eine Welt, von der aus betrachtet Swinbrook so archaisch wirken musste wie eine mittelalterliche Festung. Eine wunderbare Idee überkam mich plötzlich – eine jener Ideen, die man ins Herz schließt, ausspinnt, ausschmückt, bis sie Wirklichkeit werden. Ich beschloss, von zu Hause fortzulaufen. Noch nicht gleich – ich wusste, dass eine Zwölfjährige kaum eine Chance hatte, lange zu überleben, ehe man sie entdeckte und wieder ihrer Familie zustellte. Aber eines Tages, wenn ich einen vollkommen zufriedenstellenden Plan ausgearbeitet und genügend Geld gespart hätte, um mich eine Zeitlang durchzubringen. Ich schrieb sofort an Drummond's Bank; nach ein paar Tagen hatte ich die Antwort.

»Sehr geehrte gnädige Frau, wir erlauben uns, den Eingang von zehn Shilling zur Eröffnung Ihres Von-zu-Hause-Fort-Kontos zu bestätigen. Sparbuch Nr. soundso viel in der Anlage. Stets zu Diensten verbleiben wir hochachtungsvoll ...«

Triumphierend schwenkte ich den Brief überall im Familienkreis. »Schaut mal! Und man stelle sich vor, Drummond's sind mir stets zu Diensten!«

Muv sagte nur abwesend: »Na, Darling, da musst du aber tüchtig sparen, du machst dir keine Vorstellung, wie teuer es jetzt ist, in London zu wohnen.« Sie hatte anderes im Kopf: Diana hatte sich soeben verlobt und wollte bald heiraten.

VIER

Diana, das jüngste der vier erwachsenen Mitford-Kinder, war traditionell meine Lieblingsschwester gewesen. Wir waren sieben Jahre auseinander, so dass wir einander im Schulzimmer nur knapp verpasst hatten; Diana war etwa zu der Zeit, als meine Schulzimmertage begannen, zum Lernen nach Paris geschickt worden. Boud, Debo und ich waren zu nahe beisammen, als dass wir hätten Freundinnen werden können. Wir waren uns beim wilden, konkurrierenden Kampf, erwachsen zu werden, gegenseitig im Wege. Boud, drei Jahre älter als ich, hasste es, zusammen mit mir und Debo zu »den Kleinen« gezählt zu werden; ich wiederum protestierte unter Tränen dagegen, dass ich mit der zwei Jahre jüngeren Debo »die Babys« abgeben sollte. Nancy war zu scharfzüngig und sarkastisch, um längere Zeit irgendjemandes Lieblingsschwester zu sein. Plötzlich spürte man den durchdringenden Blick ihrer Smaragdaugen und hörte sie sagen: »Jetzt aber rauf ins Schulzimmer, wir haben alle genug von dir«, oder sie bemerkte, wenn man sich besondere Mühe gegeben hatte, das Haar in Löckchen zu legen: »Du siehst aus wie die älteste und hässlichste der Brontë-Schwestern.« Pam ging, auch nachdem sie die Hoffnung aufgegeben hatte, ein Pferd zu werden, zu sehr im sturen Landleben auf, ohne die ruhelose, unausgedrückte Sehnsucht nach Veränderung, die in der einen oder anderen Form den Rest von uns gepackt hatte. Aber Diana hatte, was es für eine Lieblingsschwester brauchte. Sie war gelangweilt und rebellisch genug, sie folgte Nancys Spuren. Wenn sie keine Streiche ausheckte, so lachte sie doch laut darüber; und sie war geneigt, sich für mich zu interessieren.

Die Wahl der Namen, die meine Mutter für ihre Kinder getroffen hatte, schien in einigen Fällen von großer Hellsichtigkeit. Nancy war nach den Nancys der Matrosenballaden benannt, und ihr dichtes dunkles Lockenhaar, das sie (nach dem notorischen Pagenschnitt) recht kurz und nach oben trug, ihre hochgewachsene, modisch knabenhafte Figur und ihre Neigung zum Exotischen gaben ihr in der Tat das Aussehen einer eleganten Piratenbraut. Boud, auf »Unity Valkyrie« getauft (eine sehr seltsame und deshalb offensichtlich prophetische Namenwahl für ein drei Tage nach Ausbruch des Kriegs mit Deutschland geborenes Mädchen), entsprach der Vorhersage schon in frühem Alter und nahm immer mehr das Aussehen einer flachshaarigen Kriegsjungfrau an. Diana wirkte wie die Jagdgöttin auf einem Titelbild von *Vogue* mit ihrer großen, recht athletischen Gestalt, dem blonden Haupt und vollkommen regelmäßigen Zügen, eher modern als griechisch.

Diana war diejenige, die geduldig versuchte, mir das Reiten beizubringen. Tag um Tag zogen wir in Reithosen aus, sie auf ihrer grauen Stute, ich auf meinem grobschlächtigen kleinen Pony Joey; Tag um Tag las sie mich geduldig vom Stoppelacker auf, wenn ich wieder hinuntergefallen war. »Versuch doch diesmal, dich festzuhalten, Darling. Du weißt, wie böse Muv wird, wenn du dir wieder den Arm brichst.«

(Ich konnte schon vor dem zehnten Geburtstag stolz auf zwei Armbrüche zurückschauen. »Arme kleine D., elastisch ist sie wirklich nicht«, seufzte meine Mutter.) Diana half mir beim Klavierüben und ermunterte mich, Französisch zu lernen. Sie präsentierte mich, wenn Besuch da war. »Komm, Decca, sing doch mal ›I'm Sex Appeal Sarah‹ auf Boudledidge« – und mit wild rollenden Augen und der obligatorischen Boudledidge-Grimasse legte ich los:

»*Eem dzegs abbidle Dzeedldra, / Me buddldy grads beedldra / Idge deedem ee abeedldron ge dzdedge.*« Diana übersetzte und sah sich dabei vorsichtig um, ob meine Eltern auch nicht in Hörweite waren: »*I'm Sex Appeal Sarah, / My body grows barer / Each time I appear on the stage.*«

Unvermeidlicherweise war ich, als Diana während ihrer ersten Londoner Saison sich mit Bryan Guinness verlobte, leidenschaftlich auf »ihrer Seite«. Dass man hinsichtlich dieses Ereignisses verschiedene Seiten wählte, gehörte zum traditionellen Muster unserer Familienstreitigkeiten. Jegliche Veränderung – ein neuer Haarschnitt, ein neuer Hund, das Mitbringen eines neuen Freundes – führte in Swinbrook zu einer wütenden Auseinandersetzung, gefolgt von einer unbehaglichen Periode der Streitereien, ehe wieder ein Waffenstillstand erfolgte. Sich zu verloben, das war die kühnste, aufrührerischste Tat, die je eines von uns Kindern begangen hatte, eine, die unweigerlich ein Ruf zu den Waffen war. Es war ein ehernes Gesetz, dass meinem Vater sämtliche jungen Männer missfielen und Monate der Feindseligkeit jeglicher Ehe vorausgehen würden, die eine von uns eingehen wollte.

Boud, Debo und ich blieben wie üblich von dem drunten tobenden Streit ausgeschlossen. Doch es gelang uns, aus zweiter Hand vieles über diese Verlobung zu erfahren, und wir fügten unsere eigenen Spekulationen hinzu. Bryan schien viele gute Eigenschaften zu besitzen. Er war jung, ein paar Jahre älter als Diana, sah gut aus, war einigermaßen intellektuell, war jedoch in dieser Richtung nicht allzu weit gegangen (bis jetzt war er weder ein Schriftsteller noch ein Künstler), ritt gerne, war offensichtlich wahnsinnig in Diana verliebt … Trotzdem reihten sich die erwachsenen Verwandten einmütig hinter Farve in die Abwehrphalanx gegen diese Heirat ein. Tanten und Onkel wiesen mit zungenschnalzender Missbilligung darauf hin, dass Diana erst achtzehn war – »kaum aus dem Schulzimmer raus«. Wir bekamen mit, dass Muvs hauptsächlicher Einwand sich auf die Tatsache bezog, dass Bryan »so fürchterlich reich« war. »Wahrscheinlich ist es deswegen, weil Bryans Familie ihr Geld mit Geschäften gemacht hat«, meinte ich zu Debo. »Sie stellen sich vor, dass die arme Diana dann auf Plakaten erscheint, ›Guinness is Good For You‹, du weißt schon.«

Der Reichtum der Familie Guinness mag tatsächlich etwas mit dem Widerstand meiner Mutter zu tun gehabt haben. Sie selbst hing mit starken Gefühlen an der Tugend der Sparsamkeit – die bei einer achtzehnjährigen Braut kaum gefördert würde, wenn sie plötzlich über eines der größten Vermögen Englands verfügte. Muv betrieb immer einigermaßen überflüssige Einsparungsmaßnahmen an seltsam ausgewählten Stellen. Einmal rechnete sie die Kosten für das Waschen und Bügeln von neun Servietten bei drei Mahlzeiten am Tag an 365 Tagen im Jahr aus, kam auf eine unerhörte Summe und verbannte die Servietten für immer aus unserem Esszimmer. Papierservietten waren natürlich undenkbar und individuelle Serviettenringe unsäglich abstoßend. Zu ihrem Ärger brachte der *Daily Express* die Geschichte von unseren serviettenlosen Mahlzeiten unter der Schlagzeile »Adlige Pfennigfuchser«. Muv ließ nichts unversucht, uns für das Thema sparsamer Hauswirtschaft zu interessieren, und setzte einmal einen Preis von einer Halfcrown für das Kind aus, welches für ein junges Ehepaar mit einem Jahreseinkommen von £500 das klügste Budget entwerfen konnte. Nancy ruinierte den Wettbewerb, indem sie ihre Ausgabenliste mit dem Eintrag »Blumen – £490« begann.

Dianas Methode, ihr Ziel zu erreichen – vielleicht die einzige außer einer glatten Entführung durch den Verlobten, die Erfolg versprach –, bestand darin, den ganzen Winter lang zu trotzen. Sie blieb die meiste Zeit auf ihrem Zimmer und wahrte, wenn sie ins Wohnzimmer herabkam, ein störrisches Schweigen, während sie mit leerem Blick aus dem Fenster schaute. Diese Strategie, einen Wunsch durchzusetzen, war mir nicht völlig unbekannt. Vor einigen Jahren hatte Debo erfolgreich um einen Pekinesen geschmollt und die eherne Familienregel umgeworfen, dass niemand unter zehn einen Hund besitzen durfte.

»Ich frage mich, ob Diana sich wirklich in Sehnsucht verzehrt oder ob sie bloß übt, wie es sich anfühlt, wenn man fürchterlich reich ist«, sagte ich zu Debo.

Der Anblick der sich verzehrenden – oder aber die Existenz im Reichtum übenden – Diana rückte mir wie kaum etwas anderes die Monotonie des Lebens in Swinbrook ins Bewusstsein, seiner Ferne zu allem, was irgendwie aufregend war. Wie Gefangene in ihren Zellen einander ihre unerträgliche Unruhe mitteilen und so mit der Zeit einen Massenaufruhr auszulösen vermögen, so gelang es Diana, ihre Langeweile auszustrahlen. Mitfühlend ging mir fast obsessiv mein Von-zu-Hause-Fort-Konto durch den Kopf, und ich schickte jeden Shilling und jeden Penny, den ich zusammenkratzen konnte, an die sehr geehrten Herren bei Drummond's.

Diana machte mit ihrer Kampagne, die Erlaubnis zur Heirat mit Bryan zu bekommen, langsame, aber stetige Fortschritte, und nach ein paar Monaten zogen meine Eltern zögernd ihre Einwände zurück.

Ich konnte inzwischen in diesem Winter durch einen glücklichen Zufall einen unerwarteten Zuwachs auf meinem Konto verbuchen. Ein außerordentlich scharfer Schmerz überkam mich eines Morgens mitten beim Frühstück. Da ich noch nie irgendwelche Bauchschmerzen gehabt hatte, wusste ich sofort, dass es der Blinddarm war. »Arme kleine D., ich nehme an, du hast zu viel gegessen«, sagte Muv mitfühlend. »Wenn du wirklich so schreckliche Schmerzen hast, sollten wir wohl den Doktor holen« – doch statt dessen begab sie sich auf ihre tägliche Inspektionstour zu den Hühnern. Der Schmerz plagte mich weiter, also rief ich Dr. Cheattle in Burford an: »Wären Sie so freundlich, vorbeizukommen und mir den Blinddarm herauszunehmen?«, fragte ich ihn. Er war in überraschend kurzer Zeit da. Muv kam von den Hühnern zurück, und sie und Nanny deckten auf Dr. Cheattles Anweisung alle Möbel im Kinderzimmer mit weißen Laken ab. Farve wurde aus dem Schließzimmer geholt, um seine übliche Rolle als selbsternannter Oberaufseher der Operation zu übernehmen. Dr. Cheattle bedeckte mir das Gesicht mit einem chloroformgetränkten Taschentuch.

Da er ein ungewöhnlich verständnisvoller Arzt war, überreichte er mir den Blinddarm, sobald ich aus der Narkose erwachte, in einem alkoholgefüllten Glas. Debo drückte sich neidisch im Zimmer herum. »Was *hast* du für ein Glück, hast so einen süßen kleinen Blinddarm in einer Flasche«, sagte sie. Es war gar nicht schwierig, ihr dafür ein Pfund abzuschwatzen, das sie seit ihrem letzten Geburtstag gespart hatte. Ein paar Wochen später spülte Nanny den Blinddarm die Toilette hinunter. »Ekelhaftes Ding, und außerdem fing's an zu riechen.« Debo weinte bitterlich, aber das Pfund war sicher bei Drummond's deponiert.

Operationen waren so ziemlich die einzige Form ärztlicher Behandlung, die meine Mutter »erlaubte« – mit der Begründung, dass die Bibel sie in dem Vers »Ärgert dich dein rechtes Auge, so reiße es dir aus« sanktionierte. Nach einer Blinddarmoperation galt in jener Zeit wochenlange strikte Bettruhe als unumgänglich, aber meine Mutter ließ mich heimlich sogleich im Zimmer umhergehen, nachdem das Betäubungsmittel verflogen und Dr. Cheattle gegangen war. Sie misstraute grundsätzlich allen Ärzten und allem, was sie taten. Dr. Cheattle wurde nur bei seltenen Gelegenheiten geholt, und selbst dann befolgte man seine Instruktionen niemals. War er außer Sicht, goss Muv rasch sämtliche Medikamente in den Ausguss. »Fürchterliches Zeug! Der gute Körper schüttelt die Krankheit ab, wenn man ihn sich selbst überlässt.«

Muv sah in mir den lebenden Beweis ihrer Gesundheitstheorie. In meiner Kindheit kam der Doktor fünfmal – öfter als bei allen anderen Kindern zusammen –, und jeder Besuch war eine erneute Herausforderung für die Theorie vom guten Körper, die sich gegen die medizinische Orthodoxie durchzusetzen hatte, eine neue Gelegenheit, dem vielgeprüften Dr. Cheattle ein Schnippchen zu schlagen. Er kam mit seiner schwarzen Tasche voller Pillen, Chloroformflaschen, Schienen und Bandagen. Die Untersuchung fand gewöhnlich im Wohnzimmer statt, wo Eltern, Schwestern, Onkel, Tanten und jeder, der gerade zufällig anwesend war, ihm genau auf die Finger sehen konnten.

Als ich mir das erste Mal den Arm brach, schläferte mich Dr. Cheattle auf dem Wohnzimmersofa mit dem üblichen chloroformgetränkten Taschentuch ein und richtete den Knochen mit einer komplizierten Anordnung von Bandagen und Schlingen. Er sagte meiner Mutter, man solle den Verband bis zu seinem nächsten Besuch nicht verändern. Muv aber nahm noch in derselben Nacht alle Bandagen ab und ließ mich mit dem gebrochenen Arm Übungen machen, »um zu verhindern, dass er steif wird«. Da sie die Bandagen nicht wieder wie vorher anbringen konnte, sagte sie Dr. Cheattles zweiten Besuch ab, weil sie befürchtete, er könnte verärgert sein, weil sie seine Anweisungen nicht befolgt hatte. Einigermaßen überraschend triumphierte der gute Körper, wie Muv zuversichtlich prophezeit hatte: Der Arm heilte nicht nur von selbst, ich hatte nun sogar interessanterweise ein Gummigelenk, zum Neid von Debo und Boud.

Dr. Cheattle verschrieb bei einem Fall von Typhus, als ich fünf war, eine Minimaldiät, die aus nichts als aus kleinen Schlucken Wasser bestand. Er erklärte, Thyphus perforiere den Magen des Kranken, und jegliche feste Nahrung würde herausfallen und den sicheren Tod herbeiführen; Muv aber schmuggelte Stückchen Schokolade und Butterbrot unter den Augen der Krankenschwester ein, und wieder obsiegte der gute Körper.

Möglicherweise hatte der totale Krieg meiner Mutter gegen die Bazillentheorie (zusammen mit meiner tolldreisten Aufklärung der Tanzstundenmädchen) zu unserer völligen Isolation von allen anderen Kindern beigetragen. Die Familien der Nachbarschaft waren zutiefst schockiert gewesen, als auf dem Höhepunkt meiner Typhusinfektion und wider alle Anweisungen des Arztes Nancys erster Ball wie geplant in dem bazillenverseuchten Haus abgehalten worden war. Anschließend wies Muv triumphierend darauf hin, dass keiner der Gäste erkrankt war: »Wenn man's bekommen soll, dann bekommt man's, das ist alles. Offensichtlich waren am Typhus von der kleinen D. gar keine Bazillen schuld, es hat ja meilenweit keine anderen Fälle gegeben.« Krankheiten, auch wenn sie allgemein als überaus ansteckend galten, änderten niemals irgendwelche Pläne der Familie. Wir wurden – mit Windpockenschorf bedeckt oder würgend vor Keuchhusten – zu Hochzeiten, Geburtstagen, Weihnachtsfeiern mitgenommen, zur großen Empörung anderer Mütter. »Diese alberne Bazillentheorie ist was ganz Neues«, sagte Muv gelassen. »In Wirklichkeit haben die Ärzte keine Ahnung, woher die Krankheiten kommen, deshalb erfinden sie immer irgendeine neue Theorie.«

Alles in allem hatte sich die Blinddarmentzündung gelohnt; ich hatte nun noch eine wunderbare achtzöllige Narbe zu meinem Gummigelenk und ein weiteres Pfund für den Tag, an dem ich fortlaufen würde. Und die schöne lange Rekonvaleszenz gab eine nette Abwechslung vom täglichen Einerlei ab.

Kurz nach meiner Genesung fuhren wir alle nach London, ausreichend lange vor Dianas Hochzeit.

FÜNF

Das Westend von London war in jenen Tagen in eine Anzahl deutlich verschiedener Wohndistrikte unterteilt, deren Grenzziehung nichts Zufälliges oder Widersprüchliches kannte. Der präzise Charakter eines jeden schien so unveränderlich, als sei er die Folge eines physikalischen Gesetzes. Die besonders Reichen, die feinen Leute *en vogue*, lebten in Mayfair, Belgravia, Park Lane; die künstlerisch-literarische Bohème zog es nach Chelsea oder sogar Bloomsbury; Hampstead, Hammersmith und St. John's Wood waren Wohnorte des soliden Bürgertums, während die stattlichen Londoner Häuser von durchschnittlichen Grundherren, Knights, Baronets und Baronen in Kensington, Paddington, Marylebone und Pimlico zu finden waren.

Wir gehörten zur letztgenannten Kategorie. Unser großes, siebengeschossiges Haus, Rutland Gate 26 in Kensington, glänzte eher durch praktischen Komfort als durch Eleganz. Es gab sogar einen Aufzug, den mein Vater hatte einbauen lassen und auf den er überaus stolz war.

Rutland Gate ist eine recht kurze Sackgasse dem Hyde Park gegenüber; der Eingang wird von schmutzigweißen viktorianischen Säulen bezeichnet. In der Mitte liegt ein großer eingezäunter Garten, für den jeder Anwohner des Gate einen Schlüssel hat. Es ist ein rasenloser Garten, angefüllt mit traurig dreinsehenden Sträuchern und grellen, staubigen Tulpenbeeten. Nannys in weißer Tracht versammeln sich dort an den langen Sommerabenden, sitzen auf den grüngestrichenen Eisenbänken, schaukeln Säuglinge im Kinderwagen und halten herumstolpernde Kleinkinder mit warnenden Rufen zurück: »Nichts anfassen, Darling, es ist alles so bäh und schmutzig hier im Garten.«

Wir benutzten das Haus in Rutland Gate nur gelegentlich für die Londoner Saison. Die meiste Zeit war es entweder vermietet oder es stand leer – dann durften ganz, ganz selten ein, zwei von uns mit Nanny in den Mews wohnen, einer kleinen Wohnung, die früher den Chauffeur beherbergt hatte, hinter dem Haus über der Garage. Wir betrachteten das als herrliches Abenteuer. In den Mews zu wohnen war wie irgendwo zu zelten. Es gab keine Köchin, also kochte Nanny, und sie ließ uns manchmal bei der Zubereitung unbekannter Delikatessen helfen, deren Rezepte sie irgendwo in ihrer Erinnerung ausgrub: Pflaumenschaum, Zwiebelkutteln, Brotpudding. Sogar das Baden war ein Abenteuer in den Mews. Das Badezimmer mit seiner alten löwenklauenfüßigen Wanne wurde beherrscht von einem großen, runden, übelriechenden Boiler, genannt »der Amberley«. Ihn anzuzünden war eine gefahrvolle Aktion. Man musste dabei einen kleinen, schwer beweglichen Schalter umdrehen und einen brennenden Fidibus durch eine kleine Klapptür schieben, was einen lauten, erschreckenden Knall hervorrief. Danach musste man genau kalkulieren, wann das Wasser hinreichend heiß für ein Bad sein würde, nicht aber so heiß, dass es den Amberley explodieren ließ. Niemand wusste, wann dieser Punkt erreicht sein würde. In der Rückschau denke ich mir, dass die Amberley-Firma wohl irgendeinen uns unbekannten Sicherheitsmechanismus eingebaut hatte, falls man das Gerät vergesslicherweise zu lange brennen ließ. War das der Fall, so kamen wir doch nie auf diese Idee, und jedes Bad war eine recht furchterregende Erfahrung.

Ein Umzug in das große Haus in Rutland Gate war eine ganz andere Sache. Er ähnelte der Evakuierung einer kleinen Armee. Tage vor und nach der eigentlichen Reise lag beträchtliche Spannung in der Luft, und eine besondere Art kalter, kontrollierter Wut – verursacht von den Myriaden von Details, um die man sich bei einem Umzug kümmern muss – schien den Erwachsenen ins Mark zu dringen und anzuhalten, bis der letzte Koffer ausgepackt war. Die scharfen Worte: »Sei jetzt nicht albern!« waren mir Warnung genug, dass die Frage, ob Miranda nicht mit nach London könnte, am besten nicht weiter verfolgt würde. »Das liebe Ding wäre *so* begeistert. Sie war noch nie in London …«, aber die Worte gefroren mir im Mund beim Anblick von Muvs Gesicht.

Gebirge von Koffern, große in Wachspapier eingehüllte Stapel selbstgebackenes Brot, das bis zum nächsten Backtag reichen würde, Debo, der es im Auto schlecht geworden war und die halbtot herausgezerrt wurde – wir waren da. Das schlafende Mobiliar schien langsam zum Leben zu erwachen, als nach und nach die Staublaken weggenommen wurden; vertraute Gegenstände, halb vergessen seit dem letzten Aufenthalt in London, kamen ans Licht und wurden betrachtet und betastet. Eine große goldene Vase, mit kompliziertem Ornament bedeckt, stand im Esszimmer auf dem Sideboard. »Wo haben wir die denn her?« »Weißt du nicht mehr, Darling, die haben die Iren dem Ur-Ur-Großvater geschenkt, sie waren so *rührend* dankbar, dass er geholfen hat, einen ihrer Aufstände niederzuschlagen.«

Ein Besuch in London war immer herrlich, aber im Jahr von Dianas Heirat fügten die aufregenden Hochzeitsvorbereitungen noch eine besondere üppige Note hinzu. Wie spannend das alles war! Debo und ich ertrugen es kaum. Es gab endlose Anproben unserer golden-altweißen Brautjungfernkleider, mit jeder Post kamen Pakete mit Hochzeitsgeschenken, die ausgepackt und in die Hand genommen werden mussten, es galt Listen wunderbarer Speisen für den Empfang zu studieren. Debo und ich atmeten die ungewohnte Luxusatmosphäre aus Satin, Spitze, Seidenpapier, Crêpe-de-Chine-Unterwäsche für die Aussteuer und Schweinsledergepäck ein, und es würde nächstens Hummermousse und Hochzeitstorte geben. Boud, riesenhafter denn je und in den extremen Wirrungen der Pubertät, hielt sich düster-wütend abseits und konnte nur mit Mühe dazu bewegt werden, ihr enormes Brautjungfernkleid anzuprobieren.

Nanny tat ihr Bestes, damit wir nicht im Weg waren. Es gab die üblichen Londoner Ausflüge: Besuche bei Madame Tussaud's, im Zoo, im Victoria and Albert Museum oder, wenn sonst alles nichts half, einen schönen Spaziergang zum Prince-Albert-Denkmal in Kensington Gardens. Wenn wir dieser Zerstreuungen müde waren oder wenn Nanny keine Zeit hatte, mit uns loszugehen, verbrachten wir unsere Zeit im Garten von Rutland Gate mit einer neuen honnischen Aktivität: Mädchenhändlern zu entrinnen.

Miss Bunting hatte uns zuerst dieses faszinierende Thema nahegebracht. Während einer Erdkundelektion zu den hauptsächlichen Industrien Südamerikas war die Rede auf

Buenos Aires gekommen, und sie erklärte, die Hauptstadt von Argentinien sei vor allem dafür bekannt, dass von dort aus die entführten Opfer des Mädchenhandels weiterverteilt wurden. Tatsächlich hatte die Freundin einer Freundin von ihr ein bestürzendes Erlebnis gehabt, als sie einmal in London alleine ins Kino gegangen war. Eine harmlos aussehende alte Dame saß neben ihr und gab ihr eine Morphiuminjektion, und als Nächstes hatte man von der armen Freundin der Freundin wieder etwas in Buenos Aires gehört.

Da es Debo und mir nicht erlaubt war, alleine weiter als bis zum Eingang von Rutland Gate zu gehen, und wir oft von Muv ermahnt worden waren, »nie mit irgendwelchen Leuten zu reden, wenn sie nicht in Uniform sind«, war unser Beitrag zum Kampf gegen den Mädchenhandel notwendigerweise begrenzt. Doch taten wir, was wir unter den gegebenen Umständen tun konnten.

Es gab insbesondere einen Mädchenhändler, der ein paar Häuser von uns weg in Rutland Gate wohnte. Jeden Morgen, wenn wir den Hund ausführten, eilte er im dunklen Anzug mit Bowler und gerolltem Regenschirm vorbei, und immer sagte er »Guten Morgen«. Da er nicht in Uniform war und wir ihm nie vorgestellt worden waren, war sein Gruß Beweis genug, dass er einer war. »Gib keine Antwort, Debo, oder du wachst in Buenos Aires auf und wirst weiterverteilt«, warnte ich. »Und fang nicht zu rennen an – das erregt sie nur.« Jeden Abend um sechs kam er wieder herangeschritten und sagte mit einem abwesenden Lächeln (wahrscheinlich in Gedanken mit komplexen Verteilungsproblemen beschäftigt): »Guten Abend.« Wir gingen unverwandt weiter und beschleunigten niemals unseren Schritt, noch sahen wir in seine Richtung.

Doch reagierten wir mit unverhohlener Entrüstung, als wir erfuhren, dass es sich lediglich um einen Freund von Nancy handelte, einen höchst respektablen verheirateten Börsenmakler, der uns grüßte, weil er wusste, dass wir Nancys kleine Schwestern waren. »Sehr anti-honnisch von Nancy, und außerdem tut er vielleicht bloß so mit dem Makeln«, waren Debo und ich uns einig. Nancy verbreitete ihrerseits die Geschichte in der ganzen Stadt, und der arme Börsianer wurde in der Londoner Gesellschaft als »der Mädchenhändler« bekannt, ein Spitzname, den er wahrscheinlich heute noch führt.

Endlich kam der langersehnte Hochzeitstag, aber Debo und ich lagen mit Scharlach und hohen Temperaturen im Bett. »Ich glaube, es würde ihnen nichts schaden, wenn sie aufstehen, nur zum Gottesdienst, und dann können sie gleich anschließend wieder zu Bett gehen«, sagte Muv. Doch Bryans Familie blieb einmütig eisern. Selbst Diana dachte wohl, unsere leuchtendroten Gesichter könnten die Stimmung etwas trüben und Gerede unter den Hochzeitsgästen auslösen. Wir tobten und nörgelten über unser Missgeschick und fanden uns nur mangelhaft getröstet, als delikate Häppchen vom Festessen auf unser Zimmer geschickt wurden und wir die umfänglichen Berichte über die Zeremonie in den Gesellschaftsjournalen lesen konnten.

Diana und Bryan verbrachten die Flitterwochen im Ausland. Sie schickten uns riesige Schachteln teurer französischer Pralinen, gefüllt mit einer ganz besonderen dunklen Trüffelmasse, deren Andenken mir bis zum heutigen Tag die frühe Zeit ihrer Ehe vergegenwärtigt.

Nachdem sie nach England zurückgekehrt waren, durften Debo und ich sie mit Nanny auf dem Land besuchen.

Dieser Besuch war nicht unbedingt ein Erfolg. Ihm gingen lange Diskussionen mit meiner Mutter voraus, die uns sehr ungern gehen ließ; Dianas und Bryans Bekanntschaft gehörte unbedingt zur Kategorie »Was ein Haufen«, in stärkerem Maße sogar als Nancys, und Muv befürchtete, die Gesellschaft ihrer unpassenden Freunde könnte eine katastrophal aufreizende Wirkung auf uns haben.

Als der Besuch schließlich zustande kam, blieb er hinter meinen Erwartungen zurück. Gewiss, das Haus der Guinnesses war so schön und so luxuriös, wie ich es erwartet hatte. Sie hatten sogar ein Schwimmbecken, in jenen Tagen eine außergewöhnliche Neuerung. Debo und ich ließen uns von Diana durch all die soeben eingerichteten Räume führen: »Wie viel hat das gekostet? Und die Vorhänge da? Wie viel kostet ein Yard von der Tapete?« Wir waren ungeheuer neugierig, wie die besonders Reichen ihr Geld ausgaben. Andererseits waren die unpassenden Freunde eine Enttäuschung. Vielleicht waren sie durch die Anwesenheit von Debo und mir gehemmt, jedenfalls fand die funkelnde, ungehörige Konversation, auf die ich mich so gefreut hatte, nie wirklich statt.

Diana schien seit ihrer Heirat anders. Sie war nun eine notorische Schönheit. Fotografien von ihr starrten mit großer Regelmäßigkeit von den Titelblättern der Gesellschaftszeitschriften; ein Dutzend Künstler malte ihr Porträt. Ihr Gesicht schien immer denselben Ausdruck zu zeigen – es war groß, ruhig, es blickte irgendwie abwesend in die Weite. Und in Wirklichkeit schien sie nun genau so zu werden. Debo und ich waren der Ansicht, dass sie jetzt »affektiert« war. Lachen und Stirnrunzeln hatte sie fast ganz aufgegeben; sie zeigte permanent eine Miene, die jener der Mona Lisa nicht unähnlich war. Ihre Augen, schon an sich anderthalbmal so groß wie die der meisten Menschen, blieben nun weit aufgerissen, der Mund stand locker ein wenig offen, das Kinn hielt sie halbhoch. Sie ließ sich einmal herbei, uns zu erklären: Wenn man in der Jugend immer einen entspannten und schönen Gesichtsausdruck zeigt, dann ist man im Alter vor den schlimmsten Runzeln sicher. Ich probierte die schöne Miene ein paarmal aus, aber bei mir schien sie nicht zu funktionieren und führte lediglich dazu, dass Nanny fragte: »Was ist denn, Darling, fühlst du dich nicht wohl?«

Dianas Art mir gegenüber hatte sich auch verändert. Sie war nun irritierenderweise durchgängig freundlich und sanft und behandelte mich mit einer Art zurückhaltender Geduld, wie man sie normalerweise bei Tieren, Säuglingen und Schwachsinnigen an den Tag legt. Offenbar kultivierte sie nun auch eine schöne Seele, passend zum Gesicht. Insofern fühlte ich mich in ihrer Gegenwart unbehaglich. Mit Bedauern entzog ich ihr den Status der Lieblingsschwester; Nancys pointiertes, wenn auch oft verletzendes Benehmen war abwechslungsreicher und deshalb leichter genießbar, und Bouds konsequent mürrisches Wesen war realer.

Wir sahen nach diesem Besuch wenig von Diana und Bryan, wenn wir auch ihre Aktivitäten in den Gesellschaftsspalten der Zeitungen verfolgten. Es gab sogenannte Baby-Partys, wo die Gäste als kleine Kinder gekleidet in Kinderwagen oder auf gemieteten Eseln ankamen, manche sogar von widerwilligen Nannys begleitet, die man sich für den Abend ausgeborgt hatte. Es gab Schatzsuchen, bei denen jeder Gast eine Liste von Gegenständen bekam, die er beibringen musste: einen Laternenpfahl, einen Bernhardiner, einen Polizisten, eine Ente aus dem St. James's Park. Die Zeitungen nannten die Teilnehmer *»Bright Young Things«* und beschimpften diese Söhne und Töchter aus reichem Hause, weil sie fiedelten, während Rom brannte.

Manchmal machten die *Bright Young Things* gemeinsame Sache mit den Ästheten. Diana und Bryan finanzierten eine Kunstausstellung in einer der modischen Galerien des Westend. Die Bilder – von dem »jüngst entdeckten« Künstler Bruno Hat – waren ultramodern. Stilistisch reichten sie vom Kubismus bis zum nagelneuesten Surrealismus. Manche bestanden einfach aus Leinwänden, auf die Wollestücke, Korken oder Glassplitter geklebt waren. Die Ausstellung wurde stark beworben, und Kritiker aller Zeitungen kamen, um diese Beispiele neuer Kunst zu prüfen und zu bewerten. Bruno Hat, ein Pole, der kein Englisch sprach, saß im Rollstuhl in einer Ecke, das Gesicht von einem Schal halb verhüllt, und murmelte unverständliche Laute, wenn man ihn etwas fragte.

Am nächsten Tag brachten die Zeitungen – von den respektabelsten bis zu den rein sensationalistischen – ausführliche und ernsthafte Kritiken der Ausstellung von Bruno Hat. Aber schließlich sickerte das Geheimnis durch. Bruno Hat war niemand anders als Bryan Howard, ein Freund der Guinnesses, in perfekter Verkleidung. Die ganze Ausstellung war als Witz konzipiert. Meine Mutter missbilligte das – »All diese armen Leute hinters Licht zu führen. Sehr ungezogen von Diana.« Aber wir fanden es höchst komisch und sehr ingeniös von den Guinnesses, dass sie sogar die Kunstkritiker hinters Licht geführt hatten.

SECHS

Nach Dianas Heirat senkte sich in Swinbrook wieder die vertraute Atmosphäre drückender Monotonie auf uns herab – das erstickende Gefühl, dass Umgebung, Familie, Lebensführung für immer und ewig dieselben sein würden. Es wirkte auf uns drei im Schulzimmer auf verschiedene Weise. Boud ertrug alles in drohendem Schweigen. Sie überredete meine Mutter, ihr im obersten Stock einen Raum als privates Wohnzimmer zu überlassen – bekannt als WZA, das Wohnzimmer außerhalb –, und dorthin zog sie sich mit ihrem Malkasten und den anderen Kunstmaterialien zurück, um ihre eigenen Phantasien zu erschaffen. Debo, die Swinbrook liebte und sich niemals nach London oder dem Ausland sehnte, war kein Problem. Sie warf sich energisch auf die Aktivitäten des Upperclass-Landlebens. Sie war eine hervorragende Reiterin, lebte für die Jagdausritte an den Samstagen und verbrachte Stunden mit den Hühnern oder beim Flohen ihres Dackels Jacob.

Für mich wurde im Alter von dreizehn Jahren das unveränderliche Einerlei des Lebens mit einem Mal unerträglich. Der einzige mildernde Umstand war es, dass gelegentlich Tuddemy da war, der zu Hause für seine Prüfungen lernte. Manchmal ließ er mich Abschnitte aus großen muffigen Rechtsfolianten lesen und aus dem, was ich gelesen hatte, mögliche Examensfragen konstruieren, um ihn zu testen. Obwohl er zehn Jahre älter war, erinnerte er sich vielleicht noch an das Unbehagen der frühen Jugend und hielt harte Arbeit für die beste Kur. Er setzte mich auf Milton an, auf Balzac und auf Boswells *Leben Johnsons* – Bücher, die ich ohne sein Insistieren nie gelesen hätte.

Mir wurde schuldbewusst klar, dass die äußeren Umstände nicht ausschließlich verantwortlich waren für meine unklare Malaise, denn objektiv betrachtet war das Leben höchst abwechslungsreich. Tatächlich plante meine Mutter nun, da wir alle heranwuchsen, ständig irgendwelche Aktivitäten zu unserer Unterhaltung. Wir wurden zum Wintersport in die Schweiz mitgenommen, nach Schweden, um die schönen Städte und Strände zu sehen, im Sommer an die englische Küste. Doch selbst diese Exkursionen blieben, sosehr ich mich zunächst immer auf sie freute, unbefriedigend. Es war, als sei ich auf meinen Reisen eine kleine Figurine in einer dieser Glashalbkugeln, in denen ein künstlicher Schneesturm anhebt, wenn man die Kugel schüttelt – und ganz gleich, wo ich war, in einem Zugabteil, auf einem Schiff, in einem Hotel im Ausland, es gab aus dem Glas kein Entrinnen. Unsichtbare Grenzen sperrten mich ab vom wirklichen Leben anderer Leute, wie es überall um mich her stattfand – es gab feste Regeln, nicht mit fremden Leuten zu sprechen, in keinen Film zu gehen, wenn Muv ihn nicht zuerst gesehen und gebilligt hatte, nirgendwo ohne erwachsene Begleitung hinzugehen; es gab ausschließlich die Gesellschaft meiner Familie; es gab vor allem das vernichtende Bewusstsein meiner eigenen Beschränktheit.

Die Bibel behauptet ohne Weiteres: »Da ich ein Kind war, redete ich wie ein Kind und war klug wie ein Kind und hatte kindische Anschläge; da ich aber ein Mann ward, tat ich ab, was kindisch war« – als ob das so einfach wäre, und ohne ein Wort zu der unruhigen Übergangsphase, der nervösen Suche nach der eigenen Persönlichkeit, der Sehnsucht nicht nur einfach nach Unabhängigkeit, sondern nach jener besonderen Form der Unabhängigkeit, die sich – wie man dunkel empfindet – mit der Selbsterkenntnis einstellen wird.

Ich maß mich an Figuren aus der Welt der Bücher und probierte sie innerlich an, so wie eine Frau, die eine Modezeitschrift durchblättert, sich bei jedem Kleid vorstellt, wie sie darin aussehen würde. Doch selbst mein neuerworbener Busen blieb weit hinter den Busen der Literatur zurück! Er trug lediglich zu meiner allgemeinen Pummeligkeit bei. »Schaut euch Deccas knospende Brust an!«, sangen Boud und Debo spöttisch – aber ach! eine Taille gab es nicht dazu. Im Gegensatz zu den »schneeigen Hügeln, blaugeädert« der elisabethanischen Lyrik war der Effekt eher der eines Plateaus, besonders wenn ich in das »Korsett« gezwängt wurde, das Nanny bei heranwachsenden Mädchen für angemessen hielt, und ein ausgesessenes Tweedkostüm trug.

Eine Dreizehnjährige ist ein Kaleidoskop verschiedener Persönlichkeiten, wenn nicht in vieler Hinsicht überhaupt nur ein Erzeugnis ihrer eigenen Phantasie. In diesem Alter hängt es weitgehend von dem gerade gelesenen Buch ab, was und wer man ist. Man ist die blonde, magere kleine Heldin von *The Secret Garden*, die sich langsam an die strenge Disziplin des englischen Lebens auf dem Land gewöhnt, nachdem sie in Indien von der treuen Ayah verzogen worden war. Man ist eine Brontë-Schwester (nicht Anne, nicht Charlotte, wahrscheinlich Emily), die ihr wildes Genie auf der einsamen Torfheide verströmt. Man ist Elizabeth Barrett Browning auf dem Krankenlager, die großen leuchtenden Augen starren aus dem abgezehrten Gesicht, man ist das hilflose Opfer eines engstirnigen, rachsüchtigen Vaters – aber der eigene eiserne Wille wird am Ende über diese kleinliche Tyrannei obsiegen. Man ist Jane Eyre, elend, dünn und blass, aber unbeugsam, und man kann der Grausamkeit der hassenswerten Reeds widerstehen und ihnen am Ende nach ihrem Sturz verzeihen. Ein oder zwei Tage lang ist man vielleicht eine hochgewachsene, ernste, dunkeläugige Präfektin der sechsten Klasse aus einer von Angela Brazils Schulgeschichten, angebetet von den jüngeren Mädchen und – obwohl voller kleiner menschlicher Schwächen – der Stolz und die Freude der Rektorin. Manchmal ist man sogar Clara Bow, das Girl mit dem gewissen Etwas, das Tausende mit seiner warmen Schönheit und kehligen Stimme in Bann schlägt, oder die mysteriöse schwedische Zauberin Greta Garbo.

Doch wenn man sich dann im Spiegel erblickt, bemerkt man traurig, dass all diese Frauen äußerst schlank sind, man selbst aber rund und gesund; sie sind entweder außergewöhnlich schön oder von attraktiver Hässlichkeit, man selbst aber ist nur durchschnittlich hübsch. (Ärgerlicherweise hätte sich Debo, so wie sie aussah, als fast jede beliebige Heroine fühlen können, tragisch oder romantisch, die sie hätte sein wollen. Sie hatte die richtige Figur, wunderbar schmal und langbeinig, die Blässe, die großen Augen, das glatte blonde Haar, sie hätte sich's von der Jungfrau von Orleans über National Velvet bis Anna Karenina aussuchen können – aber da sie außer *Sporting Life* niemals etwas las, war ihr offenbar nicht klar, was sie versäumte.)

Plötzlich wird man sich bewusst, dass die Hundertschaften von Menschen, die man im Lauf eines Tages in London sieht – Männer mit Regenschirmen und im Wind flappenden Mänteln, Damen, die mit ihren Paketchen im grauen Regen einherhasten – genauso wirklich sind wie man selber, alle mit einer eigenen Individualität, einer Vergangenheit, sogar einer Kindheit im Hintergrund. Bis dahin waren die Leute außerhalb der Familie zweidimensionale Halbmenschen gewesen, nur ein Teil der Lebenskulisse. Mit dem aufdämmernden Bewusstsein der eigenen Person ist die Realität anderer Menschen – über fünfzig Millionen allein in England! – etwas, das man von Zeit zu Zeit erfassen kann, dann entzieht es sich wieder, die Weite ist unübersehbar, es gelingt einem nicht.

Man entdeckt das Leid – nicht nur das eigene, von dem man weiß, dass man weitgehend selbst daran schuld ist, auch nicht die Kindheitsschmerzen, die man wegen *Black Beauty*, *David Copperfield* oder Blakes kleinen Schornsteinfegern ausgestanden hat; man erhascht beunruhigende, grelle Blicke auf die wahre Bedeutung von Armut, Hunger, Kälte, Grausamkeit.

Die Eisenbahnfahrt nach London führte meilenweit durch Reihen riesiger Mietskasernen, auf allen Seiten umgeben von dicht bestückten Wäscheleinen, die in der dreckigen Luft Londons hingen. Manchmal konnte man vom Zug aus Trupps bleicher, zerlumpter Kinder sehen oder hagere junge Frauen mit Männermützen, die blasse Babys daherschoben. Die Zeitungen brachten immer wieder Meldungen über Härtefälle – eine ganze Familie, die in einem einzigen Raum lebte, Kinder, die im Winter erfroren waren, Rentner, die sich keinen Zucker in den Tee leisten konnten.

Was konnte man gegen all das tun? Ich quälte und ärgerte mich wegen meiner Unfähigkeit, eine Lösung zu finden. Nanny dachte, es wäre hübsch, wenn ich einer Organisation namens »Sonnenstrahlen« beitreten würde. Die Idee war, dass ein reiches Kind die Adresse eines armen Kindes bekam, dass sie Brieffreunde wurden und dass das reiche Kind von Zeit zu Zeit alte Kleider oder Spielsachen schickte. Nancy hatte der Organisation einst angehört, als sie klein war, aber sie hatte die Adresse ihres Sonnenstrahls verloren und ihren Brief kurzerhand mit der Anschrift »Tommy Jones, Im Slum, London« versehen, zum Zorn von Nanny, die das gar nicht nett fand. Ich schrieb mich enthusiastisch als Mitglied ein.

Mein Sonnenstrahl war ein Mädchen namens Rose Dickson, ein Jahr älter als ich. Ich verbrachte Stunden damit, alte Strickjacken und Röcke zu aufregend aussehenden Paketen zusammenzuschnüren, und gab mein ganzes Taschengeld für Rose zugedachte Geschenke aus. Ich stellte mir vor, wie meine Briefe – die einen stark romantisch überhöhten Bericht über mein Leben in Swinbrook enthielten – viel Freude in ihr ansonsten ödes Leben brachten. Ich schilderte mich als eine Art Kreuzung aus Little Lord Fauntleroy und Sarah in *The Little Princess*. Meine täglich erfolglosen Versuche, den rüden kleinen Joey zu bemeistern, der es gewöhnlich fertigbrachte, mich abzuwerfen, wurden zu furchtlosen Galoppaden durch Wald und Flur auf meinem Rassepferd. Mein Spaniel Tracy erschien als mächtiger Mastiff von ungewöhnlicher Intelligenz und Sensibilität, treu und sanft zu seiner Herrin, aber eine wahrhaft gefährliche Bestie, wenn ein Fremder ihm zu nahe trat.

Rose schienen die Briefe zu gefallen. Die ihren an mich waren in einem höchst blumigen Stil und in strikt phonetischer Schreibweise gehalten, und ich fand sie faszinierend. Sie war eines von sechs Kindern, und sie beschrieb in herzzerreißendem Detail die elenden Bedingungen, unter denen sie lebten – alle sechs schliefen in zwei Betten in einem kleinen Raum.

Ich war nachgerade besessen von der Idee, wir müssten Rose um jeden Preis aus London wegholen. Ich bettelte bei meine Mutter, sie zu Besuch kommen zu lassen. »Ich glaube wirklich nicht, dass das ginge, kleine D.«, sagte Muv vorsichtig. »Stell dir vor, wie furchtbar *unbehaglich* sie sich fühlen würde.« Nach einer wochenlangen Kampagne meinerseits hatte meine Mutter eine Idee. Sie würde Rose, die jetzt vierzehn war und die Schule hinter sich hatte, einstellen – als sogenannte *Tweeny* (die Bezeichnung für die *between maid*, welche der Köchin wie dem Stubenmädchen zur Hand gehen muss).

Ich war angesichts dieser Entscheidung überglücklich und schrieb sofort an Rose. »Es ist wie ein Meerchen das war wird!«, schrieb Rose in ihrer von Dank erfüllten Antwort. »Ich fürchte, als *Tweeny* zu arbeiten ist nicht unbedingt wie ein Märchen«, bemerkte meine Mutter, aber natürlich glaubte ich ihr das nicht. Im Gegenteil, dies schien mir ein sehr angemessenes Bild dafür, dass jemand aus den Slums von London auf einen wunderschönen Landsitz versetzt wurde. Ich versuchte, mir vorzustellen, wie Rose aussehen mochte – wahrscheinlich Haut und Knochen, mit großen, innigen braunen Augen.

Endlich nahte der Tag ihrer Ankunft, und ich durfte mit dem Chauffeur zum Bahnhof fahren, um sie abzuholen. Zu meiner Überraschung war sie dick, doch hatte sie die käsigen, scharfen Gesichtszüge der sonnenlosen Londoner Kinder. Nachdem wir einander begrüßt hatten, brachten wir beide kein Wort mehr heraus und saßen auf der ganzen Fahrt nach Hause schweigend da. Die Beredsamkeit unserer Korrespondenz war auf unerklärliche, schmerzliche Weise dahin. Ich war erleichtert, als wir in Swinbrook ankamen und Rose an das oberste Hausmädchen Annie weitergereicht wurde, um über die Pflichten einer *Tweeny* instruiert zu werden.

Danach sah ich nicht mehr viel von ihr. Ein-, zweimal kam ich auf dem oberen Treppenabsatz an ihr vorüber, da trug sie Abwassereimer und Staubwedel und sah in ihrer Tracht anders aus. Zwei Tage nach ihrer Ankunft teilte meine Mutter mir die traurige Nachricht mit – Annie hatte gemeldet, dass sich Rose jede Nacht in den Schlaf weinte und nichts essen wollte. Annie vermutete, dass sie Heimwehqualen litt. Als man sie fragte, ob sie lieber wieder nach Hause gehen wollte, lächelte sie zum ersten Mal seit ihrer Ankunft, und meine Mutter sorgte dafür, dass sie mit dem nächsten Zug nach London zurückfuhr.

Die ganze Episode verwirrte mich und beschäftigte mich lange. War es mein Fehler? Hätte ich voraussehen sollen, dass Rose ihre Familie vermissen würde? Heimweh war mir nicht nur unbekannt – ich konnte mir gar nicht vorstellen, wie sich so etwas anfühlte. Meine wenigen Wochen, die ich alleine von zu Hause fortgewesen war (bei Cousinen, wenn Nanny ihren vierzehntägigen Urlaub nahm), waren für mich immer herausragende Ereignisse, kostbare Erinnerungen. Ob es vielleicht etwas mit Roses Elend zu tun hatte, dass sie als *Tweeny* arbeitete? Ich schlug die Pflichten dieses Berufs in Mrs Beetons *Wie man den Haushalt führt* nach und las: »Die *Between Maid* ist vielleicht die Einzige ihrer Klasse, die wirklich des Mitleids würdig ist; ihr Leben ist einsam, und in manchen Häusern geht ihre Arbeit nie zu Ende …« Vielleicht hatte es daran gelegen …

Während die Monate vergingen und die Jahre sich langsam dahinschleppten (nach dem Prinzip, dass das Wasser, dem man ungeduldig zusieht, niemals zu kochen beginnt), trat die traurige und peinliche Erinnerung an Rose langsam in den Hintergrund; sie sollte wesentlich später ersetzt werden durch neue und revolutionäre Vorstellungen, wie man die Übel der Welt beseitigen könnte. Inzwischen trat ein Ereignis ein, das so aufregend war, dass kein Raum für Bedauern und melancholische Selbsterforschung blieb. Debo und ich wurden schließlich tatsächlich einige Monate lang auf eine Schule geschickt – die Erfüllung meines innigsten Wunsches.

Wir wohnten damals im Old Mill Cottage, da die beiden anderen Häuser vermietet waren. »Von Batsford Mansion über Asthall Manor und Swinbrook House ins Old Mill Cottage« lautete unser Slogan, um den Niedergang des Familienvermögens seit Großvaters Zeiten zu beschreiben. Das Cottage war ein schönes kleines Haus am Rand von High Wycombe, und Oakdale war eine private Tagesschule für Mädchen, besucht vor allem von den Töchtern der Ladenbesitzer, Ärzte und Geschäftsleute der Stadt. Debo hasste die Schule derart erbittert, dass Muv, die einen weiteren Anfall radikalen Schmollens befürchtete, ihr abzugehen erlaubte. »Die Rektorin hat mich beim Abschied geküsst! Blöde alte Lesbe«, erklärte sie zornig. »Ach Darling, das ist äußerst ungezogen, solche Wörter darfst du nicht sagen. Und es ist auch ziemlich unfair, sie wollte gewiss nur nett sein.«

Ich andererseits genoss jede Minute in der Schule während der wenigen Monate, als ich dort war. Das Geklapper, wenn Hunderte von Mädchen durch die Gänge rannten, der ganz neue Reiz, in den Schulstunden in einen Wettbewerb mit den anderen zu treten, die riesenhaften, stark riechenden Mahlzeiten in einem enormen Speisesaal mit einer endlosen Auswahl von Mädchen, mit denen man reden konnte, das große Vergnügen, »anzugeben« und die Lehrerinnen vor den anderen Schülerinnen herauszufordern – sogar die unsinnigen Regeln gegen das Pfeifen auf dem Korridor oder das Legen der Füße auf die Bänke: All dies stieg mir zu Kopf wie Wein.

Ich hatte rasch eine »beste Freundin« in meiner Klasse. Sie hieß Viola Smythe, und eigentlich mochte ich sie nur gut leiden, sie aber verehrte mich hingebungsvoll. Wir beschlossen, einen Klub zu gründen; ich würde Präsidentin sein und Viola Vizepräsidentin. Wir legten ausführliche Regeln nieder, und die wichtigste war, dass wir uns jeden Samstag im Haus eines der Mitglieder treffen würden. Das erste Treffen sollte bei mir stattfinden. Ich fragte meine Mutter, ob ich kommenden Samstag ein paar Mädchen zum Tee einladen konnte.

»Zum *Tee*? Oh nein, Darling, natürlich nicht. Wenn du sie zum Tee hierherholst, laden sie dich wieder zum Tee bei sich ein, und du kannst dann nicht hingehen. Ich kenne ja keine von ihren Müttern, verstehst du.«

Es nützte nichts, herumzuargumentieren oder eine Begründung zu verlangen. Diese Art von Diskussion löste bei den Erwachsenen immer einen kalten, grimmigen Ärger aus, wie ansonsten Witze über den lieben Gott oder Gerede über Sex. *Weshalb* Viola nicht eingeladen werden konnte, das ließ sich keinesfalls offen erörtern. Die vorausgesetzte Formulierung »unpassender Umgang« wäre bereits selbst eine unpassende Äußerung gewesen. Die viktorianische Offenheit früherer Zeiten bei solch vertrackten Fragen war dahin. »Ist sie eine von uns, mein Kind?«, hätte meine Großmutter einfach gefragt, um den Status der Person, um die es ging, zu bestimmen. Meine Mutter schloss sich unserem Amüsement angesichts dieser ungeheuerlichen Frage diskret an. Mittlerweile war die Klassenzugehörigkeit ein delikates Problem, ein Thema, bei dem es auf Intuition ankam und nicht auf irgendwelche Argumente, einer jener Gegenstände an der Grenze, bei denen man starke Gefühle hat, über die man aber niemals ein Wort verliert.

Es war eine sehr komplizierte Angelegenheit. Meine Eltern wären weniger schockiert als schlicht verständnislos verblüfft gewesen, hätte man ihnen Snobismus vorgeworfen. Snobismus war ja per Definition etwas, das ausschließlich in der Mittelschicht vorkam; er drückte sich in einem ungesunden Begehren aus, höher aufzusteigen, als es die eigene soziale Stellung zuließ, dorthin vorzudringen, wo man nicht erwünscht war, und dann wiederum hochmütig auf die herabzusehen, die auf der sozialen Stufenleiter unter einem kamen. Meinen Eltern wäre es nicht im Traum eingefallen, auf irgendjemanden herabzusehen; sie zogen es vor, immer stur geradeaus zu schauen, auch wenn dies ihr Gesichtsfeld begrenzte. Sie wollten auch gesellschaftlich keineswegs weiter nach oben, die »smarte«, feine Gesellschaft missfiel ihnen eher.

Die Unterklasse war ein viel geringfügigeres Problem als die Viola Smythes der Mittelschicht. Wie der alte Choral »All Things Bright and Beautiful« es so konzis formulierte: »Der reiche Mann in seinem Schloss, / Der arme Mann an dessen Tor, / Gott schuf sie hoch und niedrig, / Er sorgt für alle vor.« Während die Smythes dieser Welt, die so unbequem zwischen den beiden fixen Polen saßen, die schleichende Gefahr des Bourgeois verkörperten.

Im Geschichtsbild meiner Eltern waren die Oberklasse, die Mittelklasse und die Arbeiterklasse dazu geschaffen, ewig auf harmonisch parallelen Schienen durch die Epochen zu reisen, auf vorgegebenen Wegen, die sich niemals begegnen oder kreuzen konnten. Doch kam es nun zu Zusammenstößen; in Russland hatte es einen hässlichen Unfall gegeben, ein weiterer drohte in Deutschland, und jetzt im Jahre 1931 gab es zunehmende Erschütterungen selbst in England.

SIEBEN

Größere Gewitter zogen sich außerhalb unserer Festung zusammen. In ganz England stieg die Arbeitslosigkeit alarmierend. Hungermärsche, zunächst nur kleine Demonstrationen, dann anschwellend bis zur Beteiligung der Bevölkerung ganzer Landstriche, wurden in den Zeitungen gemeldet. Polizei und streikende Arbeiter kämpften in den Straßen der Städte von London bis Birmingham, von Glasgow bis Leeds. Große Bevölkerungszentren wurden von der Regierung zu Krisengebieten erklärt – solchen, wo es keinerlei Aussicht auf eine Verbesserung der Arbeitsmarktlage gab. Der Familieneinkommenstest, mit dem die Sozialhilfe verweigert werden konnte, wenn Verwandte eines stellungslosen Arbeiters noch einen Arbeitsplatz hatten, führte zu gewalttätigen Protesten der Kommunisten, denen es nach und nach gelang, den größten Teil der Arbeiterbewegung hinter sich zu bringen.

Die jüngere Generation war stark politisiert. Sie warf den Elder Statesmen der alliierten Siegermächte vor, einen erneuten und noch schrecklicheren Krieg durch die Bedingungen des Versailler Vertrags heraufzubeschwören, durch die systematische Demütigung Deutschlands, die Forderung unmöglicher Kriegsentschädigungen von dem besiegten Feind.

Die alten Vorstellungen des fahnenschwingenden Patriotismus wurden von den jungen Autoren wütend attackiert.

Die Idee des Pazifismus, geboren aus der Entschlossenheit, sich niemals den Schrecken eines weiteren Weltkriegs auszusetzen, durchdrang die Jugend. Studenten organisierten Demonstrationen gegen das traditionelle Offiziersvorbereitungskorps.

Die Oxford Union verabschiedete eine Resolution: »Unter keinen Umständen werden wir für König und Vaterland kämpfen.« Dieser Schritt, den eine Handvoll junger Studenten in einem Debattierklub tat, erregte ungeheures Aufsehen. Diese sogenannte *Oxford Pledge* wurde als Parole von der Jugend aller Länder aufgegriffen. Wir lasen von Studentenversammlungen in Frankreich, Deutschland, im fernen Amerika, wo die Resolution diskutiert und angenommen wurde. Sie war Leitartikelthema in allen Zeitungen und Gegenstand einer wilden Debatte in den Leserbriefspalten. Es war, als sei jeder pensionierte Oberst in England aus seinem Provinzschlaf aufgeschreckt und habe zur Feder gegriffen, um für den König und das Empire gegen diese unglaubliche Provokation zu Feld zu ziehen. Die Linkspresse begrüßte sie als Schlag gegen den Rüstungswettlauf und rief alle Gewerkschaften, Kirchen und Jugendgruppen auf, sich anzuschließen.

Innerhalb der Festung nahmen wir diese Ereignisse wahr wie in einem dunklen Spiegel – oder vielleicht besser: wie in den Zerrspiegeln eines Lachkabinetts. Onkel Geoff sah die Krise als unausweichliche Folge des über Jahre gemordeten Ackerbodens, herbeigeführt durch generationenlange chemische Düngung. Er führte den wachsenden Pazifismus auf die Schlappheit zurück, die durch den Mord an der Milch entstanden war – weil man überall im Land hilflose Säuglinge mit kraftloser Nahrung aufgezogen hatte. Meine Mutter glaubte, dass die Krise von der Arbeitslosenunterstützung kam, die allen Ansporn beseitigt hatte, sich ins Zeug zu legen, und vom Achtstundentag, der freigeborenen Engländern diktieren wollte, wie lange sie zu arbeiten hatten. Eltern und Onkel waren sich einig, dass den jungen Pazifisten der Oxford Union eine gründliche Abreibung mit der Reitpeitsche nichts schaden würde. Tanten warnten, dass die Londoner Saison mit ihren Debütantinnenbällen und der Vorstellung bei Hofe schon in unserer Generation vielleicht für immer vorüber sein könnte.

Ich reagierte – wie viele meiner Generation – auf all dies, indem ich zuerst eine überzeugte Pazifistin wurde und dann rasch zu sozialistischen Ideen überging.

Als ich vierzehn Jahre alt war, las ich Beverly Nichols' Antikriegsbuch *Cry Havoc*. Es stellte in eindringlichem Detail die entsetzlichen Bombardements des Ersten Weltkriegs dar und plädierte beredt für eine totale und weltweite Abrüstung. *Cry Havoc* fand bei den jungen Leuten in England sofort begeisterte Aufnahme; über Nacht war das Buch ein Bestseller. Originalität und Kraft seiner Argumente beeindruckten mich außerordentlich. Eine ganz neue Welt hatte sich mir aufgetan. Die pazifistische Literatur führte mich direkt zu den Publikationen der Linken, deren Zeitungen und Zeitschriften ich begierig las. Ich verbrauchte sogar widerwillig ein wenig von meinem Von-zu-Hause-Fort-Geld, um Bücher und Broschüren zu bestellen, die den Sozialismus erläuterten.

Ich entdeckte, dass die menschliche Natur nicht, wie ich immer angenommen hatte, etwas Fixes und Unveränderliches war, dass Kriege nicht von einem uralten Kampfestrieb der Männer herrührten, dass der Besitz von Land und Fabriken nicht unbedingt die natürliche Belohnung für größere Klugheit und Energie ist. Ich las von großen Bewegungen in England und in anderen Ländern, die sich zum Ziel gesetzt hatten, den Wohlhabenden ihren Reichtum zu nehmen und den Besitz von Land und Fabriken den Arbeitern zu übertragen.

Mir war, als sei ich mit einem Mal auf die Lösung eines weitverzweigten Rätsels gestoßen, das ich seit Jahren ungeschickt zu begreifen versucht hatte. Wie viele andere, die sich zum ersten Mal mit einer rationalen Erklärung der Gesellschaft konfrontiert sehen, war ich höchst aufgeregt über diese Neuigkeit. Ich sehnte mich danach, Vertreter dieser neuen Philosophie in Fleisch und Blut kennenzulernen. Nancy und ihre Pro-Labour-Freunde enttäuschten mich allerdings. Wenn sie über Politik diskutierten, schien es, als unterstützten sie den Sozialismus, aber soweit ich sehen konnte, taten sie nie irgendetwas dafür. Ich hatte das Gefühl, dass sie nichts besonders ernst nahmen. Sie zerbrachen überall die alten Maßstäbe, spotteten und höhnten satirisch und redeten lang und breit daher, aber das schien auch schon alles.

»Warum machst du denn keinen Wahlkampf für die Labour Party?«, fragte ich Nancy.

»Ach Darling, du weißt doch, wie das unsere Armen Alten schockieren würde … Und außerdem, stell dir nur vor, wie *fürchterlich* langweilig das ist …«

»Da haben wir's wieder. Du bist wirklich so was von willensschwach, genau wie mit dem möblierten Zimmer und deiner Unterwäsche. Eine Salonsozialistin, das bist du.«

Ich wusste, dass ich kaum Chancen hätte, den Rest der Familie zu konvertieren. Boud war auf einer Internatsschule, die sie trotz meines »Unfair!«-Geschreis bezogen hatte, während Debo und ich die Tagesschule in Oakdale besuchten, und Debo, die nun elf war, interessierte sich nicht besonders für den Klassenkampf.

Doch fing ich an, die Familie in neuem Licht zu sehen.

»Farve, ist dir klar, dass du nicht nur ein Untermensch bist, sondern auch ein feudales Überbleibsel?«

»Du darfst nicht ›Überbleibsel‹ zu deinem Vater sagen, kleine D., das ist sehr unhöflich«, schaltete Muv sich ein.

»So unhöflich ist das nicht – es steht sogar ein Lord im Adelskalender direkt neben Farve, ich hab's eben nachgesehen, der heißt so – ein Lord *Remnant*. Wahrscheinlich ist ihm klar, dass er so ein Überbleibsel ist, und da hat er sich diesen Titel ausgesucht. Muv, ist *dir* eigentlich klar, dass du eine Feindin der Arbeiterklasse bist?«

Meine Mutter war aufrichtig verletzt.

»Ich bin keine Feindin der Arbeiterklasse! Viele davon sind meiner Meinung nach richtig nett!«, erwiderte sie ärgerlich. Ich konnte die Bilder der richtig netten Nannys, Pferdeknechte, Wildhüter förmlich vor mir sehen, welche die Formulierung in ihr heraufbeschworen hatte. Ich beschloss, meine neuen Ideen eine Weile für mich zu behalten; es gab wenig Hoffnung, dass sie auf diesem äußerst unfruchtbaren Boden Wurzeln schlugen.

Trotzdem hatten meine Von-zu-Hause-Fort-Pläne nun eine neue Dimension. Ich wusste jetzt, wovor ich fortlief und wohin ich laufen sollte.

ACHT

Obwohl Boud und ich in unserer Kindheit unaufhörlich miteinander gestritten und gekämpft hatten, wurden wir, als sie achtzehn war und ich fünfzehn, überraschenderweise zu engen Freundinnen. Boud war aus einem gigantischen Schulmädchen zu einer riesigen und einigermaßen furchterregenden Debütantin geworden. Fast sechs Fuß groß überragte sie mit ihrer dichten blonden Mähne ihre Genossinnen bei diversen Debüt-Anlässen wie ein großer Weihnachtsmann die Engelchen im Kindertheater. Ihre überwältigende Persönlichkeit entsprach ihren körperlichen Dimensionen. Im Schulzimmer hatte sie die Abreise manch einer Gouvernante beschleunigt und einen Rekord als die bei weitem Ungehorsamste von uns allen aufgestellt. Von der Schule war sie verwiesen worden, weil sie – nach eigener Darstellung – »ein einziges Wort zu viel gesagt« hatte, als sie vor der versammelten Schule, den Eltern und dem Aufsichtsrat ein Gedicht rezitieren sollte. Das Wort war »Quark«, und sie hatte es an die berühmte Zeile »In diesem Sonnengarten bin ich stark!« angehängt. Sie hatte eine Methode vervollkommnet, meinen Vater wütend zu machen, nur indem sie ihn bei Tisch auf eine bestimmte Weise böse anstarrte. Sie saß schweigend da, verstaute große Quantitäten Kartoffelbrei und fixierte Farve mit einem düsteren, drohenden Blick.

Er starrte giftig zurück und versuchte, Boud dazu zu bringen, dass sie als Erste den Blick senkte; sie gewann jedes Mal. Da ließ er seine Fäuste auf den Tisch krachen und röhrte: »Hör auf, mich anzustarren, gottverdammt!« Ich beneidete sie um diese Fähigkeit, obwohl ich sie darauf hinwies, dass sie unfairerweise die untermenschliche Natur meines Vaters ausnutzte: »Armer Farve, er ist eben wie ein Löwe, er kann den menschlichen Blick nicht ertragen.«

Boud hatte immer schon ein Flair für einen eigenwillig barocken Stil bei ihren kunsthandwerklichen Versuchen bewiesen. In einer Art origineller Variante von Collagetechnik stellte sie große Bilder von historischen Szenen her – Hannibal überquerte die Alpen vor einem Hintergrund von Bergen aus Modellierton, und die silbernen Rüstungen und Waffen des Feldherrn waren aus Stanniol. An Bord der Arche Noah waren Stückchen echtes Fell auf die Tierleiber geklebt. Als Debütantin wandte sie dieses Talent auf die eigene Garderobe an. Sie erglänzte wie ein riesiger Pfau in funkelnden falschen Juwelen, die bei einem Maskenverleih gekauft worden waren, und immensen brokatenen Abendkleidern. Meine Mutter war konsterniert, als Boud eine Talmi-Tiara kaufte, reich geschmückt mit Rubinen, Smaragden und Perlen, und darauf bestand, sie auf ihren Bällen zu tragen. Sie legte es generell darauf an, zu schockieren – *épater les bourgeois*, wie meine Mutter missbilligend sagte –, und das gelang ihr. Bouds Unzufriedenheit mit ihrem Leben spiegelte die meine. Ich applaudierte ihren outrierten Auftritten, ich lachte begeistert, als sie im Buckingham Palace Briefpapier stahl und all ihren Freunden darauf schrieb, und ich ermunterte sie, wenn sie ihre zahme Ratte zu den Tanzvergnügen mitnahm.

Die *Bright Young People* waren vor zwei, drei Jahren von der Londoner Szene verschwunden, wie ihre transatlantischen Geschwister, die *Flaming Youth*, mit dem Ende der zwanziger Jahre ein für alle Mal abgetreten waren. Die Saison in London hatte wieder ihre alte Pomadigkeit, eine endlose Abfolge von Mittagessen, Bällen, Abendessen, dem »Hervortreten« (gewöhnlich von den Zeitungen strategisch geplant) der beliebtesten Debütantinnen des Jahres, ein paar Skandalen, ein paar Verlöbnissen …

Bouds Anstrengungen, dieses Ambiente phantasievoll umzudekorieren, fanden nur wenige Anhängerinnen. Hätte sie nur rechtzeitig, etwa im Jahre 1926, damit angefangen, sie hätte vielleicht eine Mode begründet. Die Debütantinnen des Jahres 1932 hatten einfach keine Lust. Sie galt insofern bei ihren Altersgenossinnen als ziemlich exzentrisch.

Boud ihrerseits war eine gelangweilte und unruhige Teilnehmerin an den Debüt-Ritualen. Sie war auf der Suche nach etwas Aufregenderem, etwas Spannenderem, als die Londoner Saison es zu bieten wusste – nach etwas, was die Eltern strikt verboten hatten, etwas Erstaunlichem, etwas Schockierendem …

Dianas Haus schien ein guter Anfangspunkt, denn man hatte uns untersagt, sie zu besuchen, als sie und Bryan sich nach ein paar Jahren Ehe hatten scheiden lassen. Wie üblich waren wir im Schulzimmer von dem fürchterlichen Streit ausgeschlossen geblieben, welcher der Trennung folgte. Wir wussten lediglich, dass Diana unsägliche Schande und Ehrlosigkeit über die Familie gebracht hatte und dass den Armen Alten zufolge nun jegliche Chance für uns andere Mädchen, irgendwann einmal zu heiraten, stark geschrumpft war, weil kein anständiger junger Mann mit den Schwestern einer geschiedenen Frau viel zu tun haben wollte. Dies, ich muss es kaum erwähnen, ließ Diana in unseren Augen nur noch glamouröser erscheinen.

Debo und ich sahen Diana über ein Jahr lang nicht, aber bei Boud war das etwas anderes. Befreit von den Schulzimmerpflichten, den Gouvernanten und den täglichen Spaziergängen, konnte sie kommen und gehen, wie sie wollte, und machte ohne Wissen der Alten viele verstohlene Besuche bei Diana. Dort lernte sie Sir Oswald Mosley kennen, den Diana später heiratete. Mosleys politische Laufbahn hatte ihn durch die Konservative Partei, die Labour-Partei und die New Party geführt, Letztere eine gescheiterte eigene Gründung, die sich nur ein knappes Jahr gehalten hatte, trotz massiver Unterstützung durch Lord Rothermere und die *Daily Mail*. Nun war er intensiv damit beschäftigt, die Britische Faschistenunion zu organisieren, der Boud sofort beitrat.

»Willst du nicht auch, Decca, es ist ein *solcher* Spaß«, bettelte sie und schwenkte ihr nagelneues Schwarzhemd.

»Kommt nicht in Frage. Ich hasse die blöden Faschisten. Wenn du Faschistin wirst, dann werde ich Kommunistin, sollst schon sehen.«

Tatsächlich steckte in dieser Erwiderung etwas mehr als meine reflexhafte Opposition gegen Bouds Verhalten. Das Wenige, was ich von den Faschisten wusste, stieß mich ab – ihr Rassismus, ihr Hypermilitarismus, ihre Brutalität. Ich abonnierte den *Daily Worker*, kaufte mir bändeweise kommunistische Literatur (und Literatur, die ich für kommunistisch hielt) und hängte einige selbstgefertigte Hammer-

und-Sichel-Fahnen auf. Meine kommunistische Bibliothek war sehr umfassend angelegt, und viele der Autoren wären gewiss erstaunt gewesen, sich dort aufgenommen zu sehen. Sie enthielt nicht nur Werke von Lenin, Stalin und Rajani Palme Dutt, sondern auch von Autoren, welche ich die ältere Generation als »Bolschewisten« hatte bezeichnen hören – Bertrand Russell, Harold Laski, das Ehepaar Webb, Bernard Shaw. Ich brachte John und Lytton Strachey durcheinander und las brav einige der von Letzterem verfassten Biographien, ehe ich meinen Irrtum entdeckte. Das Resultat von alledem war, dass ich meine Kenntnis der modernen englischen Literatur und der fortschrittlichen Theorien stark erweiterte, und je mehr ich las, desto mehr faszinierten mich die weiten Perspektiven des Denkens und Handelns, die sich auf allen Seiten öffneten.

Boud und ich mieden damals die Gesellschaft der Erwachsenen so viel wie möglich. In Swinbrook lebten wir, abgesehen von den Mahlzeiten, ganz im WZA. Wir teilten es in der Mitte auf, und Boud dekorierte ihre Seite mit allen möglichen faschistischen Insignien – den italienischen Fasces (ein Bündel Stöcke, mit einem Seil zusammengebunden), Fotografien von Mussolini in Passepartoutrahmen, Fotografien, auf denen Mosley versuchte, wie Mussolini auszusehen, dem neuen deutschen Hakenkreuz, einer Schallplattensammlung mit Liedern der Nazis und der Italienischen Jugend. Auf meiner Seite befand sich die kommunistische Bibliothek, eine kleine Leninbüste, für einen Shilling in einem Trödelladen erworben, ein Stapel von Ausgaben des *Daily Worker*. Manchmal errichteten wir Barrikaden und inszenierten Kämpfe, bei denen wir Bücher und Platten warfen, bis Nanny kam und sagte, wir sollten endlich aufhören mit dem Lärm.

Trotzdem taten Boud und ich uns oft gegen die Erwachsenen zusammen, in unserer speziellen eigenartigen Version einer Volksfront. Einmal waren wir alleine am Stand meiner Mutter beim konservativen Sommerfest. »Sieh dir all das Geld an!«, sagte ich zu Boud. »Es ist doch eigentlich eine Schande, dass die blöden alten Konservativen das alles kriegen sollen. Ich glaube, ich schicke fünf Pfund oder so an den *Daily Worker*, die sammeln gerade für ihren Fonds.« Boud bestand darauf, dass sie in diesem Fall Shilling um Shilling denselben Betrag für die Britische Faschistenunion entnehmen würde. Es blieb keine Zeit für lange Diskussionen, da wir meine Mutter jeden Augenblick zurückerwarteten; schnell steckten wir jeweils fünf Pfund ein, die wir noch am selben Abend an die einschlägigen Adressen schickten. Ich habe mich oft gefragt, was man sich wohl beim *Daily Worker* gedacht hat, als man den von mir beigelegten Zettel las: »Beitrag zum Fonds (£5) vom Sommerfest der Konservativen Partei in Oxfordshire«.

Die endlosen Schulzimmergespräche zum Thema »Was machen wir, wenn wir erwachsen sind?« veränderten ihren Tonfall. »Ich gehe nach Deutschland und lerne Hitler kennen«, verkündete Boud. »Ich laufe weg und werde Kommunistin«, konterte ich. Debo meinte zuversichtlich, sie würde einen Herzog heiraten und Herzogin werden. »*Some day he'll come along, the duke I love …*«, summte sie verträumt nach der Gershwin-Melodie. Natürlich zweifelte keine von uns einen Augenblick daran, dass wir diese selbstgesteckten Ziele erreichen würden – aber wohl nur sehr selten haben sich die Ankündigungen der Kindheit mit solcher Präzision erfüllt.

Obwohl Bouds Interesse am Faschismus zunächst vor den Erwachsenen geheimgehalten worden war, sickerte es doch rasch durch. Sie bat, man solle sie doch nach Deutschland gehen lassen. »Aber Darling, ich dachte, du magst das Ausland nicht«, sagte meine Mutter. (Boud hatte sich immer geweigert, Französisch zu lernen, weil sie es für eine affektierte Sprache hielt, und Frankreich war für uns irgendwie identisch mit dem Ausland schlechthin.)

Es war das Jahr von Hitlers Machtergreifung. Bouds erklärte Absicht war es, nach Deutschland zu gehen, Deutsch zu lernen und dem Führer zu begegnen. Meine Eltern leisteten sehr viel weniger Widerstand, als man hätte erwarten sollen. Vielleicht war eine weitere Londoner Saison mit Talmi-Tiaren und in Ballsälen losgelassenen zahmen Ratten mehr, als meine Mutter sich mit Gelassenheit vorstellen konnte. Boud durfte fahren.

Nach einem halben Jahr kam sie zu einem kurzen Besuch nach Hause; sie hatte ihre beiden Ziele erreicht. Sie sprach schon ziemlich fließend Deutsch, und sie hatte nicht nur Hitler kennengelernt, sondern auch Himmler, Göring, Goebbels und andere führende Nazis. »Wie um alles in der Welt hast du das denn fertiggebracht?«, fragten wir nicht ohne Erstaunen. Boud erklärte, das sei ziemlich einfach gewesen – sie hatte sich in der Osteria Bavaria in München, wo die alle immer hingingen, jeden Tag einen Tisch reservieren lassen. Abend für Abend saß sie da und starrte hinüber, bis schließlich irgendein Geherda zu ihr geschickt wurde, um herauszufinden, wer sie war. Als man erfuhr, dass es sich um ein englisches Fräulein handelte, das die Nazis bewunderte und Mitglied der Britischen Faschistenunion war, lud Hitler sie an seinen Tisch ein. So erhielt sie Zugang zu seinem inneren Kreis, verkehrte in München ständig mit der Naziführung und begleitete sie zu Versammlungen, Aufmärschen und den Olympischen Spielen.

»Wie ich mir's dachte! Hitler ist auch so ein Untermensch wie der Arme Alte, und du hast ihn mit der Macht des menschlichen Blicks bezwungen«, sagte ich bitter.

Aber was ihre Hingabe an die Nazis betraf, ließ Boud sich auf keine Privatscherze ein. Sie verehrte sie, ohne jede Einschränkung. Den Deutschen Gruß – »Heil Hitler!« mit erhobener Hand – verwandte sie allen Leuten gegenüber, der Familie, den Freunden, dem verblüfften Postfräulein im Dorf. Ihre Sammlung von Nazitrophäen und Souvenirs sprengte nun unser kleines Zimmer – Bündel von Streichers antisemitischer Wochenzeitung *Der Stürmer*, ein signiertes Exemplar von *Mein Kampf*, die Werke von Houston Stuart Chamberlain, einem Vorläufer der faschistischen Ideologen im 19. Jahrhundert, Alben mit Fotos von Nazigrößen.

Etwa um diese Zeit wurde der über Diana verhängte Bann aufgehoben, und sie kam wieder auf Besuch nach Swinbrook. Die Beziehungen innerhalb der Familie änderten sich plötzlich, und Boud und Diana, früher einander gar nicht freundlich gesinnt, wurden zu engsten Vertrauten.

Diana begleitete Boud nach Deutschland und wurde ebenfalls zum inneren Kreis Hitlers zugelassen. Diese Aktivitäten meiner Schwestern fielen bald der Presse auf, und ein Kolumnist meldete, Hitler habe erklärt, die beiden seien »vollkommene Beispiele arischer Weiblichkeit«.

Die Zeitungen hoben den prophetischen Charakter von Bouds Taufnamen hervor – Unity Valkyrie.

Meine Eltern sahen zuerst in Bouds neuer Leidenschaft so etwas wie einen Witz. Das Spektrum der konservativen Meinung zu Hitler reichte damals von offener Missbilligung eines gefährlichen Unterschichtdemagogen bis zu widerwilliger Sympathie für seine Ziele und Methoden – schließlich hatte er die deutsche Kommunistische Partei ein für alle Mal zerschlagen und in erstaunlich kurzer Zeit die Gewerkschaften vernichtet. Insofern konnten die Worte »dieser Bursche Hitler« im Munde zahlloser englischer Upperclass-Grundbesitzer sowohl spöttisch-verächtlich wie bewundernd klingen. Übrigens war jegliche Rede von den »dreckigen Hunnen« mit Hitlers Aufstieg zur Macht auf geheimnisvolle Weise völlig verschwunden.

Boud und Diana baten die Alten, mit ihnen nach Deutschland zu reisen und sich alles selbst anzusehen. »Farve ist wirklich ein Faschist von Natur aus. Er würde den Führer *lieben*«, meinten sie. Es dauerte nicht lange, bis sie sich durchgesetzt hatten. Muv und Farve wurden in Deutschland fürstlich empfangen. Man stellte ihnen einen Mercedes mit Chauffeur zur Verfügung und führte ihnen all die bunten Spektakel des neuen Regimes vor, so dass sie voll des Lobes für all das, was sie gesehen hatten, zurückkamen.

Die Reaktionen der Familie auf diese Konversion waren verschieden. Boud war natürlich entzückt. Sie war nun zum ersten Mal ein Liebling meines Vaters und verstand sich ausgezeichnet mit Muv. Nancy meinte boshaft, die Alten seien schlicht und einfach durch Schmeichelei gewonnen worden; die Nazis hatten sie zum ersten Mal in ihrem Leben als wichtige Persönlichkeiten behandelt, weil sie eine vollkommen falsche Vorstellung vom politischen Einfluss solch obskurer englischer Provinzadliger hatten. Tom blieb amüsiert-überlegen. Ich festigte meine Entschlossenheit, fortzulaufen und mich auf die Seite der Antifaschisten zu schlagen.

Ich liebte Boud immer noch, wegen ihrer riesenhaften, glitzernden Persönlichkeit, wegen ihrer seltenen Exzentrizität, wegen ihrer Loyalität mir gegenüber, die sie sich trotz der nunmehr sehr realen Differenzen bewahrte, Wenn ich darüber nachdachte, hatte ich das traurige, unruhige Gefühl, dass wir irgendwie von einer großen Flutwelle, über die wir keine Macht hatten, erfasst und getrennt wurden; dass von fern ein kalter Schatten nahte, der sich eines Tages auf uns senken würde. Manchmal sprachen wir sogar darüber, was wir in einer revolutionären Situation tun würden. Wir waren uns einig, dass wir darauf vorbereitet sein müssten, auf verschiedenen Seiten zu kämpfen, und versuchten sogar, uns auszumalen, wie es wohl wäre, wenn eines Tages die eine das Kommando bei der Hinrichtung der anderen zu geben hätte.

NEUN

Der Festungscharakter des Lebens zu Hause trat nun drohend hervor und überlagerte alles andere. Ich befand mich in diametraler Opposition zu allem, wofür meine Familie stand, und bildete eine sehr einsame Widerstandsbewegung.

Ich hatte allerdings endlich eine beste Freundin im eigenen Alter, meine Cousine Idden Farrer. Wir hatten viel gemeinsam, denn auch sie sehnte sich danach, von zu Hause fortzukommen. Sie hielt an ihrem alten Kindheitswunsch fest, Schauspielerin zu werden, und durchlebte nun eine Reihe stürmischer Auftritte mit ihren Eltern. Im Gegensatz zu mir hatte sie es als kleines Mädchen gehasst, ins Internat gehen zu sollen, aber ihre Eltern hatten sie dazu gezwungen. »Siehst du?«, sagte meine Mutter triumphierend. »Kinder sind einfach nie zufrieden.« Ich dachte mir, dass es wohl zutreffender wäre, zu sagen: Die Erwachsenen wussten herauszufinden, was die Kinder wollten, um dann das genaue Gegenteil anzuordnen.

Idden und ihre Schwester Robin kamen oft zu Besuch nach Swinbrook, und dann verbrachten wir Stunden damit, uns gegenseitig zu bedauern – das Leben war so unfair, die ältere Generation so entsetzlich. Wenn wir selbst Kinder hätten – entschieden wir –, dann würden wir versuchen, ihnen jeden Wunsch zu erfüllen. Meine würden auf wunderbare Schulen geschickt werden, wo der ganze Vorrat menschlichen Wissens zu ihrem Vergnügen und ihrer Belehrung vor ihnen augebreitet läge (ich wusste damals nicht viel über Schulen), und die von Idden würden in ihrer Theatergarderobe, umringt von den vielen Blumensträußen ihrer Verehrer, aufwachsen und dürften dort mit dem Make-up spielen. Sie würden niemals zu Spaziergängen gezwungen werden, müssten sich nicht kleiden wie die jüngeren Schwestern, würden in der Tat zu nichts getrieben werden. Sie dürften Stöckelschuhe tragen, sobald sie es nur wollten, und sich mit jedem Mädchen anfreunden, das ihnen gefiel, ob wir nun die Eltern kannten oder nicht. Sie würden darüber hinaus zweiteilige Badeanzüge tragen dürfen. Dies war für Robin, eine schöne Blondine, die ein paar Jahre älter war als Idden und ich, ein besonders empfindlicher Punkt. Sie hatte vorschnell einen solchen Badeanzug bei einem Schwimmausflug in Anwesenheit meines Vaters getragen, woraufhin er vor allen Leuten wütend gebrüllt hatte: »Ich weiß nicht, warum Robin unbedingt ihre unschöne Mittelpartie überall herumzeigen muss.« Unsere Kinder würden niemals angebrüllt werden. Wir würden sie hegen und pflegen und ihnen sagen, dass sie wunderschöne Mittelpartien hätten …

Das Erwachsensein lag immer noch ein, zwei endlose Jahre entfernt in der Zukunft, und alle meine Bewegungen waren nach wie vor den Einschränkungen der Schulzimmerexistenz unterworfen. Das Sackgassenhafte der paar Stunden täglichen Unterrichts lastete schwer. Dieser konnte mich jetzt nie mehr an die Universität führen, da ich zu weit hinter den Mädchen meines Alters zurücklag, die auf richtige

Schulen gegangen waren, und die Lektionen schienen mittlerweile reine Zeitverschwendung.

Endlos brütete ich über möglichen Plänen, wegzulaufen, und diskutierte sie ausführlich mit Idden. Das Ungeheuer von Loch Ness erregte um diese Zeit Aufsehen in den Zeitungen, und meine Mutter gehörte zu den vielen, die fest an seine Existenz glaubten. »Schließlich und endlich«, bemerkte sie, »sind niemals Leichen von den im Loch Ness untergegangenen Fischerbooten gefunden worden. Wie kann man sich das sonst erklären? Das Ungeheuer hat sie aufgefressen.« Mir kam ein praktischer Plan: Ich könnte mit einem kompletten Satz Kleidung ans Loch Ness fahren, einen Selbstmordbrief zusammen mit den von mir getragenen Sachen am Ufer zurücklassen und mich in irgendeine schottische Stadt zurückziehen. Niemand wäre überrascht, wenn bei einer Suche meine Leiche nicht aufgefunden würde, da alle der Überzeugung wären, das Ungeheuer hätte sie verzehrt. Aber wenn mir die Flucht auf diese Weise gelungen war, wovon sollte ich leben? Mit sechzehn hatte ich nicht die geringste Ausbildung in irgendetwas und buchstäblich keinerlei Erziehung. Vielleicht konnte ich irgendwo eine Stelle als Hausmädchen bekommen … Aber Idden machte mir klar, dass ich in diesem Beruf keine Chance hätte. Sie erinnerte mich an Nannys ständige Klagen wegen meiner Unordentlichkeit und meiner Unfähigkeit, morgens mein Nachthemd aufzuhängen (die einzige Form von Hausarbeit, die mir tatsächlich abverlangt wurde). Meine größte Angst war es, einen erfolglosen Fluchtversuch zu machen, nur um gefunden und mit Schimpf und Schande wieder nach Hause transportiert zu werden, wo es noch strikter als zuvor zugehen würde.

Es gab niemanden, mit dem ich meine sozialistischen Ideen hätte teilen können. Gut, Nancy schien gelegentlich gewisse kapriziöse Schritte in diese Richtung zu tun. Sie schrieb ein Buch *Wigs on the Green*, einen satirischen Roman über Boud und die Britische Faschistenunion. Dort trat Boud als riesige Achtzehnjährige namens Eugenia auf, Mitglied der Schwarzstiefelunion, die ihre Zeit damit verbrachte, durch die Gegend zu galoppieren und lange Reden an die Dorfbevölkerung zu halten, in denen die Verdienste des Führers gerühmt wurden. Nancy zog erneut meine Anklagen wegen »Willensschwäche« auf sich, weil sie die Veröffentlichung des Buchs eine Zeitlang aufschob, nachdem Diana und Boud gedroht hatten, sie würden nie wieder mit ihr sprechen, wenn *Wigs on the Green* in Druck ginge.

In unserem Haus in London, wo es kein überzähliges Wohnzimmer gab, wurde mir erlaubt, meine kommunistische Literatur in dem nicht in Gebrauch befindlichen Ballsaal unterzubringen, und Nancy zog mich mit den anderen zusammen auf, ich sei eine »Ballsaalkommunistin«, was noch unter den Salonsozialisten rangierte.

Als Nächstes drangen Gerüchte über ein Vetternpaar zweiten Grades zu uns, Giles und Esmond Romilly, die am Wellington College waren, einer militärisch ausgerichteten Public School. Sie hatten ihre Eltern in höchsten Zorn versetzt und waren Gegenstand des Familienklatsches geworden, als sie sich weigerten, dem Offiziersvorbereitungskorps beizutreten, und verkündeten, sie seien Pazifisten. Es hieß, sie hätten die Schulfeier zum Jahrestag des Waffenstillstands sabotiert, indem sie pazifistische Flugblätter in die Gebetbücher einlegten. Die Flugblätter waren während der

Schweigeminuten herausgeflattert und hatten einen nahezu unvorstellbaren Aufruhr ausgelöst. Anfang 1934 tauchten Esmond Romillys Aktivitäten in der Presse auf. Die *Daily Mail* brachte über zwei Spalten hinweg eine Meldung unter den Schlagzeilen ROTE GEFAHR AN DEN PUBLIC SCHOOLS! MOSKAU WILL SCHULJUNGEN KORRUMPIEREN. SOHN EINES OFFIZIERS BETREIBT EXTREMISTISCHE ZEITSCHRIFT. SCOTLAND YARD ERMITTELT. Die extremistische Zeitschrift hieß *Out of Bounds* – die Bezeichnung für das »unerlaubte Gelände« einer Public School – und wurde von Esmond redigiert und herausgegeben. Die *Daily Mail* zitierte aus der programmatischen Erklärung der Redaktion: »*Out of Bounds* wird an allen Fronten offen für die Kräfte des Fortschritts und gegen die Kräfte der Reaktion Partei ergreifen, von der erzwungenen militärischen Ausbildung bis zur Propaganda im Unterricht.« Die Romilly-Brüder wurden in Verwandtschaftskreisen lang und breit durchgehechelt. »Arme Nelly, armer Bertram! Womit haben sie so furchtbare Söhne verdient? Man müsste beide gründlich mit der Reitpeitsche versohlen«, erschallte der Chor der Erwachsenen.

Kurz nach dem Erscheinen der *Daily Mail*-Story verbreitete sich die Nachricht, dass Esmond von der Schule weggelaufen war. Die Zeitungen brachten nun Schlagzeilen wie: MR CHURCHILLS 15-JÄHRIGER NEFFE VERSCHWINDET; WINSTONS »ROTER« NEFFE; SOHN EINES OBERST LÄUFT VON SCHULE WEG; »ANGESTIFTET VON KOMMUNISTEN AUS LONDON«, SAGT DIE MUTTER. Meine Bewunderung für Esmond war grenzenlos. Trotz unserer Verwandtschaft war ich ihm nie begegnet. Unsere engste Annäherung hatte stattgefunden, als ich etwa neun war und im Sommer mit Debo und Nanny ein paar Wochen bei den Churchills verbracht hatte. Giles sahen wir, und ich weiß noch, wie eine von den Nannys zu einer anderen sagte: »Hätten Sie mal letzte Woche da sein sollen, wo Esmond hier war … oooh, das war ein böser Junge, ein ganz Schlimmer!«

Ich fragte mich, ob ich es jetzt vielleicht irgendwie arrangieren könnte, ihn zu treffen, aber nicht einmal seine Eltern schienen zu wissen, wo er sich aufhielt.

Während sich das Jahr endlos dahinschleppte, entstand wenigstens ein Plan, der eine gewisse Hoffnung auf zumindest zeitweilige Milderung der Langeweile mit sich brachte, und vielleicht sogar auf ein wenig Freiheit. Meine Schulzimmertage gingen zu Ende, und Idden und ich sollten nach Paris zu einer französischen Dame geschickt werden und unser Französisch an der Sorbonne vervollkommnen.

Meine Mutter kam mit, um uns zu helfen, Fuß zu fassen. Stets allem Französischen gegenüber zutiefst misstrauisch, war sie vom Augenblick unserer Ankunft an der Gare du Nord von einem wütenden Zorn gegen die gesamte Nation erfüllt, da unser Gepäckträger sich wegen des Trinkgelds auf einen scharfen Wortwechsel mit ihr einließ. Meine Mutter behauptete ihre Position, und zum großen Vergnügen von Idden und mir marschierte der Mann davon und knurrte auf Französisch: »Sie sind die Art von Engländerin, die Jeanne d'Arc ermordet hat.« Muv war bis zur Weißglut irritiert von den bewundernden Blicken, die Idden und ich beim Schlendern durch Paris auf uns zogen (gelegentlich wurden wir sogar gekniffen). Es war sinnlos, darauf hinzuweisen, dass dasselbe in dieser romantischen Stadt offensichtlich jeder jungen Frau passierte und anscheinend einfach eine charakteristische Form der Freundlichkeit war. Sie drohte sogar, uns sofort wieder mit nach England zu nehmen, falls das nicht sofort aufhörte. Idden und ich waren voller Angst, sie könne diese Drohung wahrmachen, und marschierten, Augen geradeaus, stur dahin, um die hoffnungsfrohen jungen Pariser auf keine Weise zu ermuntern.

Kurz ehe Muv sich verabschiedete, geschah etwas, das leicht zur Aufkündigung unserer Pläne für einen mehrmonatigen Aufenthalt in Paris hätte führen können, wäre sie ein wenig aufmerksamer gewesen. Sie nahm uns eines Abends ins Kino mit. Ich saß zwischen ihr und Idden, und kaum war es im Saal dunkel geworden, bemerkte ich, dass auf Iddens Seite ein gedämpfter Kampf wogte.

»Was ist denn los?«, flüsterte ich.

»Der Mann neben mir streichelt mein Bein«, flüsterte Idden hektisch zurück. »Du sagst es besser Tante Sydney, wir müssen uns andere Plätze suchen.«

»Idden, du weißt doch ganz genau, wenn wir ihr das sagen, wird sie so was von wütend und nimmt uns mit nach Hause. Außerdem will ich unbedingt diesen Film sehen. Du musst dich einfach damit abfinden.«

Die arme Idden kämpfte sich durch die Wochenschau, die Cartoons und den zweistündigen Film. Ich erkundigte mich von Zeit zu Zeit, mitfühlend flüsternd:

»Wo ist seine Hand jetzt?«

»Ach, Decca, das ist wirklich furchtbar. Ein gutes Stück über meinem Knie.«

»Du musst aber aufhören, dich immer so hin- und herzuwerfen, ich kann mich gar nicht konzentrieren. Schieb ihn einfach leise weg, sonst hört sie's noch.«

Als wir das Kino verließen, war Iddens Gesicht glutrot vor Verlegenheit und Empörung, aber glücklicherweise hatte Mutter von allem nichts gemerkt.

Wir entspannten uns erst, als Muv abgereist war und die Gefahr, nach England abtransportiert zu werden, gebannt schien. Madame ——, bei der wir als zahlende Gäste wohnten, hatte eine hervorragend solide Fassade präsentiert, solange meine Mutter in Paris war. Sie hatte versprochen, als Anstandsdame stets bei unseren Ausflügen anwesend zu sein, uns in die Comédie-Française und die Opéra Comique mitzunehmen, darauf zu achten, dass wir ein Leben führten, wie es sich für zwei junge englische Schulmädchen schickte. Wir unsererseits versprachen, überaus brav zu sein und Madame in jeglicher Hinsicht zu folgen. Doch wurde zu unserer großen Freude bald klar, dass Madame keinerlei Absicht hatte, uns ins Theater zu begleiten oder unsere Aktivitäten überhaupt irgendwie zu beaufsichtigen. Sie war mit ihrem eigenen Leben beschäftigt, das im Wesentlichen daraus bestand, Grüppchen französischer Damen mittleren Alters zu empfangen, denen *tilleuls*, *tisanes*, süßer Portwein und kleine harte Kümmelküchlein kredenzt wurden. Sie war häufig *souffrante* und legte sich ins Bett und nahm große Mengen riesiger schwarzer Pillen ein, die geformt waren wie kleine Strohhüte.

Idden und ich waren weitgehend uns selbst überlassen. Wir liebten unsere Kurse an der Sorbonne, wo wir von Studenten aller Altersklassen und Nationalitäten umgeben waren – dunkelhäutigen Spaniern, die mit einem, wie Idden sagte, »cr-cr-Akzent« sprachen; stark gebauten blonden Deutschen; amerikanischen Damen schwer zu schätzenden Alters, die ständig dabei waren, etwas abzuschließen, was sie im Gespräch »die Serie« nannten. An den Nachmittagen nahm uns der Kunstlehrer mit in den Louvre, wo er mit einem langen Stöckchen wie ein Dirigentenstab auf die Meisterwerke wies – »Regardez la ligne, Mademoiselle, et voilà les masses.« Abends gingen wir in die Comédie-Française und ließen uns von den altmodischen, höchst stilisierten Inszenierungen klassischer Dramen und Komödien bezaubern. Wir nützten Madames Nachlässigkeit als Anstandsdame gehörig aus, und oft gingen wir an einem Abend, den wir eigentlich in der Opéra verbringen sollten, in das Grand Guignol, in einen Nachtklub oder sogar in die Folies Bergères.

Wir wurden mit zwei französischen Studenten bekannt, die wir an der Sorbonne getroffen hatten, flotten, smart gekleideten jungen Männern in den frühen Zwanzigern mit glänzenden Augen. Sonntags fuhren sie mit uns in den Bois de Boulogne oder ein Stückchen hinaus aufs Land. Nach den Ausfahrten kehrten wir zu kurzen Flirt-Sitzungen in ihre Wohnung zurück. Wir gaben ihnen die Spitznamen »der Täter« und »der Sprecher«. Idden hatte den Sprecher so genannt, weil er sie zwar verbal mit den lyrischsten Liebkosungen überschüttete – »Ah! Que tu es belle, je t'adore, ma petite Idden« –, aber niemals versuchte, sie zu küssen. Ich hatte den Täter, denn seine Konversation bestand aus den trivialsten Bemerkungen, die zwischen leidenschaftlichen Küssen gemacht wurden: »Qu'il fait beau temps aujourd'hui, n'est-ce pas? J'espère que vous vous amusez bien à Paris, Mademoiselle.« Nach einigen solchen Erlebnissen hatten wir sie ziemlich über – Ideen wünschte sich, ihr Verehrer hätte mehr von einem Täter, und ich wünschte mir, meiner würde lernen, sich sprachlich interessanter auszudrücken, und etwas weniger leidenschaftlich sein.

Die unwahrscheinlichsten Abenteuer schienen in Paris hinter jeder Straßenecke auf mich zu warten, doch irgendwie wurde nie etwas daraus, wenn ich sie zu verfolgen suchte. Nancy hatte mir ein paar Empfehlungen an intellektuelle alte Damen mitgegeben, die wöchentliche *jours* abhielten, wo Künstler und Schriftsteller sich versammelten, um dieselben kleinen Kümmelküchlein, den Port und die *tisane* zu sich zu nehmen, die Madame ihren Freundinnen hinstellte. Ich kam getreulich zu diesen *jours* und hoffte, dass sich etwas Interessantes ereignen würde, obwohl ich dort in meinem englischen Habit (Strickjacke und Rock) einen seltsamen Eindruck gemacht haben muss und mir die Leute bei den *jours* alle greisenhaft alt erschienen. Die Unterhaltung ging zu meinem Leidwesen immer über meinen Kopf hinweg, man sprach von Büchern, Persönlichkeiten, Ereignissen, von denen ich nichts wusste, die sich aber irgendwie faszinierend anhörten. Wenn ich nur mitkäme, den Schlüssel fände zu dem, was hier diskutiert wurde! Aber ich war es zufrieden, unauffällig dabeizusitzen, während ein neues Stück brillant zerlegt, ein Dichter in Stücke gerissen, eine Schauspielerin nachgeahmt wurde – in der schönen Sprache, die für eine solche Unterhaltung so gut passt.

Einmal lud mich ein Franzose in mittleren Jahren, den ich bei einem *jour* kennengelernt hatte, zum Abendessen ein. Ich musste Madame um Erlaubnis fragen; sie zuckte nur die

Achseln und sagte: »Ma petite, il vous jetera sur un divan et il vous violera«, aber gehen ließ sie mich trotzdem. Ich hatte das Gefühl, dass Madame hier wohl etwas übertrieb. Sicherlich gingen doch in jedem Land die Menschen von Zeit zu Zeit miteinander essen, ohne dass das so bedauerliche Folgen hatte? Ich lief für diesen Anlass in den Prix Unic und kaufte mir ein sehr billiges, enges, glänzendes Kostüm aus schwarzem Satin und eine sehr billige weiße Georgettebluse mit Rüschen. Solcherart mit den Attributen der Weltläufigkeit ausgestattet, fühlte ich mich unbehaglich, als liefe ich entschieden verkleidet umher.

Der Abend begann normal genug. Wir gingen ins Bal Tabarin und schauten die schräge Varietéshow an. Ich versuchte verzweifelt, die Konversation passend zu meiner Kleidung zu führen, und tat so, als verstünde ich die raschen Unanständigkeiten und Anzüglichkeiten auf der Bühne. Alles in allem hatte ich das Gefühl, dass meine Frau-von-Welt-Nummer recht gut lief – warm, aber rätselhaft, erfahren, aber schwer zu erobern, im Grunde keusch, aber zu großer, erregter Leidenschaft fähig.

Nach einer Stunde oder so im Bal Tabarin schlug mein Begleiter vor, wir sollten anderswohin gehen – er bot sich an, mir »le vrai Paris« zu zeigen. Ein wenig besorgt folgte ich ihm zu seinem Wagen. Wir fuhren eine Zeitlang durch die dunklen Straßen und hielten schließlich vor einem, wie es schien, ganz gewöhnlichen Gebäude zwischen anderen Wohnhäusern an. Er klingelte und sprach kurz mit dem Chauffeur, der dann zu meiner Ratlosigkeit wegfuhr. Wir wurden von einer freundlichen alten französischen Dame in einen hell erleuchteten Salon gebeten. Ich spürte, wie sich meine ganze neuerworbene Weltläufigkeit rasch aufzulösen begann, und als mehrere nackte junge Frauen mit Champagner und Gläsern erschienen, war das kaum geeignet, mich zu beruhigen.

»Dies ist eines der besten Häuser in Paris«, erklärte mein Begleiter. »Würden Sie nicht gerne den Rest davon sehen?«

»Nun, es ist schon etwas spät, Madame wird mich bereits erwarten...« Aber nachdem es einmal so weit gekommen war, hatte ich doch ziemlich Lust, den Rest des Hauses zu besichtigen, und folgte mit gemischten Gefühlen dem Mädchen, das uns führen sollte. Wir schauten in eine Abfolge von Räumen, die man jeweils von einem langen Korridor aus betrat. Unsere Führerin erläuterte, dass sie eingerichtet waren, um jede erdenkliche Vorliebe zu befriedigen. Einer war vom Fußboden bis zur Decke mit Spiegeln ausgeschlagen, ein anderer voll von Statuen und Bildern der Jungfrau Maria (»pour les pygmalionistes«, kommentierte sie). Ein weiterer war ein Nachbau eines Eisenbahnabteils, und die Führerin demonstrierte stolz, wie man durch Umlegen eines Schalters das ganze Zimmer wie einen richtigen Zug rütteln und klappern lassen konnte, während Kulissenlandschaften am Fenster vorbeizogen. Ich war vollkommen fasziniert, während ich mich gleichzeitig einigermaßen nervös fragte, wie ich aus dieser Situation herauskommen sollte.

Eine aburde Vision stieg plötzlich in mir auf – die Schatten von Menschen zu Hause, plötzlich in diese Umgebung versetzt. Nanny, die sich in den Schultern wand wie immer, wenn sie etwas missbilligte, und sagte: »Wirklich kein sehr passender Ort, Jessica, das muss ich sagen«; Muv mit finsterem Blick. Würde sie etwas über den guten Körper vor sich hin murmeln? Es gab hier gewiss genügend davon.

Das Zimmer »pour les sadistes« war das erstaunlichste von allen, und ich wünschte mir, Idden hätte hier sein können, um es zu sehen. Es war wie eine Folterkammer dekoriert mit Streckbetten, Daumenschrauben, Säulen, an die man zum Auspeitschen gefesselt werden konnte, und realistisch wirkenden Gipsschnecken, die an den rauhen Steinwänden emporkrochen. Zwei der nackten Mädchen erschienen und fingen beiläufig an, sich gegenseitig auszupeitschen.

»Ich glaube wirklich, wir sollten jetzt langsam gehen«, sagte ich unruhig. Ich fragte mich, ob das Blut Karls des Großen, das – wie Großvater so mühsam nachgewiesen hatte – in meinen Adern rann, mich in einer Krisis retten würde. Es folgte eine kurze tätliche Auseinandersetzung, ziemlich so, wie Madame es vorhergesagt hatte, die ich durch eine Verbindung von körperlicher Geschicklichkeit und raschem Redefluss gewann. Mein neues Satinkostüm war ziemlich ramponiert, als ich schließlich – alleine, im Taxi – nach Hause kam, aber ich hatte Idden eine bemerkenswerte Geschichte zu erzählen. Wir erschauerten entzückt bei dem schrecklichen Gedanken, was unsere Eltern tun würden, wenn sie wüssten, wie wir unsere Zeit in Paris verbrachten. Aber ein wirklicher Ausweg schien hier ebenso fernzuliegen wie in London.

Das traditionelle »Jahr im Ausland« und das wunderbare Gefühl von Freiheit, das es auslöste, ging zu Ende. Nun musste – so unvermeidlich, wie die Sonne über dem Britischen Empire aufgeht (nie aber untergeht) – meine erste Londoner Saison folgen. Es gab keine realistische Alternative. Die Universität kam nicht in Frage – es war unmöglich, die Zugangsvoraussetzungen zu erfüllen. Was würde als

Nächstes geschehen? Die Saison mochte ja ganz vergnüglich sein. Schließlich würde man buchstäblich Hunderte von Leuten kennenlernen – darunter mussten doch ein paar verwandte Seelen sein, ein paar Leute in meinem Alter, die auch nach einem Fluchtweg aus ihrer jeweiligen Festung suchten? Trotzdem hatte ich das ungute Gefühl, dass mir das alles nicht besonders gefallen würde, dass ich eigentlich jetzt schon wusste, wie meine neuen Bekannten sein würden, und dass das einzig Gute, was sich über die ganze Sache sagen ließ, der Umstand war, dass ich dann endlich erwachsen wäre.

ZEHN

Bei unserer Ankunft in England stellten wir fest, dass Esmond Romilly wieder in allen Zeitungen stand. Er hatte einen linken Buchladen in Bloomsbury zu seinem Hauptquartier gemacht und dort eine Art informelles Zentrum für andere Jungen eingerichtet, die von Public Schools fortgelaufen oder verwiesen worden waren. Mit deren Hilfe betrieb er die Redaktion, Herstellung und Verteilung von *Out of Bounds*. Das Magazin florierte in gewisser Weise. Sein »kindischer linker Chefredakteur«, wie die Zeitungen Esmond sarkastisch nannten, hatte es fertiggebracht, Unterstützung – teilweise sogar finanzieller Natur – von verschiedenen unwahrscheinlichen Seiten zu erlangen. Bernard Shaw hatte Glückwünsche und einen Scheck geschickt; der *New Statesman* hatte einige seiner Artikel empfohlen; sogar ein paar der Londoner Tageszeitungen hatten das Unternehmen zwar halb als Witz, doch nicht ohne Sympathie behandelt.

Out of Bounds war tatsächlich eine recht bemerkenswerte Publikation. Mit dem Untertitel »Die Zeitschrift der Public Schools gegen Faschismus, Militarismus und Reaktion« umfasste das Magazin jeweils etwa fünfzig Seiten redaktionellen Kommentar, Artikel, Leserbriefe, Buchbesprechungen.

»Wir attackieren nicht nur jene riesige Propagandamaschinerie, welche die Grundlage der Public Schools bildet und sie so nützlich macht bei der Aufrechterhaltung einer gewalttätigen und obsoleten Gesellschaftsform; wir leisten nicht nur Widerstand gegen den diskreten Zwang des Offiziersvorbereitungskorps und das heuchlerische Gerede von der Charakterbildung – wir stellen uns gegen jede einzelne der absurden Beschränkungen und kleinlichen Regeln und Vorschriften ...« In diesem Ton wurden die revolutionären Ziele von *Out of Bounds* in einem Leitartikel verkündet.

Ein großer Teil des abgedruckten Materials wurde anonym von Jungen eingeschickt, die noch an verschiedenen Orten Englands eine Public School besuchten. Die politischen Artikel reichten vom allgemein Historischen (»Gangster oder Patrioten – Wie England sein Empire aufbaute«) bis zu einem persönlichen Bericht über ein Treffen der Britischen Faschistenunion im Olympia, der mit »T. P. in Rugby« unterzeichnet war. Der Schüler aus Rugby berichtete, wie er sich zu dem Treffen aufgemacht hatte »mit beträchtlichem Interesse sowohl am Faschismus wie am Kommunismus, ohne eine spezielle Neigung nach einer Seite hin«, und wie er dann für einen Kommunisten gehalten, die Treppe hinuntergeworfen und von bewaffneten Schwarzhemden verprügelt wurde. Er schloss: »Es ist also kaum erstaunlich, dass ich hier mit freundlichen Grüßen als Antifaschist unterzeichne ...« Sir Oswald Mosleys Buch *Das größere England* wurde in einer Rezension in wenigen Sätzen abgefertigt. Es wurde knapp und zweifellos verdientermaßen als »ein Haufen trügerischer Phrasen, absoluter Quatsch, nicht nur falsch gedacht, sondern verlogen« bezeichnet. Dagegen bekam John Stracheys *Der Faschismus als Bedrohung* eine überschwängliche Empfehlung auf den Weg: »Von Anfang bis Ende voll von außerordentlich wichtigen Aussagen … ein wunderbarer Text … ihr müsst euch unbedingt ein Exemplar leihen, erbetteln, stehlen oder, wenn alles versagt, kaufen …«

In den Leserbriefen, von denen viele in einem Duktus abgefasst waren, der dem Stil des Chefredakteurs verdächtig ähnlich war, explodierten lebhafte Kontroversen, und man brachte dort eine interessante Verschiedenheit von Meinungen über *Out of Bounds* zum Ausdruck: »Noch nie im Leben habe ich so einen Mist gelesen … dies ist ohne Zweifel die überflüssigste Zeitschrift, die je herausgebracht worden ist, und das Nützlichste, was Du tun könntest, wäre es, unter eine Straßenbahn zu kommen … Anscheinend bist Du ja aus Wellington hinausgeworfen worden (was auch verdammt gut so ist).« – »Es hat noch nie so etwas wie *Out of Bounds* gegeben. Endlich haben wir eine Zeitschrift, die nicht davor zurückschreckt, die ehrliche Meinung des durchschnittlichen intelligenten jungen Menschen zu veröffentlichen.«

Mit klugem Blick auf die Auflagenhöhe hatte der Chefredakteur einen Artikel seines Bruders Giles Romilly aufgenommen: »Morning Glory: Sex in den Public Schools«. Der Artikel beschrieb die verschiedenen Grade homosexueller Verliebtheit, die das Leben des Public-School-Jungen umgrenzten, und berichtete aus erster Hand von den »vorsichtigen und kryptischen« Warnungen, welche die ratlosen Zwölfjährigen bei ihrer Ankunft in Wellington zu hören bekamen. Giles zufolge wurde die offizielle Unterweisung von einem Lehrer erteilt, der die unschuldigen Neuankömmlinge zu einer »Offenen Ansprache« versammelte, die ein für alle Mal alle Fragen beantworten sollte, welche sich aus dem Mysterium des Geschlechtslebens (in der Wellington-

Variante) ergeben mochten: »Männer! Hier an der Schule gibt es Männer, die versuchen werden, einen Mann auszunutzen, weil er ein neuer Mann hier ist. Das ist alles, was ich euch zu sagen habe.« Ein Artikel über das gewagte Thema Koedukation – in Public-School-Kreisen ein unanständiges Wort – wurde für eine spätere Nummer angekündigt.

Eine Kolumne mit dem Titel »Notizen aus den Public Schools« (bestehend aus Beiträgen, die Jungen »drinnen« insgeheim herausgeschmuggelt hatten) gab einen Überblick über politische Entwicklungen an verschiedenen Schulen. Diese Kolumne bewies mehr als irgendwelche anderen Beiträge in *Out of Bounds*, in welchem Maße neue Ideen von Pazifismus und allgemeiner Rebellion gegen die alte Ordnung der Dinge auch in die geschlossene Welt der Public Schools eingesickert waren. Der Guerillakampf gegen die Krawatte in den Farben der alten Schule wurde offen geführt: ALDENHAM: Die Aktivitäten der Christlichen Union sind beträchtlich eingeschränkt worden … ASHFORD HIGH SCHOOL: Am 24. Mai wurden an der Schule Flugblätter verteilt, auf denen die hurrapatriotischen Veranstaltungen am Empire Day angegriffen wurden … CHARTERHOUSE: Beträchtliche Proteste sind wegen einer Inschrift am Ostfenster der Kirche ausgelöst worden, die lautet »Wer für England stirbt, der lebt« … CLIFTON: *Out of Bounds* darf innerhalb des College nicht verteilt werden … ETON: Hundertzwanzig Exemplare von *Out of Bounds* wurden zu Beginn des Semesters hier verkauft … FRIENDS SCHOOL, SAFFRON WALDON: An dieser »fortschrittlichen« Quäker-Schule ist mehreren Schülern der Verweis angedroht worden, weil sie eine gewisse »Haltung« gezeigt hätten. HIGHGATE:

Ein Antrag »Die Pazifisten mögen hingehen, wo der Pfeffer wächst« wurde kürzlich bei einer öffentlichen Diskussion mit großer Mehrheit abgelehnt. HAILEYBURY: Bei einer Diskussion über den Faschismus wurde in diesem Semester die zustimmende Position hundertdrei zu dreizehn niedergestimmt. STOWE: Dieses Semester sollte eine Debatte zum Thema »Kämpfen für das Empire« stattfinden. Soeben ging die Nachricht ein, dass diese Debatte vom Rektor untersagt worden ist.«

Bei der Verteilung des Magazins gab es enorme Schwierigkeiten. Wie auf der Titelseite mit knappem Stolz vermerkt wurde, war es »VERBOTEN IN ALDENHAM; CHELTENHAM; AM IMPERIAL SERVICE COLLEGE; IN UPPINGHAM; WELLINGTON«. An Schulen, wo es kein offizielles Verbot gab, sorgten inoffizielle Gruppen von Public-School-Patrioten dafür, dass Exemplare des Magazins vernichtet und die Unterstützer von *Out of Bounds* angemessen gezüchtigt wurden. Esmond und seine Kohorten machten häufige Vorstöße auf das Terrain von Eton, Wellington und anderen Hauptstützpunkten des Feindes und konnten spöttisch melden: »*Out of Bounds* wurde im letzten Semester in Wellington verboten. Aber 142 Exemplare wurden verkauft.« Trotz Abstrafungen in Schulteichen und anderen Repressalien gegen die Verkäufer sprang die verkaufte Auflage von 1000 auf 3000.

Gerüchte dieser faszinierenden Vorgänge erreichten uns von Zeit zu Zeit in London. Ich beneidete Esmond endlos und sehnte mich danach, ihm zu folgen oder zumindest eine passende, würdige Möglichkeit zu finden, ihn von meiner Existenz in Kenntnis zu setzen. Doch inzwischen gingen die

Vorbereitungen für meine Londoner Saison unerbittlich weiter. Da ich das fünfte Mädchen in der Familie war, das sein Debüt erlebte, gab es bei den Vorbereitungen eine gewisse Routine. Zerknitterte Listen mit den Leuten, die man zu meinem ersten Ball einladen würde, wurden hervorgezogen und von meiner Mutter mit Hilfe älterer Schwestern durchkorrigiert. »Schauen wir mal … Der kleine Johnny Forester sollte jetzt alt genug sein für einen Ball.« »Also *wirklich*, Muv, du bist so was von konfus, der ist jetzt mindestens fünfundvierzig. Außerdem lebt er, glaube ich, seit zehn Jahren in Indien.«

Nancy hatte kurz zuvor – während ich in Paris war – Peter Rodd geheiratet, und den Sitten der Zeit entsprechend begleitete sie meine Mutter und mich zur Präsentation im Buckingham Palace: sie würde als Braut, ich als Debütantin vorgestellt werden. Eine Friseuse kam ins Haus, um die obligatorischen weißen Straußenfedern in unseren Haaren anzubringen, und wir brachen in einem gemieteten Daimler auf zu der stundenlangen Fahrt die Mall entlang, wo eine endlose Prozession von »Debs« und ihren Müttern Zoll um Zoll weiterrollte. Die Londoner Menge hatte sich eingefunden, um traditionellerweise die neuen Debütantinnen zu beäugen; man hörte ihre Kommentare, während sie durch die Wagenfenster spähten. »Mensch, die iss echt Klasse!« »Die da bringt's nich so. Aber da, dass ne Schönheit!« »Aber die Mutter! So was von Gewitterziege!!«

Endlich kletterten wir aus dem Auto und stolperten durch das Regendunkel in einen hellerleuchteten, überfüllten Korridor voll bloßer Schultern und dem muffigen Geruch geliehener Straußenfedern. Weitere Stunden eines

Vorrückens Zoll um Zoll, diesmal, wie es mir schien, durch Meilen ein wenig überfütterten menschlichen Fleisches hindurch. Gelegentliches Stöhnen: »Ich glaub, ich werde ohnmächtig!« »Geht nicht, ist kein Platz.« Das Mädchen vor mir hält abrupt an. »Hilfe!« (in qualvollem Flüstern). »Ich glaube, mein Schlüpfer rutscht runter!« Aber sie steigt anmutig aus dem Höschen heraus und lässt es in ihrer Handtasche verschwinden.

Endlich am Ziel; ein prachtvoller Lakai arrangiert unsere Schleppen, ein anderer röhrt: »The Lady Redesdale! The Honourable Mrs Peter Rodd! The Honourable Jessica Mitford!« Wir befinden uns in Gegenwart zweier großer, ausgestopft wirkender Figuren, die von ihren Thronen herab nicken und lächeln wie aufgezogene Automaten. Noch eine Hürde: das Knicksen, je einmal in Richtung der beiden Ausgestopften, dann ohne Stolpern rückwärts gehen, bis man die erhabene Präsenz verlassen hat.

Die spezielle Version des Pubertätsritus, welche die englische Oberschicht pflegt, ist vorüber. Ich bin jetzt eine Erwachsene. Oder? Heimlich stopfe ich ein paar Pralinen vom Büfett in mein kleines viktorianisches Blumensträußchen. Nach der Präsentation haben wir einen Termin bei einer Fotografin, die uns in unseren Hoftoiletten aufnehmen wird. Zu meiner Verlegenheit kullern die Pralinen auf den Boden, gerade als sie die Kamera richtig eingestellt hat …

ELF

In gewisser Weise hatte ich mich – schuldbewusst – irgendwie darauf gefreut, nun Debütantin zu sein. Obwohl die ganze Prozedur gegen meine vor Kurzem entdeckten Prinzipien war, schien sie doch viele interessante Möglichkeiten in sich zu bergen. Die Vorstellung von unbegrenztem Umgang mit Leuten meines Alters war in sich bereits sehr aufregend. Und wenn ich nun mit meinem *coming out* tatsächlich »draußen« in dem unklar umrissenen, nebulösen Gelände war, das man die Welt nannte ... dann war offen, was geschehen mochte. Ich könnte einen Skandal auslösen, indem ich eine Affäre mit einem faszinierenden älteren Ehemann hatte; ich könnte sogar selber heiraten. Ich redete mir zu, dass ich nun der Festung entronnen sei – war ich nicht von der Schulzimmerroutine befreit, konnte ungehindert allein durch London ziehen (jedenfalls tagsüber), konnte studieren, wenn ich das wollte, vielleicht sogar an einer interessanten Bastion der Linken wie der London School of Economics?

Die tägliche Routine der Londoner Saison ließ die meisten dieser Ideen rasch verfliegen. Zunächst einmal war überhaupt keine Zeit für irgendetwas anderes als das Hin- und Herhasten von einer Verpflichtung zur anderen – Mittagessen, Tees, die kürzlich importierten Cocktailpartys, Abendessen, Bälle – mit allzu wenig Zeit zum Schlafen. Die Mittagessen waren in der Regel rein weibliche Veranstaltungen. Man nannte sie »Gabelbüfetts« – es gab dort irgendwelche Sahnesoßengerichte, die man mit lediglich einer Gabel bewältigen konnte. Der Zweck dieser Büfetts war es, den Debütantinnen Gelegenheit zu geben, miteinander bekannt zu werden – eine nicht unwichtige Angelegenheit, da diese jungen Frauen und ihre Mütter die Einladungslisten für die Abendessen, die Bälle und die Wochenendeinladungen kontrollierten. Die Unterhaltung beschränkte sich meist auf Gespräche über die Bälle, die bereits stattgefunden hatten, die noch bevorstehenden, die schon gekauften Kleider, die noch anzuprobierenden, die bereits gemachten Fotografien für die Gesellschaftsjournale, die noch aufzunehmenden.

Die Bälle waren natürlich die Hauptsache. Sie fanden mindestens allabendlich statt, an fünf Tagen in der Woche; manchmal gab es bis zu drei in einer einzigen Nacht. Eine endlose Abfolge von opulent blumengeschmückten Sälen mit sehr jungen Männern und Frauen, die den mit zuverlässiger Gleichförmigkeit produzierten Früchten an einem Marktstand glichen, hie und da mit einer überreifen oder unreifen Ausnahme ... Das Furchtbare aber war, dass ich mich nie an irgendeinen Namen erinnern konnte. Es wäre wohl leichter, dachte ich mir, die einzelnen Schafe auf einer australischen Farm auseinanderzuhalten, als in diesem monotonen Meer von (wie es mir schien) nahezu identischen Menschen sich an einen Namen oder ein Gesicht zu erinnern. Glatte, helle, harmlose Gesichter, welche die Gesundheit unzähliger Frischluftkindheiten auf unzähligen Landsitzen ausstrahlten; gerade oder dralle Züge, Jahre eines mehr als hinreichenden Protein- und Fettkonsums bezeugend; die Augen von Blau bis Braun, das Haar blond bis brünett, die Körpergröße verglichen mit der Gesamtmenschheit überdurchschnittlich hoch – es gab nicht viel, was ein Individuum vom anderen unterschieden hätte. »Nicht Angeln, sondern Engel«, hatte Papst Gregor der Große angeblich bei seinem ersten Anblick der Bewohner Albions gesagt, und Gestalten und Gesichter der Hunderte von Angelsachsen zwischen siebzehn und einundzwanzig, welche die Debütantinnenbälle bevölkerten, waren ermüdend angelisch.

Die Unterhaltung bot kaum Indizien für die Identität. Nach der Vorstellung stolperte man in den Armen eines der australischen Schafe auf die Tanzfläche. Die Eröffnungen bei der Konversation beschränkten sich meist auf zwei, drei Themen: »Reiten Sie viel?« »Kommen Sie oft nach Schottland rauf?« »Finden Sie was an Nachtklubs?« Da in meinem Fall eine wahrhaftige Antwort auf alle drei dieser Fragen nun einmal verneinend sein musste, war es oft mühsam, die Konversation am Leben zu erhalten. Oft waren die ersten Worte (wie befürchtet): »He, wir sind uns doch gestern Abend bei den Soundsos begegnet, was?« (O Gott! Sind wir das? Gestern Abend? Wie *kann* er nur heißen?) – und ich musste, ohne irgendeinen Anhaltspunkt, lahm erwidern: »Aber ja, gelungene Party, nicht?« Meine Mutter machte mir milde Vorwürfe wegen meines fürchterlichen Gedächtnisses.

»Du musst wirklich versuchen, dir ein paar von ihren Namen einzuprägen, Darling, das ist so ungezogen von dir. Ich nehme an, das Problem liegt darin, dass du nicht viel siehst, aber du musst es dir einfach angewöhnen, die Leute wiederzuerkennen.« Ich war in der Tat stark kurzsichtig, aber Muv hätte nicht im Traum daran gedacht, mit mir zu einem Augenarzt zu gehen – aus Angst, er könne mir eine Brille verschreiben, was sie sowohl für hässlich wie für übertrieben teuer hielt. Sie fand es schrecklich, dass so viele junge Leute – und sogar Kinder – begonnen hatten, eine Brille zu tragen. »Der gute Körper wird das im Lauf der Zeit in Ordnung bringen. Wahrscheinlich kannst du dann sowieso viel mehr sehen«, bemerkte sie vage.

Die Londoner Saison dauert drei Sommermonate lang; mir kam es vor wie eine Ewigkeit. Mittendrin erfuhr ich, dass Esmond Romilly zu sechs Wochen Jugendarrest in einem Heim für schwererziehbare Knaben verurteilt worden war. Er und Philip Toynbee, ein aus Rugby davongelaufener Achtzehnjähriger, waren betrunken im Londoner Haus der Romillys aufgetaucht, und Esmonds Mutter hatte die Polizei gerufen. Bei der Anhörung am anderen Tag hatte sie zu dem Richter gesagt, Esmond sei unkontrollierbar, worauf das Gericht beschlossen hatte, ihm eine angemessene Strafe aufzuerlegen. Ich überlegte mir, ob ich nicht diskrete Nachforschungen anstellen sollte, wie man Gefängnisvisitantin werden konnte – eine Form der guten Werke, die dem Vernehmen nach von älteren Damen mit viel überschüssiger Zeit praktiziert wurde, doch hielt das Gefühl der eigenen Unzulänglichkeit mich zurück. Wie konnte ich Esmond denn von Nutzen sein? Jetzt war ich wirklich eine Ballsaalkommunistin. Er würde wahrscheinlich jeden Versuch, mit dem ich beweisen wollte, dass ich auf seiner Seite stand, mit höhnischem Gelächter quittieren.

Die Reaktion der Familie auf Esmonds jüngstes Abenteuer wurde diesmal durch eine gewisse Irritation über die Mutter gemäßigt, weil sie den Kopf verloren und die Polizei gerufen und sich dann bei der Verhandlung nicht hinter ihren Sohn gestellt hatte. »Diese Nelly, die war doch immer schon hysterisch«, sagte meine Mutter ärgerlich. Esmond wurde schließlich nicht in die Obhut seiner Eltern entlassen, sondern als Mündel einer älteren Cousine, Mrs Dorothy Allhusen. Wir hörten, dass er nun auf deren Landsitz wohnen musste und ein Buch schrieb.

Als die Saison sich ihrem Ende entgegen neigte, wurde mir grausam klar, dass sie vollkommene Zeitverschwendung gewesen war. Ich hatte keine richtigen Freunde gewonnen, hatte nichts gelernt, war mit meiner Lebensplanung nicht weitergekommen. Ich verfluchte mich selbst, dass ich nicht den Verstand oder die Begabung hatte, meinen eigenen Weg aus dieser tödlichen Langeweile hinauszufinden, die mich wie ein dichter Nebel umgab – hinaus aus dem trivialen, dummen, täglichen Einerlei, in dem ich steckte.

Wir kehrten nach Swinbrook zurück, in einen endlosen Winter, der nur gelegentlich von der Einladung zu einer Wochenendgesellschaft in einem Landhaus oder zu einem Jagdball unterbrochen wurde.

Der glücklichen Idden war es gelungen, ihre Eltern zu überreden, ihr ein Studium an der Royal Academy of Drama zu erlauben, und sie wohnte in London. Ich begann eine halbherzige Kampagne, man solle mir doch erlauben, es wie sie zu machen. »Also, kleine D., du weißt ganz genau, dass du da nur hin willst, weil Idden dort ist. Du wärst für die Bühne ganz unbegabt.« Ich ahnte, dass das stimmte, aber ich argumentierte, Schauspielerei sei nicht schwierig, ich könnte sie leicht erlernen. Eine weitere Cousine, Sarah

Churchill, lernte das doch auch gerade, warum nicht ich? »Nun, es kommt einfach nicht in Frage, also lohnt es auch nicht, noch länger herumzudiskutieren.«

Ich versank in ganz und gar düsterer Stimmung. Ich hasste mich selbst und alle anderen, und ich war wütend und bitter zu meinen Schwestern und Eltern.

ZWÖLF

Die Familie in Swinbrook war stark geschrumpft. Nancy lebte in London, Tom war im Ausland, Pam war weg und trieb irgendetwas auf dem Lande, Boud lebte jetzt fast ständig in Deutschland. Debo und ich waren die Einzigen, die zu Hause übrig geblieben waren – sie hockte immer noch im Schulzimmer über ihren Lektionen, ich saß im Wohnzimmer herum und wartete auf die nächste Mahlzeit.

In diesem eisig-endlosen Winter erschienen zwei Bücher, in denen für mich all die Ideen, die sich in mir während der letzten Jahre entwickelt hatten, ihre gültige Gestalt anzunehmen schienen. Es waren *Das Braunbuch über Hitlers Terror* und *Out of Bounds: Die Erziehung von Giles und Esmond Romilly*.

Das Braunbuch dokumentierte im Einzelnen das, was man damals von den abstoßenden Grausamkeiten wusste, die den Juden in Deutschland angetan wurden. Es enthielt Fotografien von den blutenden, zusammengeschlagenen Opfern der sadistischen Nazis und beschrieb in furchtbaren Einzelheiten, was die neuen antisemitischen Gesetze für Folgen hatten. Meine Eltern hielten daran fest, dass dieses Buch kommunistische Propaganda war und dass so oder so die Juden sich das alles selbst eingebrockt hätten – offenbar durch ihre bloße Existenz. Boud und Diana rechtfertigten bei ihren selten gewordenen Besuchen in Swinbrook diese Greuel als notwendig für das Überleben des Naziregimes. Sie stellten eine große signierte Fotografie eines ihrer neuen Freunde auf – Julius Streicher, Gauleiter von Franken und einer der Verrücktesten in dieser Horde von Verrückten. »Nimm diesen blöden dreckigen Schlächter hier weg!«, rief ich wütend. »Aber Darling!«, schnurrte Diana und riss die blauen Augen weit auf, »Streicher ist ein *Häschen*!«

Nancy machte wie gewöhnlich einen Witz aus der ganzen Sache; sie tat, als habe sie irgendwo in den Zweigen unseres Stammbaums eine Urgroßmutter Fish entdeckt und verbreitete zum Zorn von Boud und Diana das Gerücht, wir seien alle zu einem Sechzehntel jüdisch. Ich aber fand die Kapriolen meiner Schwestern nicht mehr lustig. Wenn sie zu Besuch kamen, gab es oft bittere Streitigkeiten, bei denen ich hoffnungslos in der Minderheit war, so dass es gewöhnlich damit endete, dass ich auf mein Zimmer lief und mich einsam ausweinte.

Eine Möglichkeit beschäftigte mich immer wieder. Ich könnte so tun, als hätte ich mich plötzlich auch zum Faschismus bekehrt, Boud nach Deutschland begleiten und dem Führer persönlich begegnen. Während wir einander vorgestellt wurden, würde ich plötzlich eine Pistole zücken und ihn erschießen. Natürlich würden mich Hitlers Wachen sofort niederstrecken, aber wäre das die Sache nicht wert? Schrecklich wäre es nur, wenn ich ihn verfehlte und trotzdem bei dem Versuch starb. Unglücklicherweise war mein Lebenswille zu stark, als dass ich diesen Plan wirklich ausgeführt hätte, der durchaus praktikabel war und den Verlauf der Geschichte hätte ändern können. Jahre später, als die entsetzliche Geschichte von Hitler und seinem Regime an ihr Ende gekommen war und halb Europa in Trümmern lag, bereute ich meinen mangelnden Mut oft bitter.

Es war wohl unvermeidlich, dass die Veröffentlichung von *Out of Bounds* um diese Zeit einen enormen Eindruck auf mich machte. Das Buch wurde in den Zeitungen stark beachtet und bekam fast nur positive Rezensionen, die ich eifrig las und ausschnitt. Selbst die *Daily Mail*, die damals über die »Rote Gefahr« berichtet hatte, räumte ein, *Out of Bounds* zeige, »dass es den beiden jungen Bilderstürmern weder an Verstand noch an literarischer Begabung mangelt«. Das *Times Literary Supplement* lobte die »Einfachheit des Ausdrucks und die Angemessenheit der Formulierungen«; der *Observer* attestierte ihm »beträchtliche Intelligenz, Bescheidenheit und Toleranz – klare, humorvolle und lebendige Bilder von Schulen, Jungen, Lehrern und Eltern«. Der *New Statesman* und der *Spectator* spendeten uneingeschränktes Lob. Über Nacht war das Buch ein kleiner Bestseller geworden.

Zum ersten Mal erfuhr ich – zwischen Buchdeckeln und nicht in unbefriedigenden Schnipseln aus Zeitungen und Familienklatsch – die ganze Geschichte der Revolte beider Romillys gegen Schule, Familie und Tradition. Sie war spannend genug.

Out of Bounds war in zwei Abschnitten verfasst. Der erste, der von Giles stammte, begann mit seinen Erlebnissen an der Preparatory School in Seacliffe, wo beide Jungen ihre erste Schulzeit verbrachten. Auf sehr unterhaltsame Weise schilderte Giles den Tagesablauf an dieser archaischen Institution, die Bräuche und Traditionen, die Eigenheiten von

Lehrern und Schülern. Verständlicherweise wurden Einzelheiten der Bestrafungstechniken, die offenbar im Bewusstsein des jungen Autors noch schmerzlich gegenwärtig waren, in grellen Details geschildert. Es las sich wie ein Auszug aus Dickens. Es gab da beispielsweise einen Lehrer, dessen besondere Art, für Disziplin zu sorgen, darin bestand, dass er »sehr stark an unseren Ohren zog und unsere Nasen dabei mit einem riesigen hölzernen Zirkel zusammenkniff«. Ein anderer Lehrer pflegte, »wenn er einen Jungen bei einer Ungezogenheit ertappte, ihn bei den kurzen Härchen des Kopfes zu fassen und ihn sanft hin und her zu wiegen; es tat entsetzlich weh«. Ein weiterer »schob seinen Stuhl zurück, nahm den Jungen um den Bauch und legte ihn übers Knie; dann schob er die kurzen Hosen hoch und versetzte ihm mehrere wuchtige Schläge auf den bloßen Schenkel«.

Esmonds Anteil an *Out of Bounds* faszinierte mich besonders, weil sich hier so viele, und recht benachbarte, Parallelen zu meinem eigenen Leben zeigten. Wie ich war er als kleines Kind ein leidenschaftlicher Parteigänger der Konservativen gewesen. »Ich war nicht nur ein Tory«, schrieb er, »ich war etwas noch viel Romantischeres: ein Jakobit. Ich legte während einer Geographiestunde auf einem Blatt Papier eine genealogische Skizze an, aus der sich ergab, dass König George ein Usurpator war, weil Prinz Rupprecht von Bayern Anspruch auf den Thron gehabt hätte. Als ich die Könige und Königinnen Englands in einer Liste festzuhalten hatte, schrieb ich nicht ›Alter Thronprätendent‹ und ›Junger Thronprätendent‹, sondern stattdessen ›James III.‹ und ›Charles III.‹« Als er bei einer Debatte in Seacliffe zum Thema »Ist der Fünfjahresplan eine Bedrohung der Zivilisation?« gegen die Russen argumentieren sollte, hatte Esmond an seinen Onkel Winston Churchill geschrieben, damit der ihm mit Zahlen und Fakten half. »Churchill hatte geantwortet, er sei zu beschäftigt, um mir viele Informationen zu schicken, es käme aber darauf an, hervorzuheben, dass die Russen Millionen von Frauen und Kindern umgebracht hätten.« Wie glich das meinen eigenen Ansichten über die Russische Revolution in etwa demselben Alter!

In Seacliffe hatte Esmond eine Analyse der drei wichtigsten politischen Parteien in England zu hören bekommen, die stark jener ähnelte, die Onkel Geoff in Swinbrook vortrug. »Kurz vor den Wahlen des Jahres 1929 hielt Mr Lancaster eine kurze Ansprache über die Unterschiede zwischen den drei Parteien. Die Konservativen, sagte er, wären dafür, alles im Wesentlichen so zu lassen, wie es war, und immer zuerst an England zu denken. Die Liberalen wollten neue Straßen bauen, und die Sozialisten wollten allen Leuten ihr Geld wegnehmen und das Land in den Sumpf führen.«

Esmonds abrupte Bekehrung zu kommunistischen Ideen war ähnlich wie meine zustande gekommen. Er schrieb: »Ich spürte eine tiefe Antipathie gegen das Konservative, wie ich es bei meiner Verwandtschaft sah. Ich hasste den Militarismus – für den stand das Offiziersvorbereitungskorps. Und ich hatte ziemlich viel pazifistische Literatur gelesen. Wie für viele vermischten sich für mich Pazifismus und Kommunismus. Als ich zu Beginn der Osterferien 1933 in London war, verkaufte mir, ehe ich nach Dieppe übersetzte, einer auf der Straße ein Exemplar des *Daily Worker*. Ich las das Blatt aufgeregt und interessiert und erteilte den Auftrag, man solle mir die Zeitung jeden Tag nach Dieppe nachschicken, solange ich dort war. Ich lernte zwar nicht viel über den Kommunismus, aber ich entdeckte, dass es noch eine andere Welt gab als die, in der ich lebte.« Die andere Welt! Und nun war Esmond in ihr unterwegs, und ich beneidete ihn von ganzem Herzen.

Es gab noch mehr Ähnlichkeiten. Während man mich damit aufzog, ich sei eine Ballsaalkommunistin, mussten sich Giles und Esmond anderes gefallen lassen. »Mein Onkel [Winston Churchill] hielt es für einen großartigen Witz, dass Giles zu einer Zeit, da ich immer noch ein glühender Jakobit war, als ›Roter‹ galt. Er pflegte uns die Rote und die Weiße Rose zu nennen.«

Nanny und meine Mutter hatten häufig darauf hingewiesen: wenn ich wirklich eine Kommunistin wäre, dann würde ich mehr Rücksicht auf jene Mitglieder der Arbeiterklasse nehmen, die um die Wege waren. »Kleine D., man sollte meinen, dass eine Kommunistin viel ordentlicher wäre und dem Dienstpersonal nicht so viel zusätzliche Mühe bereitet«, bekam ich immer wieder von Muv zu hören. Offenbar hatte Esmond das gleiche Problem mit seinen Eltern: »Man muss bedenken, dass ich während dieser ganzen Zeit noch in einer konventionellen konservativen Welt lebte. Der Konflikt zwischen dieser und der anderen Welt, in deren Mittelpunkt für mich meine kommunistischen Freunde standen, ergab sich automatisch für einen Schuljungen, der sich für linke Politik interessierte. Meine Eltern verstanden die Absurdität meiner Position, aber geholfen hätten sie mir nie. Gewöhnlich hoben sie den Widerspruch nur deutlich – überdeutlich – hervor. Wäre ich Kommunist, pflegten sie zu sagen, dann würde ich doch gewiss mit meinen Mitmenschen zusammenarbeiten wollen. Für den Anfang, schlug man vor, könnte ich doch einen Teil der Hausarbeit übernehmen; als praktische Anregung verwies man auf das Bettenmachen und das Schuheputzen.«

Bei der Lektüre von *Out of Bounds* hatte ich fast das Gefühl, Esmond zu kennen. Rebellisch, gewiss – »ein ganz Schlimmer«, wie es schon damals in Chartwell geheißen hatte; aber er war viel mehr als das. Er erschien als jemand mit unbegrenztem Erfindungsreichtum und mit jener guten Laune, die von völligem Selbstvertrauen in allen Lagen kommt, furchtlos, unzerstörbar …

Es gab in *Out of Bounds* eine Fotografie der Brüder Romilly, die ich endlos betrachtete. Ich hatte von Zeit zu Zeit schon andere Bilder von Esmond in den Zeitungen gesehen, aber das waren größtenteils unbefriedigende Schnappschüsse gewesen, die wenig von seiner Persönlichkeit preisgaben. Auf dem Frontispiz von *Out of Bounds* saß Giles da und blickte mit einem leicht sardonischen Zug um die Augen in die Welt. Esmond stand und schaute recht streng drein, die dichten Augenbrauen zusammengezogen, die Stirn teilweise von seinem Haarschopf verdeckt, die rundlichen Züge mir recht vertraut wegen der Ähnlichkeit mit den Churchill-Kindern.

Mein Exemplar von *Out of Bounds* bekam einen Ehrenplatz unter meiner kommunistischen Literatur, und ich verfiel wieder in mein kratzbürstiges Brüten.

DREIZEHN

Meine Mutter neigte nicht dazu, sich besonders viele Sorgen um ihre Kinder zu machen. Dies war die schlichte Zeit der unbekümmerten Erziehung im Familienkreise, ehe die Ideen der modernen Psychologie sich allgemein verbreitet und den Eltern die zusätzliche Frustration der Ungewissheit aufgebürdet hatten. Solche Ideen mochten bereits in einigen fortschrittlichen Kreisen zirkulieren, in Swinbrook jedenfalls hatte man noch nichts davon gehört.

Mädchen waren, durch Vorschrift und Beispiel, in den allgemeinen Tugenden zu erziehen, zu denen Keuschheit, Sparsamkeit, Tierliebe, Rücksicht auf Dienstboten und gesunder Menschenverstand gehörten. Im Allgemeinen führte ihre Ausbildung zu gutem Englisch und Französisch, der Beherrschung einfacher Rechenoperationen und ansonsten zu dem Wissen, das sie unterwegs auflesen konnten – und sie mussten genügend von Küche und Haushalt verstehen, um nach der Heirat die Aufsicht über ein größeres oder kleineres Hauspersonal führen zu können. Wenn zu alledem die Natur noch die allgemein geschätzten Prämien Schönheit, Charme und Witz hinzugefügt hatte, umso besser.

Ziele dieser Sorte Erziehung waren eine Heirat aus Liebe und nicht des Geldes wegen (aber, was nicht eigens erwähnt werden muss, innerhalb der eigenen Klasse und – mit ganz speziellen Ausnahmen – auch der eigenen Nationalität und Religion), die Einrichtung eines gesunden und wohlorganisierten Haushalts und der Dienst an der Gemeinschaft und der Nation, wobei dessen jeweiliger Charakter und sein Ausmaß vom eigenen Interesse und von der gesellschaftlichen Stellung des Gatten abhingen.

Meine Mutter hatte, indem sie diese Ziele für uns sechs verfolgte, endlose Zeit und Energie sowie die Einnahmen aus ihrer Hühnerfarm aufgewandt, doch nun, im Jahre 1935, war es doch ziemlich offensichtlich, dass nicht alle von uns eine plangemäße Entwicklung nahmen.

Pam, wohl wahr, hatte Interesse und große Befähigung für das englische Landleben gezeigt, konnte einen Haushalt ausgezeichnet organisieren und hatte sogar eine Zeitlang eine Farm geleitet. Getreu ihrer Kindheitsliebe zu den Pferden heiratete sie schließlich einen Jockey namens Derek Jackson – und ihre Anwaltsfirma heißt bis auf den heutigen Tag Withers, wie der Widerrist des Pferdes. Nancy war endlich glücklich verheiratet, wenn sie auch gewiss zu »Was-für-ein-Haufen« gehörte. Peter Rodd, ihr Mann, gefiel sich in der Rolle des *roué*. Der schwere Schlag von Dianas Scheidung lag nun schon etwas zurück, aber die meisten aus der älteren Generation sahen sie immer noch scheel an. Gegen Bouds extremistische Aktivitäten war nicht viel zu machen, auch wenn man dies hätte tun wollen, und zweifellos war der bloße Gedanke an den Versuch, diesen eisernen Willen in ruhigere und passendere Zonen abzulenken, selbst meiner Mutter zu viel.

Während meine Mutter stoisch die Tatsache hinnahm, dass diese vier auf Gedeih und Verderb ihren eigenen Weg eingeschlagen hatten, war ich, immer noch zu Hause, ein Problem. Was man so präzise »das schwierige Alter« nennt, dauerte in meinem Fall unbehaglich lange, und noch gab es gar keine Anzeichen, dass ich es hinter mir lassen wollte. Meine Mutter versuchte nie, mich ins Gespräch zu ziehen und sich nach den Ursachen meiner unmöglichen Launen zu erkundigen. Zum einen hätte dies als Übergriff auf die Privatsphäre gegolten, und zum anderen begann ich, sooft das Thema meiner Stimmungen berührt wurde, sofort mit tränenreichen Vorwürfen, dass man mich nicht auf die Schule hatte gehen lassen. Mein Ballsaalkommunismus galt als durchaus harmloser Witz. Ich sprach auch nicht mehr viel darüber, das ganze Thema war für mich zu schmerzhaft und zu ernst geworden.

Dass »Mädchen gewöhnlich ruhelos und unglücklich sind, bis sie dann heiraten« und dass sie »im Grunde erst in der Ehe ruhig werden«, das waren Vorstellungen, die in der Weltanschauung meiner Mutter eine große Rolle spielten. Dass diese Ideen irgendetwas mit der leicht vergröberten Diagnose »Die braucht einfach einen Mann« zu tun hatten, hätte sie zu Recht zurückgewiesen. Ihrer Ansicht nach war das Entscheidende bei einer Heirat, dass es nun etwas zu tun gab, dass man über eine *façon d'être* verfügte, ein Haus zu organisieren hatte, eine Alltagsroutine besaß; die Ehe lieferte den befriedigenden Rahmen, in dem man sich ein Leben und eine Zukunft aufbauen konnte.

Ich machte in dieser Richtung nicht nur keine Fortschritte, ich hatte nicht einmal einen Freundeskreis oder ein Milieu, wo sich ein Ansatz dazu ergeben mochte. Ganz offensichtlich brauchte ich einen Klimawechsel, dieses erprobte

Heilmittel für alle körperlichen oder emotionalen Leiden. Es wurden Vorbereitungen für eine Mittelmeerkreuzfahrt getroffen, die Muv, Boud, Debo und ich im Frühjahr 1936 antreten sollten.

Naturgemäß entzückte uns die Idee. Ich nährte sogar insgeheim die Hoffnung, dass sich auf diese Art eine gute Gelegenheit ergeben könnte, wegzulaufen – vielleicht eine Liebe auf den ersten Blick mit einem sizilianischen Bauern, einem griechischen Hirten, einem dunklen Afrikaner …

Die Kreuzfahrt, die von meiner Mutter ausgesucht worden war, hatte Züge einer Bildungsreise. Die meisten der anderen Passagiere waren Schüler aus Eton und von anderen Public Schools oder Akademiker. Ein Kanonikus der anglikanischen Kirche hielt sich bereit, um Vorträge über maurische Kunst, griechische Philosophie und andere Themen zu halten. Es gab auch diverse Passagiere wie wir selbst, die einfach ein paar Wochen Sonnenschein und ein wenig rasche kulturelle Instruktion suchten, darunter ein rothaariger Peer namens Lord Strathmilton. Ich schrieb an Nancy (ironisch und mir der impliziten Absichten meiner Mutter bei der Planung dieser Kreuzfahrt bewusst): »Es ist ein Lord an Bord.« Sie schrieb zurück:

Es ist ein Lord an Bord,
ein Lord an Bord, ein Lord an Bord!
Gibt er Decca sein Wort, der Lord?
Läuft er ihr plötzlich fort, der Lord?
Geht er ihr über Bord?
O Gott! Ein Lord! …

Dies war seit einigen Jahren das erste Mal, dass Boud, Debo und ich irgendwo zusammen gewesen waren, und unglücklicherweise (vom Standpunkt meiner Mutter aus gesehen) brachte die Situation die ganze »Merkwürdigkeit« unserer Familie drastisch zum Vorschein. Als ein Bridgeturnier angekündigt wurde, wollten Debo und ich unbedingt einen »Hure, Hare, Hure, und jetzt der Anfang«-Wettbewerb durchsetzen, um die Schmerzgrenze der anderen Passagiere zu testen. Nach einem Vortrag des Kanonikus über Demokratie forderte – und erhielt – Boud in einem förmlichen Antrag das Rederecht für eine Lobrede auf die Nazidiktatur.

Wir überschritten ständig unsere Grenzen und probierten aus, wie weit wir gehen konnten, um meine Mutter und die anderen Mitreisenden aus der Fassung zu bringen. Debo und ich taten, als wären wir wahnsinnig in den rothaarigen Lord Strathmilton verliebt; »Strathmilton, Red, come to bed«, sangen wir knapp außerhalb seiner Hörweite. Unsere Familie saß am Tisch des Zahlmeisters, und die Mahlzeiten boten ideale Gelegenheiten für unsere Grenzüberschreitungen.

»So ein netter kleiner Schotte«, sagte meine Mutter. »Ihr Kinder *könntet* euch doch etwas besser benehmen. Was soll er nur von euch denken?« Aber ihre Besänftigungsversuche spornten uns nur zu neuen Unverschämtheiten an. Nach einem Tag in Gibraltar, wo man uns den Affenfelsen gezeigt hatte, sagte Debo laut bei Tisch: »Hast du die Nüsse von den Affen gesehen, Decca?« Wir kicherten explosiv und gaben uns bedeutungsvolle Tritte unter dem Tisch. Meine Mutter versuchte, derartige Konversationsthemen vorherzusehen und zu blockieren. In Algier ermahnte sie uns: »Also, ihr albernen Kinder, ihr werdet nicht über die Mädchenhändler reden! Anscheinend denkt ihr nur noch an solche Sachen.«

Doch die wahre Prüfung ihrer Fähigkeit, uns unter Kontrolle zu halten, fand in Konstantinopel statt. Dort wurden wir durch den Palast geführt, wo eine der Sehenswürdigkeiten der letzte noch lebende Eunuch war, ein kleiner dürrer alter Mann mit einem Gesicht wie ein eingeschrumpfter Apfel und einer hohen, quäkenden, nörgelnden Stimme. An diesem Abend trug mir Muv auf, ich solle Boud und Debo in die Kabine holen; sie müsse etwas sehr Ernstes mit uns besprechen. Aus ihrer steinern feierlichen Miene und ihrem Ton konnte ich nur schließen, dass sie schlechte Nachrichten von zu Hause hatte – vielleicht ein Todesfall in der Familie? Mein Herz pochte vor Angst, als ich die anderen suchen ging. Als wir alle versammelt waren, verkündete Muv im allerernstesten Tonfall: »Also, Kinder – IHR WERDET DIESEN EUNUCHEN BEIM ESSEN NICHT ERWÄHNEN.«

Wir schrien und heulten vor Lachen, und obwohl wir es nicht gewagt hätten, direkten Ungehorsam zu zeigen, sprachen wir die ganze Zeit beim Abendessen mit bedeutsamen Blicken und unterdrücktem Gelächter über »du weißt schon, wen«.

Allem Gekicher und Geflachse zum Trotz wuchs die Bitterkeit zwischen mir und Boud. Sie brach offen aus, als wir gegen Ende der Reise in einem Hafen im Süden Spaniens anlegten und in Automobilen zur Alhambra gefahren wurden. Boud bestand darauf, ihre Hakenkreuzbrosche zu tragen. Die Kreuzfahrtautos hielten auf der Plaza in Granada, und neugierige Spanier kamen in kleinen Gruppen herbei, um einen Blick auf die Touristen zu werfen. Das freundliche

Interesse verwandelte sich rasch in Zorn, als sie Bouds Hakenkreuz entdeckten. Eine feindselige Menge umringte sie, schrie auf sie ein, packte sie an ihren Kleidern und versuchte, das verhasste Symbol abzureißen. Andere Kreuzfahrtreisende drängten uns ins Auto zurück, und wir traten die lange, triste Fahrt zum Schiff zurück an. Auf diesem Rückweg hatten Boud und ich einen wütenden Streit, der mit Faustschlägen und Haarereißen endete, und meine Mutter schickte uns ärgerlich auf die Kabine, kaum dass wir an Bord waren.

Trostlos in meiner Koje liegend überlegte ich, ob es irgendwelche Alternativen gegeben hätte. Hatte ich eine ideale Gelegenheit verpasst, wegzulaufen? Hätte ich in dieser heißen, sonnigen Stadt mit ihrem attraktiv unvertrauten Duft nach Knoblauch und Olivenöl untertauchen können, mich in der lebhaften Menge mit den dunklen Gesichtern verlieren, eins mit ihr werden und mein Leben hier fortsetzen? Wohl kaum, dachte ich traurig. Bilder von einer Verfolgung durch britische Konsuln und die örtliche Polizei stiegen auf, und ich musste zugeben, dass nicht viel Spürsinn nötig gewesen wäre, um mich anhand meines weißleinenen Reisekostüms samt Panamahut, den neuen braunen Halbschuhen und meiner vollkommenen Unkenntnis der spanischen Sprache aufzustöbern …

VIERZEHN

Nach der Kreuzfahrt verbrachten wir einige Monate in London, da Swinbrook den größten Teil dieses Jahres vermietet war. Am Piano nach dem Abendessen, wo wir uns oft versammelten, um zum Klavierspiel meiner Mutter zu singen, waren die alten Lieder wie »Grace Darling«, »The Last Rose of Summer«, »I'll Sing Thee Songs of Araby« und »I Dreamt I Dwelt in Marble Halls« abgelöst worden. Das Wohnzimmer hallte nun wider vom Horst-Wessel-Lied, von »Deutschland, Deutschland über alles« und »Die Wacht am Rhein«. Boud konnte die Texte auswendig, und ich hatte mir Konkurrenzversionen ausgedacht – während ihre mächtige Stimme die jüngste Hymne auf den Führer brüllte: »Und jeder SA-Mann ruft mutig: Heil Hitler! Wir stürzen den jüdischen Thron!«, sang ich auf dieselbe Melodie im mühsamen Versuch, meine Schwester zu übertönen: »And every propeller is roaring: Red Front! Defending the U.S.S.R.«

Politik beschäftigte uns von morgens bis abends. Täglich gab es Kämpfe um die jüngsten Ausgaben der Zeitungen. Das abendliche Sechs-Uhr-Ritual der BBC-Nachrichten war regelmäßig das Signal für neue Auseinandersetzungen mit Boud, wenn sie gerade zu Hause war, oder ansonsten mit meinen Eltern.

Es war gewiss ein Jahr voller ominöser Nachrichten. Wie die ersten drohenden Erschütterungen, die einem riesigen Erdbeben vorausgehen, wie die ersten unnatürlich großen Regentropfen vor einem großen Gewitter kündigten die Ereignisse des Jahres 1936 an, was das nächste Jahrzehnt bringen sollte. Der Faschismus war überall auf dem Vormarsch. Im Frühjahr fiel Äthiopien an die Italiener, und Hitler rückte ins Rheinland ein. Die britischen Torys warteten nervös, was als Nächstes kam, und die an der Macht sagten so wenig wie möglich. Stanley Baldwin, der Premierminister, war der Stillste von allen und zog sich den Spitznamen »Old Sealed Lips« zu. Andere in Positionen von geringerer Bedeutung gaben gelegentlich der Hoffnung Ausdruck, es müsse doch möglich sein, Hitler auf Russland zu lenken, ehe es zu weiteren peinlichen Aktionen in Richtung Westeuropa kam. Lloyd George warnte, ein Sturz des Nationalsozialismus könne zu der noch schlimmeren Bedrohung durch ein kommunistisches Deutschland führen. Die *Daily Mail*, bis dahin von meinen Eltern als eines der abstoßendsten Beispiele für Boulevardpresse verachtet, fing mit einem Mal an, die elterlichen Ansichten in ihren Leitartikeln widerzuspiegeln: »Die strammen jungen Nazis in Deutschland sind die Wächter Europas gegen die kommunistische Gefahr. Hat Deutschland einmal im Westen Russlands das Territorium bekommen, das es braucht, lässt sich das Problem des polnischen Korridors mühelos lösen.«

Winston Churchill, schon lange an keiner Regierung mehr beteiligt und ein Stachel im Fleische seiner Partei, donnerte: »Sind wir ein feiger Pöbel, der vor Mächten flieht, denen wir nicht widerstehen können?«

Meine Mutter fand, Winston sei ein gefährlicher Mann, nur gut, dass er so wenig Unterstützung bei den Konservativen hätte. Die Kommunisten, oft von Labour-Vertretern und Liberalen aus allen Parteien unterstützt, warben lautstark für eine kollektive Sicherheitsstrategie zusammen mit der Sowjetunion gegen die Bedrohung durch Hitler.

Im Juli begann Francos Angriff auf die spanische Volksfrontregierung. Nun füllten melodische, unvertraute Namen spanischer Städte die Nachrichten (in der klassischen Tradition der BBC so ausgesprochen, als wären es englische Bezeichnungen): Malaga, Cueva, Badajoz, Casablanca, und mit jedem Namen wurde eine neue faschistische Offensive gemeldet. Zunächst hielt man das Ganze für den unbedeutenden Putsch einiger unzufriedener Generäle, doch bald nahm der Bürgerkrieg unheimliche Ausmaße an. »Das Testgelände für einen zweiten Weltkrieg« nannten es manche der weitsichtigeren politischen Kommentatoren. Zuerst gerüchtweise, dann als bestätigte Tatsache wurde gemeldet, dass italienische und deutsche Truppen und Flugzeuge in Spanien zum Einsatz kamen.

Die Familie nahm Partei. Nancy und Peter Rodd waren entschieden für die Loyalisten; Peter sprach sogar in beiläufiger Manier davon, er wolle sich gelegentlich den jüngst gebildeten Internationalen Brigaden anschließen. Die Rolle des Söldners gefiel ihm; er behauptete, einen großen Teil seiner Jugend damit verbracht zu haben, in diversen südamerikanischen Staaten Revolutionen zu organisieren. Die Tanten und Onkel waren mit Vorsicht, die Armen Alten mit Nachdruck, Diana und Boud rückhaltlos für Franco. Sie verkündeten, der Führer hätte Franco zum »Ehrenarier« erklärt, ein Titel, der bereits an Mussolini und den japanischen Kaiser verliehen worden sei. »Ach, dann sind wohl die marokkanischen Hilfstruppen Ehren-Ehrenarier?«

Für mich wurde der Krieg in Spanien unvermeidlich zum alles bestimmenden Thema. Meine Gedanken umkreisten obsessiv die Frage, wie um alles in der Welt ich nach Spanien gelangen könnte; ich ging endlos Pläne durch und verwarf sie wieder. Die Geschichte mit dem Ungeheuer von Loch Ness schien jetzt unglaublich kindisch und sinnlos. Dieser Plan wäre sofort zum Scheitern verurteilt gewesen, das war mir nun klar. Aber ich war älter, mein Von-zu-Hause-Fort-Konto hatte eine recht ansehnliche Größe erreicht – ich besaß fast fünfzig Pfund. Ich schnitt Bilder von weiblichen Guerrillas aus den Zeitungen, entschlossenen, gelassen dreinsehenden Frauen, drahtig, mit glänzenden Augen, hageren Gesichtern, manche in mittlerem Alter, manche fast noch kleine Mädchen. Wie konnte ich meinen Platz an ihrer Seite einnehmen? Ich überlegte mir, ob ich Peter Rodd um Rat fragen sollte. Nein, er würde wahrscheinlich einen großen Witz daraus machen, und die Eltern würden es rasch herausfinden. Der mir mittlerweile vertraute Neid durchfuhr mich, als ich hörte, was eine Cousine meiner Mutter erzählte: »Die arme Nelly, die steht was durch mit den beiden Jungen. Natürlich war Esmond immer der Schwierigste von den beiden. Neulich hat sie mir gesagt: Sie fürchtet manchmal für seinen Verstand. Jetzt ist er nach Spanien in den Krieg, er ist zu den Roten gegangen …«

*

Etwas anderes hier in England schien viel bedenklicher, viel bedrohlicher für die herrschende Ordnung als alle diese Konflikte im fernen Ausland, lauschte man der Konversation der Londoner Gesellschaft, deren Gedanken von diesem Thema ganz eingenommen waren. Die britische Monarchie selbst war bedroht – und dies ausgerechnet durch eine Amerikanerin mit dem absurden und überaus abstoßenden Namen Wallis Simpson.

»Ihr Vorname kann doch nicht *wirklich* Wallis sein. Die Zeitungen müssen sich irren. Du weißt ja, wie ungenau sie immer sind.«

»Kinder! Ihr werdet diese fürchterliche Frau nicht vor den Dienstboten erwähnen. Und ich wünsche nicht, dass ihr irgendwelche von den amerikanischen Magazinen da in dieses Haus bringt.«

Tatsächlich waren unzensierte Exemplare von *Time*, der ersten Publikation, die über den Skandal berichtete, schwer zu beschaffen. Nur diejenigen, die das Glück hatten, mit einem Abonnenten bekannt zu sein, der direkt aus Amerika beliefert wurde, konnten Woche um Woche den Fortgang dieser schockierenden Affäre verfolgen. Alle Hinweise darauf waren aus den Kioskexemplaren säuberlich herausgeschnitten.

Peter Nevile, mit dem ich kürzlich bekannt geworden war, brachte mir immer die neuesten unzensierten Nummern von *Time*. Peter war ein hochgewachsener, schlaksiger junger Mann mit einem sorgfältig kultivierten amerikanischen Akzent; er war einmal einige Wochen in den Staaten gewesen und seither ein begeisterter Anhänger alles Transatlantischen. Seine große Faszination für mich lag nicht so sehr in seiner recht abgerissenen Erscheinung und seiner eigenartigen Redeweise als in dem Umstand, dass er ein Freund der beiden Brüder Romilly war, ein glühender Pro-Loyalist und ein großer Bewunderer von Esmond. Dieser war offensichtlich Peters politischer Mentor, und da er im Augenblick nicht als Ratgeber zur Verfügung stand, überlegte sich Peter, wie Esmond in der politischen Krise vorgegangen wäre, die nun dank dem König und Mrs Simpson England erschütterte. Sie näherte sich dem Höhepunkt – Mrs Simpson hatte eine Scheidung durchgesetzt und gleichzeitig gingen Gerüchte, Baldwin und der Erzbischof von Canterbury übten enormen Druck auf den König aus, sich zwischen Wallis und dem Thron zu entscheiden. Mir war es eigentlich gleichgültig, was dabei herauskommen würde. Die romantische Seite der Affäre schien mir höchst langweilig – zwei Menschen in mittleren Jahren, an denen nichts Besonderes war, beide sehr viel uninteressanter als der durchschnittliche Filmstar. Außerdem hatte Edward in letzter Zeit mehrfach durchblicken lassen, dass Hitlers Regime ihn beeindruckte.

Aber Peter ließ nicht ab. »Jetzt ist der Zeitpunkt zum Handeln gekommen! Eine Demonstration vor dem Buckingham Palace – das wäre jetzt das Richtige.«

»Wie sollen wir denn eine Demonstration organisieren?«

»Wir brechen Sonntagnachmittag am Hyde Park auf – wir brauchen nicht viele Leute, denn wenn wir erst einmal losmarschieren, werden Tausende sich anschließen. Stell dir das bloß einmal vor: ›Nieder mit Baldwin!‹, werden sie schreien. Die Zeitungen werden am nächsten Morgen voll von Bildern und Berichten über diesen großen Menschenauflauf sein. Die Nachricht wird sich wie ein Lauffeuer in den Provinzen verbreiten. Am nächsten Tag wird die Tory-Regierung stürzen …«

Peters Enthusiasmus war ansteckend. War es wirklich möglich, dass er und ich gemeinsam auf so simple Weise den Sturz der Konservativen herbeiführen könnten? Warum nicht? Mir gefiel insbesondere die Vorstellung, dass die Nachricht »sich wie ein Lauffeuer in den Provinzen verbreiten« würde, eine Bezeichnung für das ländliche England, die mir nicht in den Sinn gekommen wäre, die sich aber in diesem Zusammenhang hervorragend anhörte, wie etwas aus einem Geschichtsbuch.

Ich traf mich am nächsten Sonntag an der vereinbarten Stelle im Hyde Park mit Peter. Er hatte ein paar Leute überredet, an der Demonstration teilzunehmen, und wir hielten unsere selbstgemalten Transparente hoch, auf denen Parolen standen wie »Edward ist im Recht, Baldwin im Unrecht«, »Baldwin – tritt ab!«, »Lang lebe Edward!« Ich hatte das unbehagliche Gefühl, dass dies alles irgendwie eher etwas Monarchistisches hatte, und eine noch unbehaglichere Empfindung bei dem Gedanken, meine Eltern könnten herausfinden, dass ich mich hier beteiligte.

Wir waren eine seltsam zusammengewürfelte kleine Gruppe. Peter hatte ein paar junge Männer in Rollkragenpullovern versammelt, ein paar Society-Mädels, ein paar Dichter, von denen noch kein Buch erschienen war. Nachdem wir – mit den Füßen stampfend, um uns in der kalten Winterluft warmzuhalten – eine halbe Stunde oder so herumgestanden waren und auf weitere Demonstranten gewartet hatten, marschierten wir los, Richtung Buckingham Palace. Einigermaßen zu meiner Überraschung zogen wir, wenn auch nicht die von Peter erwarteten Tausende, so doch vielleicht fünfzig Neugierige an, die sich hinter uns einreihten. Wir standen vor dem Palast und riefen: »Wir wollen Edward!« Ein paar weitere Passanten blieben stehen, um zu gaffen.

»Siehst du, die Sache greift um sich«, flüsterte Peter aufgeregt. Doch nach gut einer halben Stunde, als klar wurde, dass Edward nicht erscheinen würde, und es einigen von uns recht kalt wurde, schlug ich vor, die Demonstration in die Downing Street vor Nr. 10 zu verlagern.

»Es wäre politisch klug, außerdem wärmt uns der Gang dorthin auf«, drängte ich.

Peter hielt das für einen ausgezeichneten Vorschlag. Er wandte sich an seine Leute. »Zur Downing Street!«, rief er mit gebieterischer Handbewegung und begann, uns zurückzuführen, Constitution Hill hinauf. Zweifelndes Murmeln wurde unter den Demonstranten hörbar. »Ich glaube nicht, dass das der richtige Weg zur Downing Street ist, oder?«

Schließlich mussten wir einen Polizisten zu Pferde anhalten.

»Könnten Sie uns den Weg zur Downing Street sagen, guter Mann?«, fragte Peter so nonchalant, wie er es vermochte. Der Beamte zügelte sein Pferd und salutierte respektvoll.

»Gewiss, Sir, jawohl, Sir. Ich fürchte, Sie gehen in die falsche Richtung.« Mit der behandschuhten Hand wies er uns den richtigen Weg. Peter wandte sich unerschüttert in die Gegenrichtung und wiederholte seinen befehlenden Handschwenk. »Zur Downing Street!«, rief er noch einmal, und wieder folgten wir ihm gehorsam. Doch als wir ankamen, war die Downing Street abgesperrt. »Typischer Trick der herrschenden Klasse!«, sagte Peter, obwohl ich fand, es sehe eher so aus, als würden hier Bauarbeiten durchgeführt. Die Demonstranten murmelten, es sei nun wohl bald Zeit zum Tee, und zerstreuten sich.

Dieses Erlebnis ließ mich den Glauben an Peter als politischen Führer verlieren – er hätte sich zumindest vorher über die Route zur Downing Street informieren können, damit wir nicht einen Polizisten, den traditionellen Feind der Arbeiterklasse, fragen mussten. Außerdem blieben die Provinzen irritierend ruhig und ungerührt von unseren Anstrengungen, und die Tory-Regierung stürzte auch nicht, sondern setzte bald darauf ihren Willen durch und zwang Edward zur Abdankung.

Trotzdem blieb Peter mein einziger Kontaktmann zu den Pro-Loyalisten, und ich hielt die Verbindung mit großem Bedacht. Ich fragte ihn nach Mitteln und Wegen, wie ich nach Spanien gelangen könnte, und er brachte mich bereitwillig mit Giles Romilly zusammen.

Wir trafen uns im Lyons Corner House in der Nähe des Marble Arch, in diesem riesigen, anonymen Tearoom, wo man kaum jemand Bekanntem begegnen würde. Ich hätte Giles überall erkannt. Er saß ein wenig in sich zusammengekauert über seinem Tee und sah mit jenem fragenden, die Welt kritisch-amüsiert studierenden Gesichtsausdruck um sich, den ich so oft auf dem Frontispiz von *Out of Bounds* betrachtet hatte. Wie er mir sagte, überlege er sich, bald nach Spanien zu den Internationalen Brigaden zu gehen.

»Das möchte ich auch, könntest du das für mich organisieren?«, fragte ich und wand mich innerlich ein wenig vor Verlegenheit, er könnte insgeheim über mich lachen. (Ich verschwieg ihm, dass ich ein paar Tage zuvor in der Parteizentrale der Kommunisten angerufen hatte, um zu fragen, ob sie irgendwelche weiblichen Guerrillafreiwilligen bräuchten. »Davon wissen wir hier nix!«, hatte eine Cockney-Stimme mit Nachdruck geantwortet.)

Giles sagte, er würde versuchen, mir zu helfen. Er sagte, ein Freund von ihm, ein Übersetzer französischer Lyrik, hätte Kontakte zu Pro-Loyalisten in Paris. Ich bat ihn, er solle einen Brief von dem Freund besorgen, der mich an diese Leute weiterempfahl.

»Was willst du denn in Spanien machen, was soll ich ihnen da ausrichten lassen?«, fragte er.

»Ich könnte als Krankenschwester arbeiten«, sagte ich zögernd und dachte mir, wenn ich erst einmal dort wäre, dann würde es auch nicht schwierig sein, mich den Guerrillas anzuschließen. Giles stimmte zu, und ein paar Tage später traf er sich wieder mit mir und zeigte mir den Brief. Meine Stimmung sank, als ich las: »Mlle Mitford est une nourrice experiencée.«

»Ein besonders guter Übersetzer kann dein Freund nicht sein«, sagte ich unwirsch. »*Nourrice* heißt Amme. Er hätte *infirmière* schreiben müssen. Wie soll ich denn als erfahrene Amme nach Spanien gehen?« Trotzdem behielt ich den Brief für alle Fälle. Giles sagte mir, ich müsse damit rechnen, mindestens zwei Wochen in Paris zu verbringen, und selbst dann stand es nicht fest, dass ich nach Spanien könnte.

Inzwischen neigte sich unser Aufenthalt in London dem Ende zu; bald sollten wir nach Schottland aufbrechen. Ich durchlebte Qualen der Unschlüssigkeit, ob ich den Ammenbrief benutzen sollte oder nicht. Die Hauptschwierigkeit waren die zwei Wochen in Paris. Es war nur zu wahrscheinlich, dass ich von dort, wenn einmal nach meinem Verschwinden die Suche begonnen hatte, wieder zurück nach Hause gezerrt würde, ein ganz unerträglicher Gedanke.

Am Ende ging ich mit meinen Eltern nach Schottland.

Dort hatte ich das Gefühl, dass meine Probleme noch schärfer hervortraten. Es war noch langweiliger als Swinbrook, weil es kaum etwas zu lesen gab. Meine gleichaltrigen schottischen Cousinen kamen mir wie besonders unerträgliche Landpomeranzen vor, sie betrieben ja noch nicht einmal unsere eigene traditionelle Sportart, das Erwachsenenschockieren. Tatsächlich waren es einfach sehr nette, wohlerzogene Mädchen. Vetter Joe und Cousine Bridget Airlie, die Eltern dieser netten Mädchen, kamen oft zu Besuch zu uns. Politisch stimmten sie ziemlich mit meinen Eltern überein – genauer gesagt, sie standen ein wenig links von ihnen, denn sie hielten nicht viel von »diesem Burschen Hitler«. Boud und die Publizität, die sie mit ihren diversen faschistischen Kapriolen über die Familie gebracht hatte, missbilligten sie.

Cousine Bridget und meine Mutter führten stundenlange Unterhaltungen miteinander – über mich, da war ich mir sicher, und darüber, zu was für einem Problem ich geworden war. Vielleicht als Ergebnis dieser Diskussionen traf meine Mutter Vorkehrungen für eine Kreuzfahrt um die Welt, die Debo und ich in Gesellschaft von Dora Stanley, einem Mädchen meines Alters, antreten sollten. Selbst die aufregenden Vorbereitungen für eine solche Reise wurden durch meine schlechte Laune getrübt. Ich weiß noch, dass ein ganzer Abend mit erbitterten Diskussionen verging, ob es uns erlaubt sein würde, in Port Said an Land zu gehen. Meine

Mutter hielt daran fest, das sei »unpassend«, aber ich bestand darauf, dass ich die Mädchenhändler in ihrer natürlichen Umgebung sehen wollte (wir waren uns alle sicher, dass sie den Hauptanteil der Bevölkerung von Port Said bildeten), und murmelte sogar etwas vor mich hin, dass es mit Schottland verglichen eine willkommene Abwechslung wäre, den Mädchenhandel einmal von innen kennenzulernen – was den Abend denn auch beendete.

»Du bist sehr albern, kleine D.«, sagte meine Mutter und stampfte hinaus zu Bett.

Nach einer solchen Streiterei ärgerte ich mich immer über mich selbst, weil ich undeutlich ahnte, dass meine Mutter ihr Bestes tat, mich aus der düsteren Stimmung herauszureißen, der ich nun so oft verfallen war. Tatsächlich wurde ja die ganze Weltreise im Wesentlichen für mich geplant, da es noch mindestens zwei Jahre dauern würde, bis irgendjemand sich wegen Debo den Kopf zerbrechen müsste, die erst sechzehn war. Sie hatte vor einiger Zeit die Schullektionen aufgegeben, weil sie, wie sie sagte, davon Kopfschmerzen bekam, aber sie fühlte sich wunderbar wohl auf dem Lande und zeigte bis jetzt keine Symptome irgendwelcher »Schwierigkeiten«.

Wenn ich die quälenden Nachrichten von der Front vor Madrid hörte oder las, die Berichte von der Farce der britischen »Nichtinterventionspolitik« und der barbarischen Grausamkeit der Nazis und Faschisten in Spanien, kam ich mir vor wie eine Verräterin an allem, was auf der Welt anständig war. Ich verachtete mich dafür, dass ich im Luxus lebte, versorgt und ausgehalten von genau den Leuten, welche die »Nichtintervention« möglich machten.

Kurz vor Weihnachten kam in der Presse wieder eine längere Meldung über Esmond, diesmal in Form eines Berichts von ihm selbst im *News Chronicle*. Die Schlagzeile lauteten:

VOR 12 TAGEN HATTEN WIR 120 MANN – JETZT 37
WINSTON CHURCHILLS NEFFE SCHICKT
DRASTISCHE SCHILDERUNG VOM KRIEG

Der Bericht kam aus Albacete. »Esmond Romilly, der achtzehnjährige Neffe von Mr Winston Churchill und Angehöriger einer der ältesten Familien Großbritanniens, hat sich durch seine Tapferkeit unter Feuer ausgezeichnet – im Dienst der Internationalen Brigaden, die für die spanische Regierung und die Verteidigung von Madrid kämpfen.« Die Meldung fuhr in Esmonds eigenen Worten fort:

> »Wir sind soeben nach zwölf Tagen an der Madrider Front zurückgekommen. Unsere bisherigen Erfahrungen: Bombardierung unserer Stellungen aus der Luft. Überqueren frischgepflügter Äcker unter Gewehr- und Maschinengewehrfeuer. Beschuss durch unsere eigenen Panzer. Allzu viel Tod überall …
>
> Unsere Kompanie ist vor zwölf Tagen mit hundertzwanzig Mann aufgebrochen. Augenblickliche Stärke siebenunddreißig.
>
> Eine kleine Szene fasst zusammen, wie der Krieg hier geführt wird: ›Hast du Feuer für meine Handgranate?‹ ›Tut mir leid, alter Junge, keine Streichhölzer mehr …‹
>
> Dies ist das Land des *mañana*. Manchmal marschiert man an die falsche Front und wieder zurück. In Madrid

sieht es natürlich nicht besonders gut aus – ständige Luftangriffe und schwerer Beschuss. Drei von unseren Leuten sind von Dumdum-Geschossen getötet worden.

Gestern sahen wir eine Delegation des britischen Parlaments in Madrid. Die Leute wirkten wie aus einer anderen Welt – Torys und Liberale, die sich nach heißem Kaffee erkundigten.

Die Sektion, in der wir eingesetzt sind, ist deutsch. Einige von denen sind verzweifelt mutig. Sie würden am liebsten mit roten Fahnen vor den Panzern hergehen, wie Streckenwärter vor den Zügen im Jahr 1840.

Schlimmstes Erlebnis bis jetzt: sich hinter Bäumen auf einem Sturzacker unter MG-Feuer eingraben.

Dann mussten wir wieder zurück in die Deckung rennen. Stolperte an einem Granattrichter und fiel hin – dann ein ungeheurer Lärm, der mir fast die Trommelfelle sprengte. Es war einer von unseren eigenen Panzern, der fünf Yards hinter mir feuerte.

Die meisten hier haben sich von der Vorstellung verabschiedet, dass sie je wieder nach England zurückkehren werden. Unsere Verlustzahlen sagen, warum.

Natürlich machen wir Gefangene, aber jeder von uns würde sich lieber selbst erschießen, als sich gefangen nehmen zu lassen.

Als wir hierher kamen, da dachten wir alle, wir würden nun in Schützengräben liegen, aber in unserem Sektor gibt es keine …

Die Miliz existiert offiziell nicht mehr, und ich bin deshalb ein Mitglied der Spanischen Republikanischen Armee.

Ich bin jedoch sicher, dass wir siegen werden ... Aber was für ein Sieg wird das sein!«

Ich schnitt den Bericht aus und legte ihn in mein Exemplar von *Out of Bounds*. Ein paar Tage später gaben die Airlies abends einen Dienstbotenball als Teil der Weihnachtsfestivitäten auf Cortachy. Diverse Wildhüter, Kutscher, Lakaien, Köchinnen, Hausmädchen und ihre Familien versammelten sich für den großen Anlass im Schloss. Die Männer trugen alle einen Kilt und die Frauen ihr bestes Kleid. Als es so weit war, gingen wir und die Familie Ogilvy zum Ball hinunter. Ich kämpfte mit den Tränen, als ich meinen Vetter Joe Airlie als Familienoberhaupt den Tanz mit der Haushälterin eröffnen sah, während Cousine Bridget mit dem Butler tanzte. Es schien alles so abstoßend lustig und unangemessen, so selbstgefällig im Widerspruch zu den täglichen Schlagzeilen. Die Dudelsäcke quiekten lärmend, und ich saß in steinern gelangweiltem Schweigen da.

An diesem Abend gab es eine kurze Diskussion über die Meldung im *News Chronicle*: »Die arme Nelly, sie wird sich Sorgen machen; was sind die beiden Jungs doch für schreckliche Figuren, wirklich peinlich. Schade, dass ihr Vater sie nicht härter rangenommen hat, als sie kleiner waren.« Wie üblich schloss man mit dem Hinweis auf die Wirksamkeit einer kräftigen Tracht mit der Reitpeitsche.

Kurz danach meldeten die Zeitungen, Esmond Romilly sei »mit einem Krankentransport« aus dem Spanischen Bürgerkrieg zurückgekehrt und erhole sich in England in einem Hospital.

Unser Aufenthalt in Schottland war fast schon vorüber, und die nächsten beiden Monate sollten im Zeichen der intensiven Vorbereitungen für die Weltreise stehen. Wir würden alle neue Kleider brauchen, für alle möglichen Klimazonen von tropischer Hitze bis zu bitterer Kälte. Meine Mutter, Debo und ich sollten nach Rutland Gate 26 zurückkehren, um dort die nötigen Vorkehrungen für die Abfahrt im März zu treffen.

Kurz bevor wir nach London aufbrachen, traf eine Einladung für mich ein, ich solle doch ein Wochenende bei Cousine Dorothy Allhusen auf Havering House bei Marlborough verbringen. Als meine Mutter mir die Mitteilung machte, kam mir eine erregende Idee. Cousine Dorothy war jene ältere Verwandte, die sich als Vormund für Esmond gemeldet hatte, als er aus dem Heim entlassen wurde. Ich wusste, er war öfters längere Zeit bei ihr gewesen und hatte ja sogar *Out of Bounds* in ihrem Haus geschrieben. Insofern – überlegte ich – musste sie eine der wenigen Erwachsenen sein, mit denen Esmond noch freundschaftlich verkehrte. Sollte ich ihn dort endlich treffen? Abergläubisch verbannte ich die Frage aus meinen Gedanken, um nicht durch das Ausmalen einer solchen Begegnung eine Enttäuschung herauszufordern.

FÜNFZEHN

Das Haus von Cousine Dorothy war herrlich komfortabel und angenehm. Im Gegensatz zu den meisten englischen Landhäusern waren die Räume immer wohlig warm. Man hatte das Gefühl, dass das Feuer in den Kaminen den Winter über ständig brannte. Havering House hatte – ohne Kinder – etwas Ruhiges, Zeitloses, aufgeräumt Sauberes, das in den Häusern anderer Tanten und Cousinen oft fehlte. Es gab viele altmodische Details – gewürznelkenbesetzte Orangen in den Kommodenschubladen, früh am Morgen Tee auf dem Zimmer des Gastes und am Ende des Abendessens als letzter Gang ein *savoury* – warme gefüllte Pilze oder Hühnerleber in Speck. Cousine Dorothy liebte Gesellschaft und war besonders nett zu jungen Leuten, was sie ebenfalls vom Gros meiner erwachsenen Verwandten unterschied.

Ich kam als Erste der Wochenendgäste an, da ich am Freitagnachmittag schon einen frühen Zug genommen hatte. Beim Tee im Wohnzimmer sagte mir Cousine Dorothy, wer die anderen Gäste sein würden: »Ein sehr nettes junges amerikanisches Paar« (man wusste, dass sie es ziemlich »mit den Amerikanern hatte«) »und dein Vetter Esmond Romilly. Er ist gerade aus Spanien zurück, du hast es wohl in der Presse gelesen.«

Einen Augenblick lang war mir vor Erwartung schwindlig.

Ich war natürlich seit Jahren in Esmond verliebt, schon seit ich zuerst von ihm gehört hatte. Obwohl ich fest an die Möglichkeit glaubte, durch starke Konzentration jede beliebige Person dazu zu bringen, dass sie sich in einen verliebte (meine älteren Schwestern hatten mir das erzählt, und ich empfand, das müsse wahr sein), war ich nun, da ich ihm begegnen sollte, voller Zweifel und Beunruhigung.

Ich dachte düster an die Konkurrenz, die all die mir unbekannten Freundinnen Esmonds darstellen mussten; ich sah zart-ausgezehrte Elisabeth-Bergner-Gestalten aus dem East End vor mir, glamouröse ältere Frauen aus der linken Bewegung, selbst mutige Guerrillakämpferinnen hinter den Linien in Spanien. Alle zweifellos herrlich schlank.

Ich verbrachte ungewöhnlich lange Zeit mit meinen Vorbereitungen fürs Abendessen. Im rosigen Licht, das durch die hübschen Lampenschirme meines Zimmers drang, war mir, als sähe ich gar nicht so schlecht aus. Ich konnte hören, wie drunten die anderen Gäste ankamen.

Mein Kleid war aus lila Lamé, von dezenter Straßenlänge; es sah gut aus, war aber nicht sehr bequem. Zu meinem Ärger stellte ich fest, dass es ein wenig metallisch roch. Als ich das warme Zimmer verließ und auf dem eiskalten Treppenabsatz stand, bebte ich vor Nervosität und spürte einen leichten Schweißausbruch.

Die anderen Gäste waren ums Feuer im Wohnzimmer versammelt.

»Decca, das sind Mrs Scott, und Mr Scott; meine Cousine, Miss Mitford. Und das ist dein Vetter, meine Liebe, Esmond Romilly. Dir muss kalt sein, magst du ein Glas Sherry?«

Nachdem wir einander vorgestellt worden waren, begann ich mit Mr Scott zu schwatzen, einem jungen amerikanischen Schullehrer, und beobachtete Esmond aus den Augenwinkeln. Er war kleiner, als ich es mir vorgestellt hatte, sehr mager, mit glänzenden Augen und erstaunlich langen Wimpern.

Beim Essen saß ich zwischen Esmond und Mr Scott. Erst nach einigen Gängen hatte ich Gelegenheit, mit ihm zu sprechen.

»Esmond, hast du vor, nach Spanien zurückzugehen?«, fragte ich.

»Ja, ich werde wohl in einer Woche oder so wieder abreisen.«

Es hatte keinen Sinn, lange darum herumzureden – jetzt oder nie. Mit dem eigenartigen Gefühl eines Tauchers, der gleich aus großer Höhe in unbekannte Gewässer hinabspringen wird, sagte ich leise: »Also – ich wollte dich fragen, ob du mich nicht mitnehmen kannst.«

»Ja, das könnte ich, aber lass uns jetzt nicht darüber sprechen«, erwiderte er und schaute sich um, ob irgendjemand uns zuhörte. Er schien meine Frage erwartet und sich bereits für eine Antwort entschieden zu haben. Später fand ich heraus, dass Peter und Giles ihm von meinen erfolglosen Versuchen, nach Spanien zu gelangen, erzählt hatten und dass er sich mit seinem üblichen Enthusiasmus für alle, die wie er selbst aus ihrem alten Leben fortlaufen wollten, überlegt hatte, wie er mir helfen könnte.

Cousine Dorothy behandelte Esmond mit großer Zuneigung, etwa so wie eine zärtliche Mutter einen liebenswert ungezogenen kleinen Jungen. Er spielte mit, und man scherzte ausführlich über die dreckigen Socken, welche das Hausmädchen beim Auspacken seines Koffers entdeckt hatte, und über die Frage, ob sein Gesundheitszustand es ihm denn erlaubte, derart enorme Mengen Dessert zu verzehren.

Nach dem Essen bettelte sie, er solle doch von seinen Erlebnissen bei den Internationalen Brigaden erzählen; ihn interessierte jedoch Englands Spanienpolitik und die Diskussion, ob sie sich nicht ändern ließe. Er lehnte es ab, als Salonlöwe vorgeführt zu werden oder irgendwie mit seinen Erfahrungen aufzutrumpfen. Die Scotts waren offensichtlich überaus beeindruckt von ihm. Ich war es zufrieden, mich zurückzulehnen und zuzuhören, denn mir schien, als würde sich nun ein lebenslang gehegter Plan endlich erfüllen. Aus irgendeinem Grund sorgte ich mich keinen Augenblick lang darum, dass Esmond sich anders entscheiden könnte oder dass man uns daran hindern würde, fortzugehen.

In dieser Nacht lag ich starr vor Aufregung und Erwartung im Bett. Ich erwachte lange vor der Ankunft von Tee und Toast um halb acht und kam als Erste hinunter zum Frühstück. Esmond kam kurz danach herein. »Über die Pläne reden wir später«, sagte er rasch zwischen Bissen von Würstchen und Ei.

Nach dem Frühstück fand die übliche planlose Versammlung der Gäste im Wohnzimmer statt, die Morgenzeitungen raschelten und man zündete sich die erste Zigarette an.

Esmond schien auf eine Möglichkeit zu warten, mich von den anderen zu trennen – wie ein Mikadospieler, der sorgfältig eines der Elfenbeinstäbchen entfernt, ohne die anderen zu bewegen. Er schlug einen Spaziergang vor; die Scotts schauten hoffnungsvoll auf. »Wir sind bald wieder da«, sagte Esmond entschieden und mit hinreichendem Nachdruck, dass sie sich uns nicht anschlossen.

Wir gingen hinaus in die frostig-schmutzige Landschaft; Esmond sprach schnell und nervös, den Kopf gegen den Wind geduckt. Er stürzte sich sofort in unsere Fluchtpläne. Das *News Chronicle* hatte ihm bereits einen Vorschuss von zehn Pfund angeboten, wenn er als Korrespondent zurück nach Spanien ginge; ich könnte als seine Sekretärin mitkommen. »Aber ich kann nicht tippen«, sagte ich und kam mir rettungslos dumm und inkompetent vor. Esmond versicherte mir, das spiele keine Rolle, weil er so oder so immer alles selbst tippen würde. Ich erzählte von den fünfzig Pfund auf meinem Fluchtkonto. Sein Gesicht erhellte sich wunderbar. »Das ist absolut großartig«, sagte er mit großem, enthusiastischem Interesse; dies schien meine Unfähigkeit an der Schreibmaschine aufzuwiegen.

Das wirklich dringliche Problem war, wie ich meinen Teil des Plans praktisch durchführen sollte. Wie konnte es mir gelingen, längere Zeit von zu Hause fort zu sein, ohne Verdacht zu erregen? Natürlich hatte ich die ganze Nacht über nichts anderes nachgedacht und legte Esmond nun stolz den Plan dar, den ich entwickelt hatte. Ich würde mich meiner Cousine Robin anvertrauen, die mittlerweile verheiratet war und auf dem Land lebte, und meiner Mutter sagen, ich ginge übers Wochenende Robin besuchen. Robin ihrerseits würde sich überreden lassen, mich zu decken, wenn irgendjemand mich bei ihr zu erreichen versuchte.

Esmond lehnte diesen Plan sofort ab. Er erklärte mir geduldig, dass er verschiedene Grundregeln für das erfolgreiche Weglaufen verletzte: Niemand durfte eingeweiht sein, das wäre zu riskant; ein Wochenende wäre viel zu kurz, um nach Spanien zu kommen, da wir leicht durch unvorhersehbare Zwischenfälle aufgehalten werden könnten. Ich war ein wenig enttäuscht, da ich mich bereits auf ein langes Gespräch mit Robin und Idden in London gefreut hatte und auf ihre geschockte Reaktion.

Wir näherten uns einem Stoppelacker.

»Glaubst du, du könntest mit kompletter Ausrüstung ganz über dieses Feld rennen?«, fragte Esmond plötzlich.

»Ach – bestimmt«, aber ich muss ein wenig blass geworden sein, denn er lachte und sagte: »Nun, vielleicht musst du's nicht. Es wäre aber keine schlechte Idee, wenn du so was in den nächsten Tagen mal übst, für alle Fälle.«

Ich war erleichtert, als er das Thema wechselte und auf Fluchtmethoden zurückkam. Wir würden mindestens zwei Wochen brauchen, insistierte er, während derer noch niemand Verdacht schöpfte. Ich musste mir einen passenden Vorwand ausdenken, umso lange Zeit von zu Hause fort sein zu können, irgendetwas, womit meine Eltern ganz und gar einverstanden wären, so dass die Möglichkeit, dass sie etwas herausfinden würden, minimal war.

Plötzlich hatte ich eine Idee. Ich hatte eben einen Brief von den Paget-Zwillingen bekommen, die gleichzeitig mit mir Debütantinnen gewesen waren. Sie schrieben, dass sie ein paar Monate in Österreich wären; insofern bestand keine Gefahr, dass meine Mutter ihnen in London begegnen würde. Die Tante, mit der die beiden lebten, kannte Mutter ebenfalls kaum, so dass auch hier nur ein geringes Risiko bestand. Ich könnte einen Brief der beiden fingieren, der mich einlud, zu ihnen nach Österreich zu kommen.

Esmond war begeistert. Er drehte die Idee hin und her und prüfte sie von allen Seiten, diskutierte sie in seiner typisch abschweifenden Art, verknappte und korrigierte sie. Anstatt aus Österreich, schlug er vor, sollte ich die Einladung aus Dieppe kommen lassen, wo die Paget-Tante für ein paar Wochen ein Haus hätte mieten können. Auf diese Weise würden meine Eltern das Fahrgeld bis Dieppe zahlen, und ich hätte ein paar Pfund aus meinem Flucht-Fonds gespart. Diese außerordentlich praktische Perspektive faszinierte mich: sein Realismus, mit dem er die Schwierigkeiten bei unserem Vorhaben abschätzte, und die Klugheit, mit der er diese zu umgehen wusste.

Esmond bot an, mir beim Entwurf des angeblichen Briefes von den Zwillingen zu helfen. Ich war erleichtert, weil ich mir nicht zutraute, auch nur den einfachsten Teil des Planes allein auszuführen.

Als wir zurückkamen, war das Wohnzimmer leer, und wir nahmen Papier und Bleistift und setzten uns an die Arbeit.

»Was schmiedet ihr beide denn da für Pläne?« Cousine Dorothy war plötzlich hereingekommen.

»Ach … Ich zeige Decca gerade ein Stück aus einem Artikel, an dem ich sitze.« Die Leichtigkeit, mit der Esmond log, beeindruckte mich sehr, obwohl ihn die Unterbrechung offensichtlich ärgerte. Ich richtete mich nach seinem Verhalten und sprach kaum mehr mit ihm, wenn die anderen da waren. Unsere nächste Gelegenheit, das Vorhaben zu diskutieren, kam im Zug nach London am Montagmorgen.

Esmond riet mir, niemandem zu erzählen, dass ich bei Dorothy gewesen war. Er war höchst vorsichtig und versuchte, jede Möglichkeit einer undichten Stelle auszuschalten.

»Schließlich wissen ein paar Leute bereits, dass du nach Spanien möchtest«, sagte er. »Wenn sie erfahren, dass wir beide dort zusammen waren, kommen sie vielleicht auf dumme Gedanken.«

Wir beschlossen, am folgenden Sonntag zu fahren, was mir Zeit ließ, meine Papiere vom Spanischen Konsulat zu holen und die sonstige notwendige Ausrüstung zu besorgen.

»Hat dein Vater ein laufendes Konto bei einem der großen Kaufhäuser? Ich könnte eine gute Kamera gebrauchen, und ich will nichts von deinem Geld ausgeben, bis wir müssen.« Ich war insgeheim ein wenig schockiert von diesem Vorschlag, war aber sogleich einverstanden.

Wir trennten uns am Bahnhof, nachdem wir vereinbart hatten, dass ich ihn jeden Morgen pünktlich um zehn im Haus seiner Mutter in der Pimlico Road anrufen sollte. Wenn Esmond mich anrief und meine Mutter oder mein Vater ans Telefon ging, würde er vielleicht gefragt, wer er denn sei. Doch für den Fall, dass er aus unvorhersehbar dringlichen Gründen doch bei mir anrufen müsste, vereinbarten wir, dass er sich als Robert Brandon melden sollte, mit dem Namen eines jungen Mannes, den ich letzten Sommer auf einem Ball kennengelernt hatte.

Ich nahm ein Taxi zu unserem Haus in Rutland Gate und fühlte mich dabei sehr eigenartig. Als Kinder hatten meine Schwestern und ich oft diskutiert, wie man denn *wissen* könnte, dass man tatsächlich verliebt war. Anscheinend fragten andere Frauen sich das auch, denn die Lebensberatungskolumnen der Zeitungen enthielten immer wieder den tröstenden Satz: »Mach dir keine Gedanken – wenn der Richtige kommt, wirst du es wissen.« (»Der richtige Herzog«, ergänzte Debo hoffnungsvoll.) Nun war mir die Wahrheit dieses Rats klar geworden. Ich hatte mich Esmond ganz verschrieben. Ich hatte ihn das Wochenende über ständig ansehen müssen. Ich hatte zugesehen, wie die Scotts seinem außergewöhnlichen Charme erlagen – wie Bäume, die sich langsam vor dem Wind neigen. Obwohl Esmond der Jüngste gewesen war, war er wie ein Stern, um den sich alles dreht. Ein Wind, ein Stern – er stellte für mich alles dar, was hell, anziehend und mächtig war, und ich überlegte, wie er wohl über mich dachte. Einen kleinen Hinweis hatte es gegeben: Am einen Abend hatten wir bei Cousine Dorothy ein simples Gesellschaftsspiel gemacht, das damals populär war, bei dem jeder Gast den anderen Punkte für diverse Eigenschaften gab – Schönheit, Humor, Intelligenz, Sexappeal und so fort. Die Punkte wurden zusammengezählt und die Punktzahl verkündet, die einzelnen Zettel blieben anonym. Voller Angst, man könne mich ertappen, hatte ich mich – nachdem alle anderen eingeschlafen waren – im Nachthemd nach unten gestohlen, um die zerknüllten Zettel aus dem Papierkorb zu ziehen. Zwei säuberlich geschriebene Listen tat ich beiseite: Das waren die der Scotts. Eine weitere mit filigraner, altmodischer Handschrift musste die von Cousine Dorothy sein, und meine erkannte ich wieder. So blieb eine unordentliche Bleistiftkrakelei übrig, bei der ich in allen Kategorien eine 10 bekam, das Höchstmaß. Das musste Esmonds Zettel sein. Ein anderes Indiz hatte ich nicht.

Es schien irgendwie überraschend, dass sich zu Hause überhaupt nichts verändert hatte. Meine Mutter sah an ihrem Schreibtisch im Wohnzimmer Haushaltsrechnungen durch.

»Hallo, kleine D. War's nett bei Cousine Dorothy?«

»Ja, sehr nett. Ausgezeichnetes Essen.«

»Waren viele Leute da?«

»Nein ... Nur ein amerikanisches Paar, Mr und Mrs Scott.«

»Gut, jetzt musst du anfangen und dich um deine Kleider für die Weltreise kümmern. Es laufen gerade die Schlussverkäufe, und morgen kommen Dora und ihre Mutter zum Mittagessen. Ich dachte, Dora und du, ihr könntet dann anschließend Einkäufe machen gehen, also nimm dir nichts anderes vor.« Ich war sehr verärgert, da ich mit einer Woche ohne irgendwelche Verpflichtungen gerechnet hatte, um all die tausend Dinge zu erledigen, die für den Fluchtplan notwendig waren.

»Warum kann das denn nicht bis nächste Woche warten?«

»Also, zunächst einmal will Doras Mutter sie unbedingt gegen Typhus impfen lassen. Was für ein Unsinn, wenn du mich fragst – ich würde es niemals zulassen, dass euch Kindern dieses fürchterliche Zeug in den guten Körper gepumpt wird. Und Dora will ihre Einkäufe erledigen, ehe sie zum Impfen geht.«

Das war eine schlechte Nachricht, aber wenn ich mich jetzt sträubte, könnte das Verdacht erregen. Ich hing den ganzen Tag lang nervös herum und konnte mich auf nichts konzentrieren. Cousine Bridget kam zum Tee, und es fand die übliche Familienkonversation statt.

»Ich hab kürzlich die arme Nelly gesehen«, sagte Bridget. »Natürlich ist sie wegen Esmond total mit den Nerven herunter. Was für ein schrecklicher kleiner Bengel!«

Später erfuhr ich, dass Bridget der Ansicht gewesen war, ich hätte mich sehr eigenartig verhalten: Es sei ihr aufgefallen, dass ich »tödlich bleich« wurde und aus dem Zimmer floh.

An diesem Abend hatte ich Teil I des Weglauf-Planes durchzuführen. Die letzte Post kam gewöhnlich gegen halb elf. Ich hatte den gefälschten Brief von den Paget-Zwillingen in der Tasche meines Morgenmantels und ging die sieben Treppen von meinem Zimmer zur Eingangstür hinunter. Nichts durfte schiefgehen; ich musste auf jedes Detail achten. Ich beugte mich sogar hinunter und tat so, als hebe ich den Brief auf. Mit wild klopfendem Herzen ging ich wieder hinauf zum Schlafzimmer meiner Mutter und klopfte.

»Herein … Bist du das, kleine D.?« Meine Mutter saß aufrecht im Bett und las, das offene Haar fiel ihr auf die Schultern. Glücklicherweise ließ die Leselampe den Platz, wo ich stand, im Schatten, denn ich konnte fühlen, dass mein Gesicht zinnoberrot war.

Ich verfluchte innerlich meine halberstickte Stimme, als ich sagte: »Schau mal, ich habe eben einen Brief von den Zwillingen bekommen! Sie möchten, dass ich zu ihnen nach Dieppe komme … Da …«

Ich gab ihr den Brief und hoffte, sie würde nicht bemerken, dass ich am ganzen Körper zitterte. Würde sie meine Handschrift erkennen? Ich hatte den Brief sehr sorgfältig geschrieben und die Schrift sich in die falsche Richtung neigen lassen, mit langen, dünnen Buchstaben. Als plausible erfundene Adresse hatte ich mir »40 Rue Napoléon« ausgesucht, da ich vergessen hatte, Esmond nach einer realen Straße in Dieppe zu fragen. Der Brief war voller passend ausgemalter Einzelheiten wie etwa »Unsere Tante hat ein wunderhübsches kleines weißes Haus am Meer gemietet … Wir werden eine richtige kleine Hausgesellschaft haben, ein paar Jungs aus Oxford kommen in einem Mietauto, da können wir dann Touren machen…« Letzteres Detail hatte Esmond vorgeschlagen, damit ich meiner Mutter aus verschiedenen Städten Frankreichs schreiben könnte, während wir südwärts reisten, ohne Verdacht zu erregen.

»Nun, das hört sich alles sehr schön an«, sagte meine Mutter zögernd, »aber das Problem ist, dass du noch fürchterlich viel für die Kreuzfahrt herrichten musst. Wie steht es denn mit deinen Kleidern? Wirklich, ich glaube, zwei Wochen sind zu lange…«

»Ja, ich weiß.« Ich sprach sehr schnell. »Aber ich hab mir gedacht: In Dieppe kann ich mir herrliche französische Sachen kaufen. Ich würde so gerne hinfahren, es hört sich so himmlisch an. Kann ich denn auf keinen Fall?«

»Sie wollen, dass du nächsten Sonntag kommst, sehe ich … Also, es wird wohl schon in Ordnung sein. Aber du kannst dann vielleicht nicht die ganzen beiden Wochen bleiben.« (Es war gelungen! Ich konnte es kaum glauben.)

»Oh ja, gut, dann schreibe ich ihnen gleich. Und ich wollte noch fragen – könnte ich einen Vorschuss auf mein Kleidergeld haben, damit ich mir die Sachen für die Weltreise kaufen kann, wenn ich in Dieppe bin?« (Diese Idee war mir plötzlich gekommen, wie ich da stand, und ich wusste, Esmond würde sie gefallen.)

»Ja, das klingt vernünftig. Gute Nacht, Darling, wir sprechen morgen früh darüber.«

Ich floh erleichtert; die Erregung stieg wie eine Welle in mir auf. »Ich gehe mit Esmond Romilly nach Spanien« – die

Zauberformel wiederholte sich die ganze Nacht unablässig in meinem Kopf.

»Wieso um alles in der Welt bist du denn um die Zeit schon auf?«, wollte Nanny am anderen Tag um sieben Uhr wissen.

»Nur so, Darling!« Ich umarmte sie und schwenkte sie durch die Luft.

»Hör mit diesem törichten Unsinn auf, Jessica. Jetzt komm her, ich will mit dir die Unterwäsche sortieren, damit wir sehen, was du für die Reise brauchst.«

Es schienen lange Stunden bis um zehn.

»Kann dich erst morgen treffen«, sagte ich leise zu Esmond am Telefon.

»Was? Warum denn?«

»Kann jetzt nicht reden. Das mit dem Brief ging aber gut.«

Stunden bis zum Mittagessen; an diesem Tag schien alles in Zeitlupe vor sich zu gehen – die Ankunft Doras und ihrer Mutter; die paar Minuten im Wohnzimmer, wo wir vor dem Essen Sherry nippten; das Hereintreten des Mädchens, das verkündete: »Es ist serviert« – all dies fand wie hinter einem Schleier unnatürlicher Normalität statt. Die Unterhaltung beim Essen drehte sich natürlich um die Kreuzfahrt; ich hatte solche Mühe, mich zu konzentrieren, dass meine Mutter mich zwei-, dreimal in die Wirklichkeit zurückzerren musste.

»Was ist denn mit dir, kleine D.? Du bist heute so zerstreut.«

Nach dem Essen brachen Dora, ihre Mutter und ich zum Einkaufen auf. Ich muss sagen: Ich war ein wenig schuldbewusst, als ich zusah, wie sie auserlesene Tropenhelme (drei Guineen das Stück) und andere passende Kleidungsstücke für das heiße indische Klima aussuchten, welches ich – wie ich nun wusste – niemals aufsuchen würde.

»Bis morgen dann, so gegen eins«, sagte Dora, als wir mit den Einkäufen fertig waren.

»WAS?«

»Ja, Lady Redesdale hat mich für morgen wieder zum Lunch eingeladen, hast du's nicht gehört?« Ich hatte es nicht gehört, und ich war entschlossen, einen weiteren Tag wie diesen unter allen Umständen zu verhindern. Ich entschied, dass nun irgendein Plan à la Esmond hermusste, um Dora so schnell wie möglich loszuwerden.

Am nächsten Tag mussten Esmond und ich uns auf jeden Fall treffen: »Halb drei am Haupteingang von Peter Jones«, sagte ich ihm am Telefon.

Beim Mittagessen sagte Dora: »Gehen wir doch heute Nachmittag ins Kino.«

»Ach nein, da kann ich nicht … Ich muss noch Einkäufe machen.«

»Ich komm mit.«

»Aber das sind ganz langweilige Sachen, bloß Strümpfe und so.«

»Ach, ich komme mit. Ich hab sonst nichts zu tun.«

Nachdem alle meine Versuche, sie abzuschütteln, gescheitert waren, nahm ich sie kurzerhand mit zu Peter Jones. Wir schauten uns eine kleine Weile Handschuhe und Strümpfe im Erdgeschoss an.

»Mir fällt gerade ein, ich muss oben noch eine Rechnung bezahlen«, sagte ich. »Wartest du hier auf mich? *Rühr dich nicht von der Stelle*. Ich bin gleich wieder da. Aber geh nicht weg, oder ich finde dich nie in dieser Menschenmenge.«

Ich rannte zum Haupteingang; glücklicherweise war Esmond schon da, und wir brachen hastig in Richtung Spanische Botschaft auf.

Ein sehr gut aussehender, hochgewachsener Spanier schaute Esmonds Papiere und meinen Antrag durch.

»Und was ist der Zweck der Reise nach Spanien, die Sie machen möchten, Miss Mitford?«, fragte er.

Esmond antwortete für mich.

»Sie kommt als meine Sekretärin mit. Wissen Sie, ich werde wahrscheinlich sehr beschäftigt sein an der Front und beim Recherchieren, und ich brauche jemanden, der meine Sachen tippt. Miss Mitford arbeitet meist bei meinen Aufträgen mit mir zusammen, sie wird meine Assistentin sein …«

»Ja, ja, ich verstehe – ich verstehe durchaus.« Ein breites Lächeln trat auf das Gesicht des Spaniers, und ich war konsterniert, ihn südländisch-ostentativ zwinkern zu sehen.

»Der Antrag ist allerdings etwas ungewöhnlich, ich fürchte, er muss von Señor Lopez bearbeitet werden. Sie können ihn in unserer Botschaft in Paris erreichen.«

»Was machen wir denn jetzt?«, fragte ich Esmond beim Hinausgehen.

»Ich überlege gerade. Wir werden wohl zuerst nach Paris fahren müssen. Gehen wir jetzt mal und kaufen die Kamera und holen dein Fortlauf-Geld von der Bank.«

Ich erzählte ihm vom Vorschuss auf mein Kleidergeld, und er war offensichtlich entzückt über die Fortschritte, die ich als Flüchtling aus dem Elternhaus machte.

»Dreißig Pfund zusätzlich, ganz hervorragend!«, sagte er.

Nachdem wir eine überaus komplizierte und teure Kamera gekauft und mit dem Betrag das Konto meines Vaters bei den Army and Navy Stores belastet hatten, suchten wir nach der passenden Weglauf-Kleidung für mich. Da ich lange über den Bildern von den spanischen Guerrillafrauen in den illustrierten Wochenzeitungen gesessen hatte, wusste ich genau, was ich wollte, und fand es auch: ein Skikostüm aus braunem Kord mit einem militärisch aussehenden Jackett und vielen Taschen. Wir kauften auch noch Kleideretiketten zum Einnähen mit der Aufschrift DECCA MITFORD, INGLESA, die, wie mir Esmond versicherte, verhindern würden, dass sich jemand meine Sachen aneignete.

Als ich nach Hause kam, sagte Debo: »Dora hat den ganzen Nachmittag lang immer wieder angerufen. Sie ist total wütend, behauptet, du hättest sie absichtlich bei Peter Jones stehen lassen. Wo warst du denn die ganze Zeit?«

Ich wählte Doras Nummer.

»Wirklich, Dora, ich hab dir doch *gesagt*, dass du warten sollst, du weißt doch, wie lange das mit den Rechnungen und so dauern kann.« Sie bestand darauf, sie hätte über anderthalb Stunden auf mich gewartet. »Dann muss ich dich gerade verpasst haben. Tut mir schrecklich leid. Viel Glück mit der Typhusimpfung, ich hoffe, es tut nicht allzu weh …«

Den Rest der Woche über konnten Esmond und ich uns ungehindert treffen. Am Samstag trafen wir die letzten Verabredungen für den nächsten Tag.

»Ich bin dann ganz am Ende des Bahnsteigs«, sagte Esmond. »Schau um Himmels willen nicht in meine Richtung oder so was. Es ist am sichersten, wenn wir erst auf dem Schiff miteinander sprechen. Alles klar? Bis morgen.«

Am nächsten Morgen saß ich auf meinem Bett und sah Nanny beim Packen zu. Sie machte gewisse Schwierigkeiten wegen meines Fortlauf-Kostüms. »Also, Darling, weshalb willst du denn dieses schreckliche Teil mitnehmen? Wirklich keine sehr passende Garderobe für Dieppe, muss ich sagen.«

»Ach, Nanny, das ist genau das Richtige für die Autotouren, lass mich's mitnehmen.«

Meine Eltern brachten mich im Taxi zum Bahnhof. Ich sah Esmond flüchtig in der Ferne am Ende des Bahnsteigs.

»Hab eine wunderschöne Zeit, Darling, und schreib auf jeden Fall. Ich schreibe dir auch, 40 Rue Napoléon, das stimmt doch? Lass mich sehen, ob ich's auch schriftlich habe.« Meine Mutter wühlte in ihrer Handtasche nach dem Brief. »Wiedersehen! Du hast doch den Zwillingen deine Ankunftszeit telegraphiert?«

Als ich im Zug saß, konnte ich mich endlich sammeln und über meine Lage nachdenken. Ich war mir ganz sicher, dass ich zum letzten Mal durch die Türe im Haus meines Vaters gegangen war; und so war es denn auch wirklich. Und während ich meinen Entschluss keinen Augenblick bereute, hatte ich doch starke Gewissensbisse, dass ich niemandem eine Nachricht über meine wahren Pläne hinterlassen hatte, nicht einmal Robin. Der Magen drehte sich mir um beim Gedanken an die Szene zu Hause, wenn schließlich alles aufkam. Doch noch schlimmer wäre es, wenn man irgendwie vorzeitig herausfinden würde, dass ich gar nicht bei den Pagets war. Wenn nun doch meine Mutter irgendwo in London der Tante begegnete? Sehr wahrscheinlich war es nicht, aber immerhin … Die Zwillinge würden noch zwei Monate lang in Österreich sein, hier bestand keine Gefahr … Und so oder so, wenn irgendeine Katastrophe dieser Art eintreten sollte, Esmond würde einen Ausweg finden, da war ich sicher.

In der kurzen Woche unserer Bekanntschaft hatte sich die Meinung, die ich mir von ihm bei der Lektüre von *Out of Bounds* gebildet hatte, durchaus bestätigt. Er schien über eine magische Kombination von Entschlossenheit, Intelligenz und Courage zu verfügen, die ihn jeden Ort erreichen ließ, wo er hinwollte, und ich spürte bereits unerschütterliches Vertrauen in ihn. Er schien nun auch vorauszusetzen, dass er die Oberaufsicht über meine Fluchtpläne hatte. Ich dachte voller Sorge, wie kindisch und unerfahren ich ihm vorkommen musste – obwohl ich fast ein Jahr älter war. Wie sehr bereute ich es, dass ich in all den vergeudeten Jahren in Swinbrook nicht Spanisch oder Schreibmaschine gelernt oder mich journalistisch geübt hatte! Während der letzten Woche war ich immer früh aufgestanden und hatte Gymnastik gemacht, im Hinblick auf den schrecklichen Tag, da ich vielleicht mit kompletter Ausrüstung über ein Stoppelfeld rennen müsste. Aber die Übungen hatten eigentlich nur darin bestanden, dass ich mich hinunterbeugte und erfolglos versuchte, meine Zehen zu berühren, und ich war mir nicht sicher, ob mir das wirklich weiterhalf …

Einmal während der Zugfahrt nach Folkestone ging Esmond mit einem aufmunternden Grinsen an meinem Abteil vorbei. Und bald standen wir auf der Fähre, Zoll und Passkontrolle lagen hinter uns, wir waren unterwegs.

In Paris nahmen wir Zimmer in einem kleinen Hotel auf dem linken Seineufer. Am nächsten Morgen sprachen wir in der Spanischen Botschaft vor.

»Ich bedauere, Señor Lopez ist gestern nach London abgereist.«

»Aber – das ist doch nicht möglich! Man hat uns in der Botschaft in London gesagt, wir würden ihn hier finden!«

»Bedauere sehr. Wir erwarten ihn erst in zwei Wochen zurück. Aber Sie können ihn in London erreichen.«

Esmond war außer sich. Er bat und bettelte, ob wir nicht wegen meiner Papiere mit jemand anderem sprechen könnten, aber man versicherte uns, allein Señor Lopez könne da helfen. Wir zogen ab und gingen in den Bois de Boulogne. Esmond ging ruhelos hin und her.

»Wir müssen nachdenken … Was wäre das Beste? Wir können jetzt entweder nach Süden fahren und versuchen, über die Pyrenäen zu kommen … nein, ich glaube, diese Grenzen sind jetzt geschlossen … oder nach London zurückgehen und versuchen, Lopez zu finden …« Er wog die Alternativen laut ab und sprach dabei eigentlich nicht mit mir, als wüsste er, dass er alle Entscheidungen treffen müsste.

An diesem Nachmittag nahmen wir den ersten Zug zurück nach Dieppe; es blieb uns nichts anderes als der Versuch, Señor Lopez in London aufzustöbern.

Es waren noch vier Stunden bis zur nächsten Fähre nach Folkestone. Esmond hatte plötzlich eine Idee.

»Schauen wir mal, ob es wirklich eine Rue Napoléon gibt«, schlug er vor. »Wahrscheinlich gibt's eine in jeder französischen Stadt.«

Wir erkundigten uns in einem Café: Tatsächlich gab es eine Rue Napoléon, eine Meile oder so vom Kai entfernt in einer Wohngegend. Und es gab nicht nur die Rue Napoléon, es gab dort auch eine Nummer 40. Wir klingelten. Ein höflich-altväterischer Franzose in einem Hausmantel aus rotem Brokat erschien an der Tür.

»Haben Sie zufällig einen Brief für Miss Jessica Mitford bekommen?«, fragte ich. »Ich habe meinen Freunden aus Versehen die falsche Hausnummer gegeben, und vielleicht ...«

»In der Tat, ja, der ist hier«, antwortete er. »Ich wollte ihn gerade dem Postboten zurückgeben – der kommt jetzt jeden Augenblick. Sie haben Glück.« Er reichte mir den Brief mit der vertrauten runden Handschrift meiner Mutter auf dem Umschlag.

Wir zogen uns in ein Café am Hafen zurück und konnten diesen glücklichen Zufall kaum glauben. Er schien ein gutes Omen für unseren großen Plan. Der Brief, geschrieben am Tag meiner Abreise, war voll der üblichen Familiennachrichten: »Tante Weenie ist heute zum Tee gekommen, und Debo ist in der Row ausgeritten.« Wir ließen uns vom *garçon* Papier geben, und ich schrieb: »Gut angekommen ... Schön, dass Du Tante Weenie gesehen hast, ich hoffe, es geht ihr gut ... Ich hoffe, Debo hat ihren Ausritt genossen ...« Triumphierend warfen wir meinen Brief ein. Er würde am nächsten Tag mit dem Poststempel von Dieppe ankommen; das müsste eine Weile für Ruhe zu Hause sorgen.

SECHZEHN

Wir hatten immer noch fast zwei Stunden vor uns, ehe das Schiff abfuhr. Esmond war mit einem Mal schweigsam und in sich gekehrt. Er schlug vor, wir sollten den Kai entlanggehen. Wir kamen an einer langen Reihe von Hafencafés vorüber, mit bunt gestrichenen Fassaden und einladenden handgeschriebenen Speisekarten an den Türen. Wir lehnten uns über das Geländer und sahen Schiffen und Booten jeder Größe und Gestalt zu, wie sie durch die windgepeitschte Dünung des Kanals manövrierten.

»Es gibt etwas, worüber ich mit dir sprechen muss«, sagte er sehr ernst. (Hatte er entschieden, dass die Suche nach Señor Lopez zu schwierig und zeitraubend wäre und dass er alleine nach Spanien weiterziehen musste?)

Wieder ein langes Schweigen.

»Ich fürchte, ich habe mich in dich verliebt.«

Wir suchten uns ein passendes Café aus, wo wir unsere Verlobung mit *fines à l'eau* feiern konnten.

Ein paar Seeleute schlossen sich der Festivität an und tranken eins ums andere Mal auf *les fiancés*, fast hätten wir die Abfahrt der Kanalfähre verpasst.

So gab es nun eine neue Komplikation in unseren Plänen.

»Wie können wir denn heiraten?«, fragte ich. »Wahrscheinlich brauchen wir beide die Erlaubnis unserer Eltern.«

»Ach, da machen wir uns jetzt erstmal keine Sorgen«, sagte Esmond mit sardonischem Grinsen. »Viele Leute behaupten ja, dass lange Verlobungen das Beste sind.«

Spät in der Nacht trafen wir in London ein, und Esmond schlug vor, ein Taxi zu Peter Neviles Wohnung zu nehmen.

Peter kam im Morgenmantel an die Tür und schaute recht schläfrig und ärgerlich drein, und als er unsere Neuigkeit hörte, wurde er für einen Moment womöglich noch ärgerlicher. Ich habe seitdem die Erfahrung gemacht, dass es die besten Freunde unweigerlich empört, von einer Verlobung zu erfahren, die völlig überraschend angekündigt wird und an deren Zustandekommen sie keinen Anteil hatten.

Doch heiterte sich seine Miene auf, als wir die wahrscheinlichen Reaktionen meiner Familie besprachen.

Wir beschlossen, ich sollte einen Brief an meine Mutter aufsetzen, den Peter zur rechten Zeit abliefern würde. Esmond hatte seine Bedenken bei diesem Plan, der einige seiner erprobten Regeln für das erfolgreiche Weglaufen verletzte, etwa »Sag keiner Menschenseele etwas« und »Nie etwas Schriftliches«. Aber ich verwies auf den Umstand, dass es meinen Eltern irgendwann einmal auffallen musste, dass ich nicht aus Dieppe zurückkam und die Weltreise nicht antrat. Es war mir viel daran gelegen, dass sie sich nicht auch noch Sorgen machen mussten, wo ich überhaupt steckte und bei wem.

Der Brief begann dramatisch: »Liebste Muv, wenn Du dies hier liest, werde ich mit Esmond Romilly verheiratet sein.«

Peter war verständlicherweise nervös, was seine Zustellung dieser seltsamen Botschaft betraf.

»Ich soll also den Nazilord in seiner Höhle stellen?«, fragte er ironisch mit seinem gedehnten semiamerikanischen Akzent.

»Ach komm, Nevile, du weißt doch, wie sehr du das genießen wirst … Natürlich werden sie bestimmt mit der Reitpeitsche auf dich losgehen«, fügte Esmond nachdenklich hinzu. »Aber das darf man doch wohl von dir erwarten. Ich sag dir was: Decca ist unglaublich reich, sie hat fast achtzig Pfund, jedenfalls hatte sie die, ehe wir dieses lächerliche Hin und Her über den Kanal bezahlen mussten. Wir laden dich zum Mittagessen ins Café Royal ein, dann feiern wir.«

Das war riskant. Das Café Royal war ein großes altmodisches Restaurant in London, das in diesen Jahren recht berühmt war als Treffpunkt für Schriftsteller, Künstler, Jornalisten, Politiker, Leute aus der Gesellschaft. Unter den Hunderten der ständig kommenden und gehenden Gäste mochten viele sein, die wir kannten. Während der zwei Stunden, die wir dort bei Rotwein und Omelette saßen (das billigste Gericht auf der Karte – Esmond hütete den Rest der achtzig Pfund), entdeckte ich einige Freunde von Nancy, und Esmond sah auch ein paar Leute, die er kannte. Wir winkten ihnen fröhlich zu – dieses eine Mal schlugen wir alle Vorsicht in den Wind. Unser Glück stand uns bei, und die Begegnungen blieben folgenlos.

Der mysteriöse Señor Lopez war nirgendwo in London zu finden, so dass wir in derselben Nacht nach Paris zurückfuhren.

Die nächsten zwei Wochen vergingen mit einer frustrierenden Reihe von Terminen mit diversen spanischen Beamten. Die Zeit lief erschreckend schnell dahin, und es schien, als kämen wir überhaupt nicht voran. Wir fuhren nach Bayonne, einem Hafen in Südfrankreich in der Nähe der spanischen Grenze, und gaben unterwegs in verschiedenen Städten Briefe an meine Mutter auf. (»Wunderbare Tage mit den Zwillingen … Wir fahren jetzt mit einem Auto durch Frankreich, das einer der Jungs aus Oxford mitgebracht hat …«)

Esmond wurde zusehends unruhiger. Die beiden unersetzlichen praktischen Voraussetzungen unseres Plans – Zeit und Geld – zerrannen rasch. Wahrscheinlich würde meine Mutter mein Desertieren aus den Reihen der Familie demnächst bemerken.

In vieler Hinsicht war dies keine ideale Verlobungsreise. Esmond wurde von praktischen Sorgen geplagt, und ich kam mir völlig unfähig vor, bei der Lösung unserer Probleme zu helfen. Aber wir lernten einander besser kennen, als es unter normaleren Umständen möglich gewesen wäre. Esmond hatte ein untrügliches Gespür für das billigstmögliche Quartier, und in Bayonne wohnten wir in einem kleinen Hotel, das von baskischen Flüchtlingsfamilien aus dem Norden Spaniens überfüllt war. Jeden Tag sprachen wir auf dem Baskischen Konsulat vor und erkundigten uns nach meiner Einreiseerlaubnis und nach Transportmöglichkeiten. Wir machten lange Spaziergänge durch die Stadt, und Esmond erzählte mir dabei von seinen Erlebnissen an der Madrider Front.

Wenige Wochen nach Eingang der ersten Nachrichten über den faschistischen Putschversuch war er allein nach Spanien aufgebrochen, ohne irgendeinem seiner Freunde davon zu erzählen, voller Angst, man könne ihn abweisen und zurückschicken, weil er keinerlei militärische Ausbildung hatte. Dieses eine Mal bereute er seine Weigerung, in

Wellington dem Offiziersvorbereitungskorps beizutreten. Da er nichts von der Organisation der Internationalen Brigaden wusste, war er einfach mit dem Rad nach Marseille gefahren – in der Hoffnung, von dort mit irgendeinem Frachter nach Spanien zu kommen. In Marseille erfuhr er, dass junge Männer aus allen möglichen Ländern an die spanische Front wollten, und er schloss sich einer bunt gemischten Gruppe von Freiwilligen an – Franzosen, Deutsche, Italiener, Jugoslawen, Belgier, Polen. Er nahm mit ihnen ein Schiff nach Valencia und wurde in das Ausbildungslager von Albacete geschickt.

Es gab noch kein englisches Bataillon, so dass Esmond und fünfzehn andere Engländer der deutschen Thälmann-Brigade zugeteilt wurden. Er stellte erleichtert fest, dass auch hier die meisten keinerlei militärische Vorbildung besaßen; sie kamen aus allen möglichen Kreisen – Autoarbeiter, Bauern, Restaurantbesitzer, Studenten. Das Training in Albacete war sehr kurz, und schon nach wenigen Tagen wurde das Bataillon an die Madrider Front geschickt. Von da an standen die Männer fast unablässig im Einsatz und führten das dreckige, blutige, verworrene Leben von Infanteristen. Eine Woche vor Weihnachten wurden in einer einzigen katastrophalen Schlacht alle Angehörigen der englischen Gruppe bis auf zwei getötet. Esmond und der andere Überlebende wurden, krank vor Durchfall und Ermüdung, nach England zurückgeschickt – mit dem herzzerreißenden Auftrag, die Angehörigen der Gefallenen zu benachrichtigen.

Ein sehr großer Teil seiner Anstrengungen in Spanien hatte kleinen mechanischen Einzelheiten gegolten – seinen Patronengurt richtig geschlossen zu halten, seine Ausrüstung immer beisammen zu haben und ganz allgemein die primitivsten Details normaler Alltagseffizienz zu erlernen.

Esmond schien ohne den geringsten Sinn für die Beherrschung der physischen Umwelt geboren zu sein. Man hatte das Gefühl, dass er eigentlich niemals richtig gelernt hatte, sich die Schuhe zu binden. Der schlichte Vorgang des Öffnens oder Schließens eines Koffers war ein Mysterium für ihn. Später sollte sich Peter Nevile einmal beklagen, dass Esmond nicht in der Lage war, Türen zu öffnen und zuzumachen, weil er nie den Mechanismus durchschaut hatte, mit dem der Drehknopf durch Hebelwirkung den Schnappriegel betätigte. Vor seiner Reiseschreibmaschine geriet er in frustrierten Zorn, weil das Funktionieren des Bandes und das Schließen des Deckels über seinen Horizont gingen. Es braucht kaum erwähnt zu werden, dass die teure komplizierte Kamera, die ich voreilig auf das Konto meines Vaters bei den Army and Navy Stores hatte schreiben lassen, nach ein, zwei erfolglosen Versuchen unbenutzt blieb.

Esmonds Begegnung mit dem Faschismus in Spanien und vor allem das Grauen seines letzten Einsatzes in der Schlacht von Boadilla hatten viel dazu beigetragen, dass sich jetzt die Richtung klar und deutlich abzeichnete, die sein Leben, seit er fünfzehn war, genommen hatte. Er war nicht länger ein Dilettant, der irgendwie am Rande den Aufstand seiner Generation mitmachte, nicht mehr nur ein *enfant terrible*, das es liebte, die traditionell Reichen und Mächtigen herauszufordern. Er war jetzt ein entschiedener Partisan im Kampf gegen den Faschismus.

Ich stand erst auf der Schwelle. Meine Absichten waren durchaus ernsthafter Natur – das Weglaufen von zu Hause war mehr als nur ein wildes, aufregendes Abenteuer. Aber das eben auch. Ich war insgeheim bestürzt und beunruhigt, dass Esmond voraussetzte, ich würde meine Familie nie wieder sehen. Das Leben zu Hause mit all unseren albernen Scherzen und der Privatsprache, den riesigen Weihnachtsfesten, Nancys funkelnder Clownerie und Bouds riesenhaft starker Persönlichkeit – all dies bedeutete mir immer noch etwas. Ich malte mir eigentlich gerne ein wenig aus, wie ich Esmond daheim der Familie vorstellen würde – sehen würde, wie mein Vater ihn böse anstarrte und mit den Zähnen knirschte, wie er es stets bei Schwiegersöhnen tat, zuhören, wie Esmond in Diskussionen Boud und Diana niedermachte. Aber seine außergewöhnliche Direktheit und Zielgerichtetheit machten all das unmöglich. Er sah in meiner Familie den Feind und wollte nicht von ihr sprechen.

Er konnte sich aufregen über meine Upperclass-Allüren, wie er es nannte. Er besaß eine chamäleonartige Anpassungsfähigkeit im Umgang mit den Menschen und konnte rasch Mitglied einer jeden Gruppe werden, in die es ihn verschlug. In Bayonne legte er sich schnell den *accent du Midi* zu, ein gutturaleres Französisch als das des Nordens, und er beherrschte den neuesten Slang im Handumdrehen. Wir waren in den Cafés mit Seeleuten und Arbeitern zusammen, und Esmond gehörte sogleich dazu. Mein Schulmädchenfranzösisch – erlernt an der Sorbonne und von französischen Gouvernanten als Kind in England – wirkte dagegen säuerlich-distanzierend.

Einer meiner Ausbrüche von Upperclass-Allüren führte zum ersten und einzigen Streit unseres Lebens. Wir saßen eines Abends in einem vollen französischen Café und tranken Wein mit ein paar Zufallsbekannten. Ein grobschlächtiger Kerl mit der unvermeidlichen Baskenmütze kam herein; er hatte einen großen Hund mit Maulkorb an der Leine, den er immer wieder mit einer Gerte ins Gesicht schlug; der Hund jaulte und winselte, und ein paar Leute im Café lachten und feuerten den Mann an. Ich war außer mir.

»Sag ihm, er soll aufhören!«, schrie ich Esmond an. »Diese viehische Grausamkeit, kannst du denn nichts tun?«

Esmond wurde sehr zornig. »Komm, raus hier« – er zog mich hoch und aus dem Café hinaus.

»Was für ein Recht hast du, diesen Leuten deine blöde Upperclass-Tierliebe aufzwingen zu wollen? Du benimmst dich wie eine typische englische Touristin. Deshalb hasst man im Ausland überall die Engländer. Weißt du denn nicht, wie die Engländer deinesgleichen die *Menschen* in Indien und Afrika und auf der ganzen Welt behandeln? Und du hast den Nerv und kommst hierher – in *ihr* Land, wohlgemerkt – und kommandierst diese Franzosen herum und sagst ihnen, wie sie ihre Hunde behandeln sollen.« Esmond war wütend. »Ich kann dir sagen, wenn wir nach Spanien kommen, dann wirst du viele schreckliche Dinge sehen, Kinder im Bombenhagel, die auf der Straßen sterben. Den Franzosen und Spaniern sind Tiere egal, und warum auch nicht? Sie halten eben zufällig Menschen für wichtiger. Wenn du hier einen solchen Zirkus wegen eines Hundes aufführst, dann hättest du lieber in England bleiben sollen, wo man die Hunde füttert und die Menschen in den Slums verhungern lässt …«

Ich beharrte auf meinem Standpunkt, und wir stritten uns die ganze Nacht.

Am anderen Tag waren wir zerknirscht wegen all der unschönen Dinge, die wir uns an den Kopf geworfen hatten, und versöhnten uns. Ungefähr begann ich zu begreifen, was an Esmonds Worten dran war.

Schließlich – als wir wegen der Einreiseschwierigkeiten schon ganz verzweifelt waren – kam ein mysteriöser Bote vom Baskischen Konsulat. Er überreichte uns ein Papier, auf dem stand: »Se autoriza a embarcar en el vapor URBI para ser trasladado a Bilbao por su cuenta y riesgo a la dadora de la presente DNA JESSICA MITFORD. Bayona, 13 febrero 1937. – Der Schiff ist in Basens.«

Die Urbi lag, überraschend genug, tatsächlich da, wo das Papier vermeldet hatte – im Hafen von Basens in der Nähe von Bayonne. Es handelte sich um einen kleinen Frachter. Soweit wir sehen konnten, bestand die gesamte Fracht aus etwa einem Dutzend Hühnern, die bereits ein wenig seekrank wirkten, wie sie auf Deck herumscharrten. Geführt von dem spanischen Kapitän, der kein Wort Englisch sprach, stiegen wir hinunter in einen großen Speisesalon, wo säuberlich für das Abendessen gedeckt worden war. Die etwa fünfzehnköpfige Mannschaft versammelte sich, und wir setzten uns zu einer herrlichen Mahlzeit an den Tisch. Ein Gang nach dem anderen wurde herumgereicht: baskische Gemüsesuppe, Krebse, Rindfleisch, Huhn, Kuchen, Obst, dazu Riesenmengen Rotwein und volle Gläser mit Brandy. Die Reise würde mir gewiss ausgezeichnet gefallen. Kapitän und Mannschaft sprachen nur Spanisch; Esmond versuchte es mit ein paar Sätzen, die er in Madrid gelernt hatte. Im Lauf des Abends brachte man dann Trinksprüche auf alles Erdenkliche aus, von dem »verlobten Paar« bis zu »Tod den

Faschisten!« Wundervolle Lieder, noch mehr Essen, weitere Trinksprüche …

Gegen Mitternacht endete das Mahl und die Mannschaft ging an ihre jeweilige Arbeit. Der Kapitän bedeutete uns, ihm zu folgen, und machte durch Zeichensprache klar, dass wir seine Kabine bekommen sollten, die einzige an Bord, da die Männer alle in Hängematten an Deck schliefen.

Die Kabine war im Stil eines billigen Hotelzimmers eingerichtet. Es gab eine große, schwere, altmodische Kommode, einen Sessel und einige kleinere Stühle.

Kurz nachdem wir uns zurückgezogen hatten, signalisierten ratternde Motorengeräusche und das Knarren von Planken, dass die Reise begonnen hatte und das Schiff in die Biskaya hinaussteuerte.

Eine Reihe knirschender Geräusche und lauter Schläge weckte uns. Das Schiff schwankte und rüttelte; alle Schubladen waren aus der Kommode herausgefallen und glitten über den Boden. Wieder durchlief ein rhythmisches Rütteln das Schiff, und sie rutschten an die Wand zurück, begleitet von dem leeren Möbelstück, das wild hin und her schwankte. Im Verein mit den Stühlen, unseren Koffern, Schuhen und jedem anderen beweglichen Objekt in der Kabine (es schien, als wären es alle Gegenstände, die man sich nur vorstellen kann) drangen Kommode und Schubladen wieder in Richtung Koje vor und glitten dann geräuschvoll an die Wand zurück. Es gelang mir, aus dem Bett zu kriechen und dem Mobiliar auszuweichen auf meinem Weg zum Waschbecken, wo ich mich dann von der Gemüsesuppe, den Écrevisses, dem Rindfleisch, Huhn, Kuchen, Obst, Wein und Kognak verabschiedete …

Die Bewegung des Schiffes wurde so heftig, dass Esmond und ich einander abwechselnd in der Koje festhalten mussten. Selbst so fielen wir mehrfach hinunter. Es folgten weitere Gänge zum Becken, bis nichts mehr da war, dessen man sich entledigen konnte.

Den ganzen nächsten Tag über setzte sich das Krachen und Dröhnen der Möbelstücke fort. Esmond ging kurz auf Deck hinauf und berichtete dann, die Matrosen hätten gesagt, es wehe eine steife Brise. Ich fragte mich beiläufig, wie es wohl dem Kapitän gelingen mochte, auf den Fahrten seine Sachen vor dem völligen Ruin zu bewahren; die Schiffe, auf denen ich bis jetzt gewesen war, hatten für den Fall eines Sturms überall säuberlich verschließbare, fest angebrachte Behältnisse gehabt, sogar eine Klammer für die Zahnbürsten.

In dieser Nacht wurde Alarm gegeben, es sei ein U-Boot der Franco-Streitkräfte in der Nähe gesichtet worden. Alle Lichter wurden gelöscht. Ich konnte mir nicht helfen – schuldbewusst wünschte ich mir, das U-Boot würde sein Ziel finden und uns von unserem Elend erlösen. Esmond machte sich Sorgen um mich und brachte mir immer wieder ein Glas Wasser, dessen Inhalt ich dann sofort wieder erbrach – mittlerweile zu schwach, um noch zu versuchen, das Becken zu erreichen. Doch war ich mir seiner Aufmerksamkeit deutlich und dankbar bewusst – es war dies eine Seite an ihm, die man in diesen Tagen nicht oft sah und die auf jeden Fall während der langen Reisen der letzten Wochen in England und Frankreich nicht zum Vorschein gekommen war. Die organisierte Brutalität in Wellington, die Gemeinheiten des Heims für Schwererziehbare, das schwierige Leben allein in London in seinem Alter – all das hatte kaum dazu geführt, dass sich in Esmond besonders viel an sensibler Empfindung herausgebildet hatte. Wie bei den meisten Achtzehnjährigen war seine Persönlichkeit immer noch ungeformt. Mir erschien er teils als Held, teils als Abenteurer, teils als schlimmer Junge – so, wie ich ihn mir immer vorgestellt hatte. Wie ich nun im Halbschlaf meiner Seekrankheit dalag, freute es mich, diese kleinen Züge von Fürsorglichkeit an ihm zu bemerken.

Die Kabine stank, weil ich mich so oft übergeben hatte, die Möbel fuhren fort in ihrer kratzenden, gleitenden Reise hin und her, vor und zurück über den Fußboden … Doch am dritten Tag herrschte plötzlich und wundersam eine herrliche Stille. Das Mobiliar lag zwar überall verstreut umgekippt in der Kabine herum, aber es blieb, wo es war. Wir waren in Bilbao angekommen.

Um Upperclass-Allüren brauchte sich jetzt niemand mehr Sorgen machen. Meine Kleider waren schmutzig und zerknittert, mein Haar roch nach Erbrochenem. Zwei Wochen ohne Nanny hatten endgültig ihren Tribut gefordert. Lange schon waren die säuberlich arrangierten Seidenpapierblätter verschwunden, die in den ordentlichen Falten meiner Unterwäsche verhindern sollten, dass etwas knittern könnte. In Bayonne hatte Esmond einmal zerstreut ausprobiert, ob er eine widerspenstige Schere in Gang setzen konnte, und hatte an meinem besten Kostüm experimentiert, dessen Rock nun große Schnitte aufwies.

Wir warfen unsere Sachen in die Koffer und wankten an Deck.

Die Hühner schienen melancholischer denn je, wie ich bemerkte. Sie hatten aufgehört, nach Nahrung zu scharren, und drängten sich mürrisch in ihrem Stall zusammen.

Wir verabschiedeten uns vom Kapitän und der Mannschaft, die erstaunlicherweise nicht den Eindruck machten, als hätten ihnen die fürchterlichen Erfahrungen der letzten drei Tage irgendwie zugesetzt. Ein makellos gekleideter Spanier kam die Gangway heraufgerannt, um uns zu begrüßen.

»Mr Romilly und Miss Mitford? Man hat mich benachrichtigt, dass Sie heute ankommen würden. Es ist immer eine Ehre und ein Vergnügen, ausländische Journalisten begrüßen zu dürfen. Erlauben Sie, dass ich mich vorstelle: Señor ——, Außenminister der Baskischen Republik. Und jetzt – da Sie Engländer sind, wollen Sie sicher die Boxkämpfe sehen? Glücklicherweise beginnt in wenigen Minuten ein Match. Wenn wir uns beeilen, kommen wir noch rechtzeitig.« Wir lächelten und bedankten uns und folgten ihm widerwillig – ungleich angemessener, fanden wir, wären im Augenblick ein schön heißes Bad und ein sauberes Bett gewesen.

Eine lange schwarze Limousine brachte uns zum Stadion, wo die Boxkämpfe stattfanden. Wie der Außenminister vorhergesagt hatte, mussten wir keine Minute davon versäumen. Vier heiße, muffige Stunden hindurch sahen wir den kleinen Figürchen zu, die drunten im Scheinwerferlicht des Rings lebhaft umeinander herumtanzten und nur gelegentlich zuschlugen. Die baskische Menge tobte enthusiastisch; wir konnten nur hoffen, dass der Außenminister unser steinernes Schweigen dem bekannten britischen Stoizismus zuschrieb.

SIEBZEHN

Das Leben in Bilbao hatte etwas durchaus Traumgleiches, aber es fühlte sich für mich nicht an wie ein Traum, der in Erfüllung gegangen war. Es schien so völlig unfassbar, dass ich hier mit Esmond war – dass das tatsächlich ich war, die hier in Spanien lebte, und dass ein paar hundert Meilen über dem Meer Rutland Gate stand, unverändert, dass dort das ruhige, glatte Leben der Familie ungehindert dahinfloss, gegliedert lediglich von Frühstück, Mittagessen, Tee, den Sechs-Uhr-Nachrichten der BBC, dem Abendessen und der Schlafengehenszeit, die alle ihre gewohnte Abfolge einhielten … Ich konnte mir vorstellen, wie Tanten zum Tee kamen und sich beiläufig bei meiner Mutter erkundigten: »Wo ist denn Decca?« »Die ist mit den Paget-Zwillingen in Dieppe«, würde Muv dann zufrieden antworten. »Nach dem, was sie schreibt, gefällt's ihr sehr gut.«

Der Mittelpunkt der Realität lag für mich immer noch zu Hause bei der Familie, und die Wirklichkeit schien wenig mit den letzten zehn Tagen zu tun zu haben – den klappernden französischen Zugabteilen dritter Klasse, dem überfüllten Hotel in Bayonne, dem schwankenden, knarzenden Frachter; oder jetzt mit dem grimmig-ernsten Bilbao. Es war, als lebte ich in einer lange anhaltenden Vision.

Mir war seltsam zumute – wie einer Patientin, die nach einem größeren chirurgischen Eingriff, der mit einem entschiedenen Skalpellschnitt alle alten Bindungen, Gewohnheiten, Rituale abgetrennt hat, aus der Betäubung erwacht.

Esmond dagegen richtete sich sofort auf die wesentlichen Aufgaben des Lebens und Arbeitens in Bilbao ein. Ich folgte ihm geschäftig zu Regierungsämtern, Pressezentren, Informationsbüros, wo Vereinbarungen für Interviews und Meldungen getroffen wurden. Ich versuchte, diesen weitläufigen Nebelumriss einer grauen Hafenstadt schärfer in den Blick zu bekommen und den Heroismus der blassen, entschlossenen Menschen zu begreifen, die unerschütterlich ihren Alltagsverrichtungen nachgingen und dabei genau wussten, dass der Angriff bald kommen musste.

In diesem Februar war die Front noch ruhig. Die feindlichen Armeen des Spanischen Bürgerkriegs hatten sich im Kampf um Madrid ineinander verbissen. Es gab nur wenige ausländische Journalisten in Bilbao, und wer kam, wurde von der Regierung fürstlich empfangen. Wir stellten zu unserem Erstaunen fest, dass Kost und Logis vom Pressebüro in einem der größeren Hotels gratis zur Verfügung gestellt wurden.

Obwohl die Kampfhandlungen in weiter Ferne stattfanden, war die Stadt ausgehungert. Fleisch, Milch, Eier, Butter waren unmöglich zu beschaffen. Frühstück, Mittag- und Abendessen waren ununterscheidbar – sie bestanden allesamt aus Reis und Kichererbsen. In den Cafés konnte man tassenweise dicke, süße schwarze Schokolade kaufen, serviert mit Scheiben gräulichen Brotes. Halbverhungerte Kinder umdrängten die Cafégäste und bettelten um einen Löffel Schokolade oder ein Stück Brot.

Nach ein paar Tagen in Bilbao wurden wir von Leuten aus dem Pressebüro an die Front gebracht. Es war eine lange Tagesfahrt in einem Militärauto über Meilen um Meilen schlechter Bergstraßen. Unsere Begleiter vom baskischen Pressebüro deuteten unterwegs auf die verschiedenen Truppenlager.

»Das da rechts ist ein kommunistisches Bataillon … Und weiter hinten können Sie eine Kompanie Anarchisten sehen … Da links, das ist ein Bataillon der Baskischen Katholischen Nationalpartei …« Offenbar war die Armee in diesem Teil Spaniens nach dem politischen Credo organisiert.

Die Front zog sich hoch über einen Hügel, oberhalb einer tiefen Schlucht. Auf deren anderer Seite konnten wir in etwa einer halben Meile Entfernung die Soldaten und Geschütze des Feindes erkennen. »Italiener«, sagte der Mann vom Pressebüro und spuckte aus.

Ein paar Geschütze und Maschinengewehre waren auf unserer Seite in recht großen Abständen aufgebaut.

Unser Begleiter meinte aufmunternd, ich würde vielleicht gerne ein Gewehr abfeuern. Er zeigte mir, wie man durchs Visier auf die kleinen Figuren auf der anderen Seite der Schlucht zielte. Ich drückte ab, und das Gewehr ging mit lautem Krachen los und warf mich nach hinten. Die Kugel war in einem Baum in der Nähe gelandet. Mein Feuer wurde vom Feind in ziemlich derselben beiläufigen Art erwidert. Das seltsame Gefühl von Unwirklichkeit vertiefte sich.

Auf dem Rückweg hielten wir kurz auf der Fahrt durch einen anderen Sektor in einem Dorf im Niemandsland an, einem Landstrich zwischen den beiden Fronten, ein paar Meilen breit. In den Straßen häufte sich der Müll, und das

Dorf schien fast völlig verlassen. Ein paar alte Frauen in langen schwarzen Kleidern stocherten im Abfall herum. Man sagte uns, sie hätten sich geweigert, mit den anderen Flüchtlingen evakuiert zu werden, und wollten lieber in ihren Häusern bleiben und von dem Gemüse und Geflügel leben, das sie noch ziehen konnten.

Unsere Tage in Bilbao bekamen eine gewisse Routine. Morgens schauten wir ins Pressebüro, ob es Neuigkeiten gab, oder wir interviewten Regierungsbeamte für Hintergrundberichte. Nachmittags wurden die Meldungen getippt, die dann ans *News Chronicle* gehen sollten. Zu dieser Zeit geschah nur wenig in Bilbao. Die Stadt schien sich in einem Zustand ängstlicher Erwartung eingerichtet zu haben. Die Cafés waren gedrängt voll von Leuten, die den Radionachrichten zuhörten; anschließend erhob sich die Menge und lauschte schweigend und achtungsvoll nicht der einen, sondern den vier Hymnen, welche die Volksfront symbolisierten – der baskischen Nationalhymne, der spanischen Hymne, der Internationale und der Anarchistenhymne.

Mich verzehrte die angstvolle Neugier, was wohl inzwischen daheim geschah.

Eines Tages teilte man uns bei der Rückkehr ins Hotel mit, der baskische Prokonsul des Britischen Konsulats hätte uns sprechen wollen. Dies war Grund zur Beunruhigung. Was wollte der wohl? Wir hatten auf unseren Reisen sorgfältig jede Berührung mit Britischen Konsulaten vermieden.

Am nächsten Morgen kam der Prokonsul noch einmal. Es war ein junger, gutaussehender Baske, der Englisch mit starkem Akzent sprach. Wir erfuhren von ihm, dass ein »Prokonsul« ein Bürger des Landes ist, wo sich das jeweilige Konsulat befindet, und dass es seine Aufgabe ist, als eine Art Verbindungsmann zwischen dem Konsulat und den lokalen Behörden zu fungieren.

»Ich habe ein Telegramm erhalten«, sagte er mit breitem Lächeln. »Das Telegramm ist codiert. Es betrifft Sie beide, glaube ich.«

»Könnten wir es sehen?«, fragte Esmond.

»Ja, gewiss. Hier ist es, und hier ist das Codehandbuch. Lassen Sie sehen, ob wir es zusammen entziffern können.« Wir hatten das Gefühl, dass dies ein recht unorthodoxes Verfahren war, waren aber gerne bereit, ihm beim Decodieren zu helfen.

Das Telegramm lautete: »Finden Sie Jessica Mitford und überreden Sie sie zur Rückkehr.« Es war von Anthony Eden unterzeichnet.

»Und nun muss ich das Telegramm beantworten. Was soll ich schreiben?«, fragte der Prokonsul. Wir halfen ihm beim Aufsetzen und Codieren der Antwort: HABE JESSICA MITFORD GEFUNDEN. UNMÖGLICH SIE ZUR RÜCKKEHR ZU ÜBERREDEN.

»Normalerweise kümmert sich Mr Stevenson, der britische Konsul, selbst um diese ganzen Sachen. Aber unglücklicherweise ist er gerade dienstlich in Bayonne und kommt vielleicht erst in ein paar Tagen zurück.«

Wir versicherten dem Prokonsul, er habe die Angelegenheit im Sinne der allerbesten Traditionen der britischen Diplomatie erledigt; niemand hätte es besser machen können. Doch sahen wir der Rückkehr von Mr Stevenson mit großer Unruhe entgegen; uns beschlich das Gefühl, mit ihm würde es erheblich schwieriger werden.

Unser Rencontre mit dem Prokonsul lenkte unsere Aufmerksamkeit erneut darauf, wie dringend es war, dass wir heirateten. Wir zogen Erkundigungen bei den baskischen Behörden ein und erfuhren zu unserer Überraschung, dass selbst im Bürgerkrieg Personen unter einundzwanzig ohne die Zustimmung ihrer Eltern nicht heiraten konnten. Ein paar Anarchisten, die wir in einem Café getroffen hatten, boten die guten Dienste eines Priesters an, den sie gefangengenommen hatten (»Wir könnten ihn schon dazu bringen, dass er's macht«, sagten sie), aber das hätte eine Zweitagesreise bedeutet, und wie legal diese Eheschließung dann wäre, wussten wir auch nicht.

Ein paar Tage später wurden wir ins Britische Konsulat bestellt, zu einer Audienz bei Mr Stevenson.

Mr Stevenson, ein Mann mittleren Alters in Tweed mit rötlichem Schnurrbart und Halbglatze, saß in diesem öden kleinen Winkel englischer Jurisdiktion auf ausländischem Boden an einem großen Schreibtisch. Er war umgeben von englischer Ordnung und Säuberlichkeit und strahlte im Gegensatz zu seinem netten Prokonsul puren englischen Charmeverzicht aus. Zur Begrüßung erhob er sich nicht.

»Sie beide haben große Schwierigkeiten verursacht«, verkündete er in knappem, offiziellem Tonfall. »Ich habe Anweisung, Sie sofort nach England zurückzuschicken, Miss Mitford. Wann können Sie zur Abreise fertig sein?«

»Aber ich bleibe hier, ich habe ja gar nicht die Absicht, abzureisen.«

»Mr Stevenson, Sie sind sich doch wohl darüber im Klaren, dass Sie weder die Autorität besitzen noch die Macht haben, Miss Mitford gegen ihren Willen zur Abreise zu zwingen«, mischte sich Esmond, konsularischer als der Konsul, in grandioser Manier ein.

Er hörte sich so souverän und gebieterisch an, dass ich mich dabei ertappte, wie ich fast ein wenig Mitleid für Mr Stevenson empfand. Wie konnte er hoffen, gegen einen solchen Gegner zu gewinnen? Wir argumentierten eine halbe Stunde lang hin und her, dann gingen wir beide zurück ins Hotel. Die erste Runde mit Mr Stevenson hatte, wie wir fanden, mit einem Unentschieden geendet. Er hatte sich zwar nicht durchgesetzt, aber unsere gesicherte Position war stark gefährdet.

Am nächsten Tag kam Mr Stevenson bei uns vorbei. »Miss Mitford, ich habe eben die Nachricht erhalten, dass Ihre Schwester und Ihr Schwager morgen mit einem britischen Zerstörer nach Bermeo kommen, um Sie zu sprechen. Sie müssen doch begreifen, dass Sie durch Ihre Handlungsweise Ihrer Familie viel Kummer bereitet haben. Ich meine, es wäre doch jetzt das Mindeste, dass Sie hingehen und mit Ihrer Schwester reden. Sie ist mit ihrem Mann allein deshalb aus England hierhergekommen, um Sie zu sehen und um sich zu versichern, dass es Ihnen gut geht und dass Sie in Sicherheit sind.«

»Welche Schwester ist es?«, fragte ich.

»Mrs Peter Rodd. Ich fahre morgen dienstlich nach Bermeo, ich habe mit dem Kapitän des Zerstörers zu reden. Ich werde Sie hier um sechs Uhr morgens abholen.«

»Wir lassen Sie wissen, wie wir uns entschieden haben«, sagte Esmond kühl und begleitete ihn zur Tür.

Wir verbrachten lange Stunden mit der Diskussion, ob ich gehen sollte oder nicht. Wenn ich ablehnte, würden

Nancy und Peter wahrscheinlich nach Bilbao kommen und uns peinliche Szenen machen. Andererseits gab es vielleicht einen Plan, mich zu entführen und mit Gewalt an Bord des Zerstörers zu bringen.

»Natürlich bin ich viel stärker als Nancy, aber Mr Stevenson wirkt widerlich gut in Form. Er und Peter könnten mich wahrscheinlich auf den Zerstörer zerren.« Wir entschieden schließlich, dass ich besser hinginge; der Gedanke, Nancy und Peter könnten uns hier im Hotel aufstöbern, war allzu schlimm.

Die Hafenstadt Bermeo liegt nur dreißig Meilen von Bilbao entfernt, aber die Fahrt dauerte fast zwei Stunden wegen des langsamen Vorankommens auf den steinigen Gebirgsstraßen.

Wie gewöhnlich regnete es in Strömen. Der Prokonsul hatte uns erzählt, dass die Spanier dazu neigen, die englischen Kinder für das schlechte Wetter verantwortlich zu machen, wegen des Verschens »Rain, rain, go to Spain, and never, never come back again«.

Mr Stevenson führte mich zu einer Bank auf dem Kai und verschwand, um seine Dienstgeschäfte zu erledigen.

Endlich erschien der Zerstörer und legte an, und Offiziere und Matrosen kamen an Land. Tatsächlich war ich bei dem Gedanken, Nancy wiederzusehen, sehr aufgeregt, und wollte nur allzu gerne Nachrichten von zu Hause hören. Hatte Peter Nevile den Brief auch abgeliefert? War es Muv und Farve klar, dass es eigentlich gar nicht viel Grund zur Besorgnis gab? Oder hatten sie sich sehr gequält? Waren sie fürchterlich wütend, oder nur höchst ärgerlich? Ich hatte tausend Fragen an Nancy.

Ich musterte die Landgänger, die vom Zerstörer kamen, aber von Nancy oder Peter war nichts zu sehen. Der große, hübsche Kapitän kam herüber; er sah sehr englisch und vertraut aus nach all den Wochen unter einer Bevölkerung mit dunklerer Haut. Er hätte eines der australischen Schafe meiner Debütantinnenbälle sein können.

»Miss Mitford? Hören Sie, tut mir schrecklich leid, Ihre Schwester konnte jetzt doch nicht kommen. Blöde Sache das. Aber wir würden Sie gerne an Bord zum Mittagessen einladen, Sie müssen ganz ausgehungert sein.« Das war ich in der Tat; ich hatte den ganzen Tag noch nichts gegessen, da wir allzu zeitig für das Hotelfrühstück (Kichererbsen und Reis) aufgebrochen waren.

»Ich würde sehr gerne, aber es geht nicht.«

»Ach, wie schade! Wir hätten Sie so gern zu Gast gehabt. Brathuhn mit Brottunke, Erbsen und Kartoffelbrei, dann Schokoladenkuchen, so was alles, wissen Sie?« Er rollte die Silben auf der Zunge, mit quälender Emphase. »Tatsächlich hat unser Koch sich zu Ehren Ihres Besuches besonders angestrengt, wir waren uns so sicher, dass Sie kommen würden.«

Ich konnte beim Gedanken an das Brathuhn und den Schokoladenkuchen förmlich spüren, wie meine Magensäfte arbeiteten, aber ich blieb fest. Ich konnte jetzt nicht weg … Ich war mit Mr Stevenson da … Der könnte es für unhöflich halten, wenn ich zum Essen verschwände … Aber der Kapitän hatte eine Antwort auf jeden Einwand.

»Also, ich sage Ihnen jetzt den wahren Grund, dass ich nicht kommen kann. Ich habe ein schlimmes Gefühl, dass Sie mich einsperren werden, sobald ich an Bord bin, und mich nach England zurückbringen.«

Er war zutiefst gekränkt. »Was für eine furchtbare Vorstellung! Was glauben Sie, was wir sind? Kidnapper? Hören Sie, ich gebe Ihnen mein Wort als Engländer, dass wir so etwas nie tun würden. Sie kommen zum Essen an Bord, und wir bringen Sie dann rechtzeitig wieder an Land, dass Sie mit Mr Stevenson nach Bilbao zurückfahren können.«

Ich sah ihm in das jungenhafte, offene Gesicht. Die blauen Augen blickten ernsthaft in die meinen – hier war keine Spur von Verstellung. Er wirkte gewiss nicht intrigant. Noch die kleinste Lüge würde über sein Vermögen gehen, entschied ich rasch und fragte mich insgeheim, was für eine Bratensoße es wohl zum Huhn geben würde.

»Also … Ich will mal sehen, ob ich Esmond ans Telefon bekomme. Ich habe ihm versprochen, dass ich unter keinen Umständen aufs Schiff gehe.«

Ich erreichte Esmond im Hotel und teilte ihm mit, was der Kapitän gesagt hatte.

»Geh nicht!«, sagte Esmond. »Das ist ganz offensichtlich eine Falle. Sollen Sie das Brathuhn an Land bringen. Du könntest mir eigentlich auch was davon besorgen.«

Ich sagte dem Kapitän, ich müsse die Einladung ablehnen, und seine verletzte Miene ließ es mir so unbehaglich werden, dass ich es nicht über mich brachte, ihm auch noch vorzuschlagen, er solle doch das Mittagessen an Land bringen lassen.

Der lange Nachmittag dehnte sich. Ich saß hochmütig bis zum Sonnenuntergang auf der Bank, bis ich dann, steif vor Kälte und hungrig, wieder zu Mr Stevenson ins Auto stieg, um nach Bilbao zurückzufahren. Innerlich tobte ich wegen Esmonds übertriebener Vorsicht angesichts des Mittagessens. Dieser nette Kapitän hätte mich nie und nimmer getäuscht, nachdem er mir sein Ehrenwort gegeben hatte.

Ich kam zurück und fand Esmond vor, wie er wütend auf- und abging. Er hatte soeben ein Telegramm von der Anwaltskanzlei Hastie erhalten, den Anwälten meines Vaters. Es lautete: MISS JESSICA MITFORD IST MÜNDEL DES GERICHTS STOPP FALLS SIE SIE OHNE EINWILLIGUNG EINES RICHTERS HEIRATEN DROHT IHNEN EINE GEFÄNGNISSTRAFE. Ich war entsetzt und tief beunruhigt. In all den langen Stunden, die ich damit verbracht hatte, darüber nachzugrübeln, was meine Eltern wohl unternehmen mochten, welche Anstrengungen sie machen würden, um mich nach Hause zu holen, war mir gewiss die Androhung einer Haftstrafe nie in den Sinn gekommen. Das hieß also: totaler Krieg. Ich fing an, zu erkennen, dass Esmonds intransigente Haltung meiner Familie gegenüber in ihrer Kompromisslosigkeit nicht unbedingt übertrieben dramatisch war, sondern realistischer als die meine.

Kurz danach hörten wir wieder von Mr Stevenson. Diesmal spielte er eine Trumpfkarte aus, gegen die es keine Ausweichstrategie gab. Er wies darauf hin, dass die Regierung des Baskenlandes bei der Evakuierung von Frauen und Kindern, die vor der erwarteten Offensive flohen, auf britische Hilfe angewiesen war. Er drohte, England werde bei diesem Evakuierungsprogramm nicht länger kooperieren, wenn wir nicht freiwillig baskisches Territorium verließen. Da wir uns als Gäste des Pressebüros in Bilbao aufhielten und dessen Hilfe für unsere Berichte brauchten, würde er das Büro informieren, dass er – wenn es nicht alle Verbindungen zu uns löste – die britische Flüchtlingshilfe beendete.

Dieser bizarre Kuhhandel machte mir die Stärke und Rücksichtslosigkeit der gegen uns aufmarschierten Mächte klar. Bei einer letzten stürmischen Sitzung mit Mr Stevenson kapitulierten wir, doch hatte Esmond noch durchgesetzt, dass wir nicht nach England, sondern in den Süden Frankreichs ausreisen würden. Wir schifften uns am nächsten Tag auf einem Zerstörer nach St.-Jean-de-Luz ein.

ACHTZEHN

Nancy und Peter Rodd erwarteten uns in St.-Jean-de-Luz. Wir sahen sie am Ende der Gangway; Nancy, groß und schön, winkte uns mit ihren Handschuhen zu, Peter, recht klobig-eckig, hatte in seiner üblichen eisenharten Manier die Hände in die Taschen vergraben. Sie waren von Pressefotografen umringt, und wir stiegen die Gangway in einem Blitzlichtgewitter herunter.

»Könnten wir einen Kommentar haben, Mr Romilly? Sind Sie verheiratet? Wie sind Ihre Pläne?«

Wir kämpften uns rasch durch die Journalisten und drängten uns in ein wartendes Taxi.

»Decca, du bist wirklich ein ungezogenes kleines Ding«, begann Nancy, »treibst Sachen, dass wir uns alle derartige Sorgen machen müssen! Die arme Muv ist in Tränen aufgelöst, seit du weg bist, und Nanny auch. Nanny sagt immer wieder, du hättest ja gar nichts Passendes zum Kämpfen dabei!«

»Hatte ich durchaus«, antwortete ich empört. »Ich habe mir bei Army and Navy ein spezielles Kostüm gekauft. Fast hätte sie mich's nicht mitnehmen lassen.«

Peter wandte sich an Esmond. »Hören Sie, alter Junge, Sie wollen sich also unter die Schwiegersöhne vom alten Redesdale einreihen. Ich kann das nicht unbedingt empfehlen.

Die Mitford-Mädels sind notorisch arm, müssen Sie wissen. Kirchenmäuse, buchstäblich. Es ist nicht alles Gold, was glänzt, denken Sie daran …«

Esmond gefiel dieser Ton gar nicht, und er erwiderte steif, dass wir nicht im Traum daran dächten, irgendeine Unterstützung von meinem Vater anzunehmen, auch nicht in dem unwahrscheinlichen Fall, dass er dazu bereit wäre.

»Wir waren alle erstaunt, dass du nicht letzte Woche mit dem anderen Zerstörer zurückgekommen bist«, fuhr Nancy fort. »Es war alles abgemacht, der Kapitän wollte dich an Bord locken, indem er dir wunderbare Sachen zu essen verspricht, aber er sagte dann, du hättest dich nicht verlocken lassen. Peter hat sich das alles ausgedacht, war das nicht schlau von ihm?«

»*Den* dummen Trick hab ich sofort durchschaut«, entgegnete ich und wünschte mir, es wäre wahr. »Perfides Albion, genau so hat der Kapitän ausgesehen, eine richtige Verrätervisage. So oder so, ihr seid alle derart unglaublich gemein, und Hastie's auch, gehen her und drohen, dass sie Esmond ins Gefängnis bringen.«

Die Armee der Pressefotografen wartete vor dem Hotel, wo Nancy Zimmer für die Nacht gebucht hatte, und wieder mussten wir durch das Blitzlichtgedränge.

Aus dem, was Nancy mir erzählte, und dem, was ich später erfuhr, konnte ich mir ein Bild dessen zusammensetzen, was zu Hause seit meiner Abreise geschehen war.

Meine Mutter war überrascht und recht besorgt, als sie meine Briefe aus Bayonne bekam. Sie war beunruhigt, dass die Autotour der Paget-Zwillinge so lange dauerte, denn der Zeitpunkt für die Weltreise rückte näher. Gegen Ende der zweiten Woche versuchte sie, in der Rue Napoléon 40 in Dieppe anzurufen – nur um zu erfahren, dass man dort weder von mir noch den Zwillingen etwas wusste. Sie rief dann das Haus der Tante in London an und stellte nach einem längeren Hin und Her gegenseitiger Missverständnisse fest, dass die Zwillinge in Österreich waren und dass es keinerlei Verabredung gab, ich solle mich ihnen anschließen.

Ich war spurlos weg. Scotland Yard und das Außenministerium wurden benachrichtigt und fingen an, nach mir zu suchen. Die Nachricht von meinem Verschwinden begann in den Familien- und Freundeskreis durchzusickern.

»Alle Welt hat Blumen geschickt, es war wie bei einem Begräbnis«, sagte Nancy. »Die arme Muv händeringend im Wohnzimmer, Nanny in Tränen, sie rief immer, wie deine Unterwäsche jetzt wohl aussehen mag, wenn niemand sie wäscht – ständig Besucher und alle Augenblicke wurden Blumen abgegeben … Es sah aus wie im Treibhaus.«

Eine große Londoner Zeitung hatte bald Wind von der Sache bekommen. Sie schickten einen Reporter vorbei und boten an, die Redaktion könne ihre Verbindungen nutzen. Die Korrespondenten in Europa würden angehalten werden, bei der Suche nach mir zu helfen, wenn meine Eltern mit allen Einzelheiten herausrückten. Man versprach, die Öffentlichkeit werde kein Sterbenswörtchen erfahren. Meine Eltern ließen sich vertrauensselig darauf ein. Am nächsten Tag stand die Geschichte groß auf der Titelseite – nur hatten sie in ihrer Hast Debo zur Ausreißerin ernannt. Dies wurde Gegenstand einer Verleumdungsklage, bei der Debo schließlich tausend Pfund zugesprochen wurden. (Esmond kam nie ganz über diese unfaire Pointe hinweg. »Du hast die ganze

Arbeit getan, und Debo bekommt £1000! Lass uns prozessieren, ich bin sicher, jeder Richter sieht die absolute Ungerechtigkeit ein und spricht uns das Geld zu!«)

Der arme Nevile, der sich auf dem Land aufhielt, las die Geschichte in der Zeitung und eilte nach London zurück. Es war nun an der Zeit, dass er seine Botschaft überbrachte.

Er fand die Familie in tiefster Melancholie. Mittlerweile waren alle davon überzeugt, ich sei tatsächlich ein Opfer des anti-honnischen Mädchenhandels geworden.

Peter überreichte meinem Vater den Brief. Idden erzählte mir später, dass sie zum Zeitpunkt von Peters Besuch unten in den Mews war, wo sie gerade ein paar Monate wohnte. Plötzlich hörte sie einen Krach, der sie denken ließ, nun sei doch der Amberley in die Luft geflogen; es stellte sich heraus, dass es Farve war, der auf Peter Neviles Neuigkeiten reagierte.

»Schlimmer als ich dachte!«, waren seine ersten Worte. »Verheiratet mit Esmond Romilly!«

Peter trat hastig den Rückzug an – gerade noch rechtzeitig, wie sich herausstellte. Es wurde im Folgenden davon geredet, Tuddemy solle die Aufgabe übernehmen, ihn mit der Reitpeitsche zu züchtigen, doch daraus wurde zu Peters Erleichterung dann doch nichts.

Nun zerbrach sich der Familienrat mit allem Ernst die Köpfe. Peter Rodd bot seine Dienste an. Er organisierte die juristische Operation, die sich meiner Unmündigkeit bediente. Wenn ich Mündel des Gerichtshofs wäre, argumentierte er, hätte ein Richter die Jurisdiktion über meine Bewegungen. Der könne dann die ganze Maschinerie des Gesetzes anwerfen, mich aus einem fremden Land ausweisen lassen,

Anordnungen geben, die mein Verhalten regelten, mich in ein Heim für schwererziehbare Mädchen einweisen lassen, wenn ich seine Anweisungen nicht befolgte …

Tanten und Cousinen machten ihrerseits Vorschläge. Man solle mich sofort heiraten lassen, dann würde man für eine rasche Scheidung sorgen und ich könnte in einer Wohnung in London untergebracht werden, eine gesellschaftlich Ausgestoßene … Sogar Hitler äußerte sich. Boud erzählte ihm: »Meine Schwester Decca ist nach Spanien fortgelaufen, zu den Kommunisten.« Hitler verbarg das Gesicht in den Händen. »Armes Kind!«, seufzte er.

Debo ging traurig umher und sang einen neuen Text auf den Schlager »Somebody Stole My Gal«: »Somebody stole my Hon, / somebody stole my Hon; / someone came and took her away, / she didn't even / say she was leavin' …«

Inzwischen waren die Zeitungen orgiastisch an der Arbeit.

»Du warst als Erste der Familie auf Presseplakaten«, sagte Nancy. »Boud war furchtbar eifersüchtig.«

Die wildesten Spekulationen, wo wir sein mochten, erschienen täglich als Schlagzeilen. VERLOBTER UND PEERSTOCHTER IN GIPFELHÜTTE EINGESCHLOSSEN? JESSICA MITFORD WOHL IN DEN PYRENÄEN VERSCHOLLEN. MR ROMILLY UND DECCA WAHRSCHEINLICH IN BARCELONA …

Unsere Ankunft in St.-Jean-de-Luz war Anlass neuer wilder Meldungen. Selbsternannte »enge Freunde« unter den Londoner Journalisten schrieben ihre eigenen erfundenen Geschichten unserer Abenteuer zusammen: »Am Abend vor dem Aufbruch gaben wir ihnen ein Abschiedsdiner im West End. Sie waren zu aufgeregt, um viel zu essen. Nur etwas

Champagner und *foie-gras*-Sandwiches. Dann gingen sie zum Hunderennen nach Clapton. Sie hatten Glück. Sie gewannen etwa zehn Pfund.« – »Ich half ihnen bei der Planung ihrer romantischen Flucht. Drei Wochen später erhielt ich ein Telegramm von Esmond, und da stand: HIMMLISCH GLÜCKLICH SPÄTER AUSFÜHRLICHE MITTEILUNGEN.«

Esmond war rasend vor Wut über diese Ergüsse. Einer der auf uns in St.-Jean-de-Luz angesetzten Journalisten war besonders hartnäckig. Er folgte uns in den Speisesaal, er legte das Ohr an die Tür unseres Hotelzimmers. Einmal ertappte ihn Esmond beim Horchen vor einer Telefonzelle, in der ich sprach.

»Sie lassen uns jetzt besser in Ruhe, oder ich geb Ihnen eins auf die Nase!«, drohte Esmond. Am nächsten Tag fand sich dieser Satz in seltsamer Paraphrase in der Zeitung: »›Ich bin mit der Frau zusammen, die ich liebe‹, sagte Romilly gestern Abend zu mir.«

In St.-Jean-de-Luz hatten Nancy und ich lange Diskussionen, ob ich zurückgehen sollte oder nicht. Ihre Argumente waren überaus dürftig: »Die arme Dora, sie hat so eine schlimme Reaktion auf die Typhusimpfungen gehabt, dass sie tagelang ins Krankenhaus musste. Wenn du jetzt nicht zurückgehst, dann wird die Kreuzfahrt abgesagt, und sie hat das alles ganz umsonst ausgestanden.«

Ich war zusehends verbittert und zornig über die Haltung meiner Familie und die unglaublichen Versuche, Esmond und mich an unserer Heirat zu hindern. Es war mir natürlich klar gewesen, dass mein Fortlaufen eine große Familienkrise auslösen würde – einen Sturm, den man durchhalten musste. Aber die wirklich fürchterlichen Mittel, zu denen meine Eltern gegriffen hatten, die intriganten Manöver, meine Rückkehr zu erzwingen, die Drohung, Esmond ins Gefängnis zu bringen, die Art und Weise, wie sich nun die Rodds mit den Erwachsenen gegen mich verbündeten, all das erstaunte mich zutiefst.

Nancy und Peter reisten am nächsten Tag zurück; ihre Mission war gescheitert. Esmond und ich fuhren von St.-Jean-de-Luz weiter nach Bayonne, ein paar Meilen die Küste hoch.

Die Armeen von Fotografen und Reportern waren weg; weg waren Nancy und Peter. Die Verfolgungsjagd war zu Ende, wir hatten gesiegt. Und jetzt hatten wir endlich Zeit, genau über unsere Lage nachzudenken.

Nachdem wir ein Zimmer im Hôtel des Basques genommen hatten, spazierten wir den Fluss entlang und redeten über die Zukunft. Sie sah ziemlich düster aus. Wir besaßen gemeinsam genau neun Shilling, kaum genug für zwei Tage Kost und Logis im Hotel. Das französische Recht verbietet es Ausländern, ohne Erlaubnis zu arbeiten, und eine solche Arbeitserlaubnis war ganz unmöglich zu beschaffen. Würden wir nach England zurückkriechen müssen, vom Hunger besiegt? Wir hatten auch nicht annähernd genug Geld für die Rückfahrt. Es war undenkbar, meine Familie um Hilfe zu bitten, so, wie sie sich aufgeführt hatte. Nach Spanien zurückgehen hieße, dass sich die Ereignisse der letzten Wochen wiederholen würden – wir müssten die ganze Zeit damit verbringen, Konsuln und Reportern auszuweichen. Außerdem hatten wir das Gefühl, dass die ganze Publicity bereits der Sache der Spanischen Republik geschadet hatte. Die endlosen Geschichten über unsere Abenteuer hatten die Kriegsnachrichten von den ersten Seiten verdrängt und im Übrigen unsere eigene Überzeugung zur Farce gemacht.

Wir fühlten uns sehr elend, wie wir am dunklen, windigen Flussufer entlanggingen. Es schien, als seien wir in eine Sackgasse geraten. Während wir nicht daran zweifelten, dass wir am Ende wieder zusammensein würden, schien es nun nachgerade so, als müsse ich Freunden ein Telegramm schicken, dass sie mir Geld für die Rückkehr gaben – zumindest liehen.

»Gehen wir ins Hotel zurück«, schlug Esmond schließlich vor. »Vielleicht ist uns morgen früh etwas eingefallen.«

Dies war die Art von Situation, wo Esmond sein Bestes gab. Man konnte die Rädchen seines Hirn-Uhrwerks fast in Bewegung sehen, während er über eine Lösung für das offenbar Unmögliche nachdachte. Jetzt zeigte sich das ganze Ausmaß seiner Improvisationsfähigkeit.

Am nächsten Morgen stellte er sich beim örtlichen Büro der Nachrichtenagentur Reuters vor. Er brauchte keine Stunde, um die Leute dort zu überreden, seine Dienste als Übersetzer der Meldungen von der baskischen Front zu nutzen, welche nur auf Radio Bayonne abgehört werden konnten. Er wies darauf hin, dass die Front im Augenblick zwar ruhig war, jederzeit aber Kämpfe beginnen konnten, und er bot sich an, die abendlichen Bulletins beider Seiten zu übersetzen.

Reuters willigte ein, zwei Pfund die Woche zu zahlen – was durch einen glücklichen Zufall exakt der Betrag für eine Woche Doppelzimmer mit Vollpension im Hôtel des Basques war. Esmond sollte die Nachrichtensendungen um sechs

Uhr abhören, eine Übersetzung tippen und das Ergebnis täglich bei Reuters abgeben. Glücklicherweise war der Agentur nicht klar, dass wir beide kein Spanisch konnten.

Esmond kam ins Hotel zurück und erklärte Monsieur Erramuzpe, dem baskischen Besitzer, wir bräuchten, um unsere wöchentliche Rechnung bezahlen zu können, seine Hilfe beim Übersetzen der spanischen Nachrichten ins Französische. Anschließend würden wir dann eine englische Übersetzung anfertigen. M. Erramuzpe sah diese Logik sofort ein. Jeden Abend versammelten wir drei uns vor dem Radio. Zuerst kam die Sendung der Loyalisten, dann folgten Meldungen von der franquistischen Seite. Es gab wenig zu berichten, da es kaum zu Kampfhandlungen kam. M. Erramuzpe hörte zu und meldete dann: »Gelegentliches Feuer an der Oviedo-Front … flüchtige Feindberührung … vier Mann gefangengenommen, mit ihren Maultieren …«

Wenn die loyalistische Durchsage zu Ende war, schaltete Monsieur Erramuzpe das Radio ab.

»Aber wir sollen über die Nachrichten von beiden Seiten berichten. Das gehört zu unserer Abmachung mit der Agentur.«

»Nada, nada«, sagte M. Erramuzpe bestimmt. »Von der faschistischen Seite – nichts als Lügen. Weshalb soll ich meine Zeit verschwenden.«

Schließlich mussten wir die Meldungen von den Franco-Streitkräften erfinden, so gut es ging, und wir bedienten uns dabei der loyalistischen Nachrichten: »Hie und da Feuer an der Oviedo-Front … gelegentlich kurze Feindberührung … Gefangennahme von vier der Unsrigen samt ihren Maultieren …«

Unser Leben nahm wieder eine gewisse Routine an. Esmond hatte begonnen, *Boadilla* zu schreiben, ein Buch über den Krieg in Spanien. Er saß jeden Morgen an der Arbeit und verwünschte die unbegreifliche Mechanik seiner Reiseschreibmaschine. Mittags kam ein gigantisches baskisches Mahl: Hors d'œuvres, die unvermeidliche Kohlsuppe, Fleisch, das in scharfer, fettiger Soße schwamm, und so viel Rotwein, wie man wollte. Nachmittags gingen wir manchmal an den Strand in Biarritz oder St.-Jean-de-Luz, mit einem Journalisten zusammen, dessen Bekanntschaft wir gemacht hatten. Abends kam unser tägliches Gefecht mit den spanischen Nachrichten, dann, sehr spät, wieder eine umfangreiche Mahlzeit, die wir zusammen mit den Flüchtlingen aus Bilbao oder Guernica aßen, welche das Hotel füllten. Die meisten waren alte Frauen in langen, dunklen Kleidern, als trügen sie Trauer. Blasse, dünne Kinder kämpften sich mit ihnen durch das üppige Essen; oft wurden sie mittendrin hinausgetragen, ein wenig beschwipst vom Rotwein.

Ich dachte häufig – damals und später – über den seltsamen Beginn unseres gemeinsamen Lebens nach. Den meisten Flitterwochen geht ja eine Zeit des Kennenlernens, der gegenseitigen Familienbesuche, der Verlobung voraus. Wir waren einander noch vor wenigen Wochen ganz unbekannt gewesen und standen nun allein zusammen gegen die Welt – oder jedenfalls gegen unsere Familien. Es war ein wenig, als begegneten sich Schiffbrüchige zum ersten Mal auf einer öden Insel oder als stießen Forscher im Dschungel aufeinander.

Ich sah Esmond manchmal zu, wie er mit wilder Energie an *Boadilla* arbeitete – den braunen Kopf über die Schreibmaschine gesenkt, Papier überall auf dem Fußboden –, und ich fragte mich, ob es wohl schwer für ihn war, hier vom aktiven Kampf in Spanien abgeschnitten zu sein. Er sprach selten über seine Entscheidung, nicht nach Spanien zurückzukehren, wenn er auch in *Boadilla* einmal darauf zu sprechen kam: »Das erste britische Bataillon wurde in Albacete ausgebildet. Es gehörte zu einer Sektion aus tausend Engländern, die später im Februar die entscheidenden Positionen an der Straße nach Valencia hielten, zwölf Tage lang, unter dem intensivsten Artilleriebeschuss des ganzen Krieges, dann einen Gegenangriff vortrugen und die Straße für Madrid auf Monate hinaus sicherten – vielleicht endgültig. Ich hätte zurückgehen und mich diesen Männern anschließen können, welche die wahren Helden des spanischen Kampfes sind. Aber ich bin nicht gegangen. Ich habe stattdessen geheiratet und glücklich gelebt …«

Es war an seiner gelegentlichen tiefdüsteren Stimmung abzulesen, dass die Entscheidung ihm nicht leichtgefallen war. Ein alter Widerspruch war wieder hervorgetreten: »Man lebt materiell in einer Welt, geistig in der anderen.« Die Nachrichten von der aragonesischen Front, wo die Schlacht um Teruel tobte, verdüsterten seine Laune noch mehr.

Eines Abends, als wir mit den schwarzgekleideten Flüchtlingsfrauen im Speisesaal des Hotels saßen, hörten wir im Radio, dass Guernica, die Hauptstadt der Baskischen Republik, von Nazibombern völlig zerstört worden war. Eine alte Baskin erhob sich, das Gesicht verzerrt von Wut und Verzweiflung. »Alemanes! Criminales! Animales! Bestiales!«, schrie sie, und mit jedem Wort stieg ihre Stimme höher.

Das Elend der Flüchtlinge stand in seltsamem Kontrast zur komfortablen, lauten Welt der englischen und amerikanischen Journalisten, in die wir auf gelegentlichen Exkursionen vordrangen. Eine der erfolgreicheren fand am Abend der Krönung von König George VI. statt. Wir hatten gehört, dass auf einem Fest des britischen Konsuls der Champagner fließen würde – und dass alle Engländer automatisch eingeladen waren. Dies schien eine zeitweilige Aufhebung unserer Regel zu erfordern, den Konsul unbedingt zu meiden. Wir waren zu siebt, darunter unser Journalistenfreund mit seinem Auto, ohne den wir uns selten weiter fortbewegten.

Wir tranken gemeinsam vierzehn Flaschen Gratis-Champagner. Bald waren wir dabei, spanische Revolutionslieder zu singen, grüßten alle, die sich unserem Tisch näherten, mit der erhobenen geballten Faust und brachten Trinksprüche aus: »Freiheit für Afrika!« »Nieder mit dem Imperialismus!« Dieser Slogan brachte Esmond auf eine Idee. Er ließ sich Papier und einen Briefumschlag bringen und schrieb in einer nahezu unleserlichen Bleistiftkrakelschrift einen Brief an Winston Churchill.

Churchill war zu jener Zeit ein überaus hochbezahlter Journalist beim *Evening Standard*. In seinen Artikeln über Spanien trat er entschieden für Franco ein. Der Herzog von Alba, Francos Abgesandter in England und ein alter Freund der Familie Churchill, war ständig in Chartwell zu Besuch. Gleichzeitig hatte Churchills stark antideutsche Haltung ihn beim herrschenden Flügel der Konservativen Partei in Ungnade fallen lassen – bei jener Gruppierung, die von Chamberlain und Lady Astors »Cliveden Set« angeführt wurde.

Esmond versuchte nun, seinen Onkel auf die Widersprüchlichkeit seiner Position aufmerksam zu machen. Er wies darauf hin, dass im Fall eines Sieges von Franco das

Schicksal von Gibraltar, »Englands Tor zum Mittelmeer«, ganz vom Willen Spaniens, Deutschlands und Italiens abhängen würde. Er entwickelte das Argument, dass gegenwärtig die entschiedensten Verteidiger des Britischen Empire die spanischen Loyalisten waren.

Wir bekamen nie eine Antwort auf diesen Brief. Aber drei Monate später änderte Churchill seine politische Position vollkommen und begann, in donnernden Artikeln die tapferen loyalistischen Verteidiger der Demokratie in Spanien zu rühmen.

Esmonds Brief hatte zweifellos nicht das Geringste mit diesem Sinneswandel zu tun. Vielleicht erreichte er Churchill gar nicht – und falls dieser ihn bekommen haben sollte, wäre dieses Schreiben ein Fall für die Codeexperten gewesen. Aber es zeigte Esmonds instinktives Verständnis für die subtileren Feinheiten der Politik.

Kurz nach der Ankunft im Hôtel des Basques schrieb ich einen Brief an den Richter, der mein unbekannter Vormund geworden war. Ich setzte ihm auseinander, dass er mich nicht ausweisen lassen konnte, da ich kein Verbrechen begangen hatte, und dass ich aus meiner Lektüre von Kriminalromanen wusste, dass es mindestens ein Jahr dauert, bis selbst ein überführter Mörder ausgewiesen werden kann. Ich deutete an, im Falle einer erzwungenen Wartezeit bis zum Alter von einundzwanzig Jahren könnte ich zum Zeitpunkt der Eheschließung bereits eine Familie haben, und deshalb sollte die Heirat im Interesse des Anstandes möglichst bald erfolgen.

Es war Esmond, der in seiner besten richterlichen Manier den Brief aufgesetzt hatte. Der Richter schickte mit der nächsten Post seine Erlaubnis, und ich hatte die letzte Runde gegen meine Familie gewonnen.

Zu unserer Überraschung kamen beide Mütter zur Hochzeit nach Bayonne. Wir wurden vom britischen Konsul getraut, der eine spezielle Formel intonierte: »Ermächtigt durch den Außenminister gebe ich hiermit bekannt, dass Sie nach den Gesetzen Englands Mann und Frau sind.« Die Mütter saßen da und schauten, wie Esmond sagte, »eher wie die Hauptleidtragenden bei einer Beerdigung drein als wie Hochzeitsgäste«. Aber nach der Zeremonie wurden sie doch fröhlich und nahmen uns (und unsere eingeladenen Freunde) vom Baskischen Konsulat mit zu einem herrlichen Hochzeitsmittagessen.

NEUNZEHN

Nach der Hochzeit waren wir – nach Esmonds Maßstäben – wieder reich. Hochzeitsgeschenke und ein Vorschuss des Verlegers von *Boadilla* hatten unsere Mittel zu ungeahnter Höhe anwachsen lassen – über fünfzig Pfund.

Ich war dafür, ein paar neue Kleider zu kaufen und in guten Restaurants auf die Pauke zu hauen, aber Esmond hatte eine andere Idee.

»Ich habe in letzter Zeit viel über Boule nachgedacht«, verkündete er. Boule ist eine Art Jugendglücksspiel in französischen Kasinos, hauptsächlich von denen betrieben, die wie wir noch nicht einundzwanzig waren und deshalb die Roulettesäle nicht betreten durften.

Wenn er vom Boule sprach, trat auf Esmonds Gesicht die entrückte Miene eines Menschen, der eine Glücksvision hat; der Ausdruck eines Kindes, das zum ersten Mal in den Zirkus darf, oder einer Mutter, der man ihr Neugeborenes zeigt. Es war ein weicher, strahlender Gesichtsausdruck, voller Aufregung und Zukunftsversprechen – ich sollte ihn in den nächsten Jahren gut kennenlernen.

Diesmal hatte Esmond ein absolut wasserdichtes Gewinnsystem entwickelt. Als er mir davon erzählte und mit rastlosem Nachdruck die unbeschränkten Möglichkeiten betonte, war auch ich bald überzeugt. Es war so außerordentlich einfach und doch so solide! Man kann beim Boule zwischen sieben Nummern wählen. Wir würden eine aussuchen, sagen wir: die Vier, und einen ganz kleinen Betrag setzen – einen Franc für den Anfang. Jedes Mal, wenn die Vier nicht erschien, würden wir unsere Investition mit sieben multiplizieren und auf 49 erhöhen, auf 343, auf 2401 und so fort. Tatsächlich würde unser potenzielles Vermögen sich in direkter Proportion zum Nichtauftauchen der Vier vermehren, denn schließlich und endlich musste sie ja erscheinen, und dann würden wir Tausende und Abertausende von Francs auf sie gesetzt haben. Es war verblüffend, dass noch nie jemand daran gedacht hatte.

Wir entschieden uns für Dieppe – das war der ideale Platz, um ein Vermögen am Boule-Tisch zu machen. Ein paar hundert Meilen nördlich von Bayonne würde Dieppe einen praktischen Ort abgeben, von dem aus wir stilvoll nach England zurückkehren konnten. Wir beschlossen, dass wir nach dem ersten großen Gewinn in der Lage sein würden, mit einer erhöhten Investition von zwei Francs zu starten, was sich dann mit jeder verlorenen Wette auf vierzehn, dann achtundneunzig und so immer weiter erhöhen würde.

Der befreundete Journalist war nach Bilbao gefahren und hatte uns gebeten, ein Auge auf sein altes Auto zu haben, das er in einer Garage in Bayonne zurückgelassen hatte.

»Weiß nicht, ob man diesen französischen Garagen wirklich trauen kann«, hatte er gesagt. »Schaut von Zeit zu Zeit mal danach, ja?«

Esmond wies darauf hin, dass wir dieses Versprechen nicht halten könnten, wenn wir ohne das Auto nach Dieppe fuhren, also nahmen wir es mit.

Wir kauften für die Reise verschiedene Ausrüstungsgegenstände: ein kleines Zelt, zwei große baumwollene Matratzensäcke, die wir unterwegs mit Stroh füllen wollten, zwei Bratpfannen, zwei Gabeln, einen tragbaren Benzinofen.

»Übrigens – kannst du kochen?«, fragte Esmond.

»Nun, ich habe mal eine Stunde im Cordon Bleu in Paris gehabt, aber da haben sie uns nur beigebracht, wie man Eiweiß und Eigelb trennt. Das wird beim Camping wenig nützen. Außerdem habe ich vergessen, was man damit macht, wenn man's getrennt hat. Ich werde Madame Erramuzpe bitten, dass sie mir was beibringt.«

Da wir am folgenden Tag aufbrechen wollten, sagte Mme. Erramuzpe, es bliebe nur Zeit, mir zu zeigen, wie man Spiegeleier und Steak zubereitet. Das lernte ich also, und das gab es dann in den zwei Wochen, die wir brauchten, um die Küste hoch nach Dieppe zu fahren.

Die Campingexkursion war idyllisch. Jeden Abend schlugen wir unser Zelt in der Nähe eines Flusses auf, damit wir uns waschen konnten. Wir kauften unterwegs bei den Bauern Milch und Eier, und Steak und Brot, wenn wir durch Städte kamen. Wir benutzten eine Pfanne für das Steak, die andere für die Eier. (»Auf die Weise«, bemerkte Esmond, »müssen wir uns nie die Mühe machen, sie abzuwaschen.«)

Wir sparten mit verrückter Sorgfalt alles Geld für den großen Tag in Dieppe. Esmond entdeckte ein Schild an einem Bauernhaus, das »selbstgepresstes Öl« anbot. Er erkundigte sich bei dem Bauern, ob man dieses Öl auch in unserem Automobil verwenden könne, das bei jedem Halt eine neue Füllung brauchte. Der Bauer sagte, es würde sich ausgezeichnet als Motorenöl eignen, und weil es überaus billig war, kauften wir große Mengen. Daraufhin wurde das Auto nach und nach immer langsamer. Zuerst wurden wir von allen anderen motorisierten Fahrzeugen überholt, dann von Radfahrern und schließlich, als wir uns Dieppe näherten, von kleinen Mädchen, die ihre Reifen vorantrudelten.

Am Stadtrand von Dieppe parkten wir den Wagen wie üblich an einem Fluss, luden die Koffer aus und schlugen das Zelt auf. Dann knatterten wir langsam in die Stadt. Wir setzten uns in ein Café, tranken Kognak und warteten darauf, dass das Casino mit sinkender Nacht seine Türen öffnete. Wir hatten bereits das teure Restaurant ausgewählt, wo wir dann bei einem Abendessen unseren Gewinn feiern würden.

Schließlich wurde aufgemacht, und wir gingen zu den Boule-Tischen. Zuerst kam wiederholt die Vier. Dies irritierte Esmond, da er seinem System zufolge erst dann den Einsatz verdoppeln konnte, wenn sie ausblieb. Er gewann hintereinander sechs Francs oder so. »So geht das nicht. Ich glaube, ich sattele um auf die Drei, die ist noch gar nie gekommen. So, wie das hier läuft, brauchen wir sonst die ganze Nacht, um abzukassieren.«

Er hatte recht mit der Ziffer Drei: Sie war noch nicht gekommen, und sie kam auch nicht – den ganzen Abend lang. Irgendetwas war fürchterlich schiefgegangen. Wir begriffen nachher, dass es mit der Siebener-Multiplikation zusammenhing. Wenn man sie durchhält, kommt man sehr rasch auf eine astronomische Zahl – die selbst höher ist als die der Francs, die wir im Tausch gegen unsere fünfzig Pfund bekommen hatten.

Es dauerte nicht lang, bis wir blank waren. Etwa zwei qualvolle Stunden, und es war vorbei. Düster stiegen wir im prasselnden Regen in den Wagen. Der brauchte über eine Stunde für die zehn Meilen zurück zum Zelt. Wir kamen an und stellten fest, dass der Fluss mit der abendlichen Tide angeschwollen war und dass Zelt, Matratzen und Koffer in fußhohem Wasser schwammen. Wir retteten, was wir konnten, und fuhren nach Dieppe zurück, um den Morgen abzuwarten.

»Lass uns mal besprechen, was wir jetzt machen«, sagte Esmond. Es schien der Gipfel des Understatements.

Wir kamen in ein Café, das die ganze Nacht offen hatte. Der Besitzer fragte, was wir trinken wollten, aber wir hatten nicht einmal Geld für ein Glas Wein. Nachdem ich so oft erlebt hatte, wie erstaunlich Esmonds Begabung war, auch aus den schwierigsten Situationen einen Ausweg zu finden, war ich nicht allzu verzweifelt wegen dieser neuen Krise.

Esmond sprach gerade über die Möglichkeit, das Auto gegen ein Fischerboot einzutauschen, als wir einen freundlichen Begrüßungsschrei hörten. Ein Freund von ihm, ein ehemaliger Korrespondent für *Out of Bounds*, stand plötzlich in der Tür des Cafés – seine Silhouette zeichnete sich gegen den strömenden Regen ab. Esmond stellte uns vor. Er hieß Roger Roughton und war gerade auf der Heimreise nach einem Urlaub in Frankreich.

Roger lud uns zu einem Glas ein, und wir saßen da und unterhielten uns ausführlich über die Gefahren des Glücksspiels und die Risiken eines Systems.

Roger war der Meinung, man könne beim Glücksspiel nur dann zu Geld kommen, wenn man selbst die Bank hielt. Esmond neigte auch zu dieser Ansicht und schlug vor, ein wöchentliches Vingt-et-Un einzurichten – ein Spiel, bei dem man keine teuere Ausrüstung brauchte. Wir waren schon so weit gediehen, dass wir eine »Liste der Gimpel« angelegt hatten, die als Verlierer in Frage kommen würden, beispielsweise Giles, Robin und Idden, die Paget-Zwillinge, Philip Toynbee, das Ehepaar Rodd, Tuddemy und verschiedene andere Freunde und Verwandte, als Roger beiläufig erwähnte, dass er soeben ein großes möbliertes Haus in Rotherhithe gemietet hatte, direkt am Fluss – eine ideale Lokalität für eine Spielhölle.

Esmond wurde sofort aufmerksam. »Ich hab nicht gewusst, dass du ein Haus hast! Wie viele Zimmer hat es denn?«, fragte er und warf mir unter seinen dichten Augenbrauen einen verschwörerischen Blick zu. Das Haus hatte vier Geschosse und sieben Räume, komplett eingerichtet mit einem Flügel, Betten, Öfen, bei einer Miete von nur zwei Pfund im Monat.

Wir entschlossen uns mit Bedauern, das Auto am Straßenrand in Dieppe stehen zu lassen. Es fuhr einfach nicht mehr. »Diese Journalisten behandeln ihre Sachen wirklich sehr nachlässig«, sagte Esmond.

Mit ihm zusammenzuleben, schloss ich, war wie eine Wanderung durch einen Märchenwald. Man wusste nie, ob irgendein bedrohlicher Troll, verkleidet als britischer Konsul oder als Croupier, hinter der nächsten Wegbiegung lauern mochte oder ob das Dornendickicht sich magisch öffnete, um Eintritt in das Feenschloss zu gewähren. Einen Tag später – das Geld für die Überfahrt hatten wir von Roger geborgt – zogen wir in der Rotherhithe Street 41 ein.

ZWANZIG

Die Busfahrt von den vertrauteren Teilen Londons (Kensington, Hyde Park, Oxford Street) nach Rotherhithe dauerte über eine Stunde. Die Strecke kurvte an langen Meilen von Arbeiterwohnblocks mit so seltsam unangemessenen Namen wie Devon Mansions oder Cornwall Homes entlang. Diese düsteren Backsteingebäude, neun oder zehn Stockwerke hoch, beherbergten eine kleinere und blassere Rasse, als die Bewohner des West End es waren. In Aussehen, Kleidung und Sprache waren so radikale Unterschiede festzustellen, dass man meinen konnte, es handele sich um einen anderen Volksstamm.

Unser Haus in der Rotherhithe Street war zwischen großen Lagerhäusern eingeklemmt und hatte als Gegenüber einen dieser wimmelnden Wohnblocks. Das Wohnzimmer nahm ein ganzes Geschoss ein und sah direkt auf den Fluss. In den nächsten Stockwerken lagen verschiedene Zimmer, wo Roger – und häufig auch andere – nächtigten. Esmond und ich ließen uns im dritten Stock nieder, wo sich zwei Zimmer und eine Küche befanden.

Ich hatte den unklaren Ehrgeiz, mich als effiziente Ehefrau der Arbeiterklasse zu erweisen, die alles attraktiv sauber und aufgeräumt hält, aber Iddens Prophezeiung, dass ich hier nicht viel ausrichten würde, bestätigte sich nach ein paar ergebnislosen Versuchen. Mit großer Geste nahm ich den Besen und verbrachte Stunden damit, die Treppen zu fegen, bis Roger mich entdeckte und kritisch bemerkte: »Eigentlich fängt man oben an und kehrt nach unten.« Er erläuterte geduldig, dass meine Methode des Abwaschs nach den Mahlzeiten, bei der ich jedes Stück Geschirr einzeln mit Seifenflocken wusch, dann abspülte und dann abtrocknete, nicht sehr rationell war, und empfahl die Fließbandmethode, bei der alles zusammen erst gewaschen, dann abgespült, dann abgetrocknet wurde. Da ich irgendwie nicht in der Lage war, die Hausarbeit zu meistern, und Esmond nie bemerkte, wie es um ihn her aussah, gab ich bald auf und überließ Roger das Feld.

Kochen bot wenig Probleme, da wir kaum je zu Hause aßen. Jemand hatte mir ein Kochbuch von Boulestin geschenkt, aber insofern die meisten Rezepte ein Pfund Butter, ein Quart Sahne, ein Weinglas Kognak, Hühnerbrust, Hummer und derartige Zutaten voraussetzten, konnten wir es uns nur bei seltenen Anlässen leisten, daheim zu essen, und begnügten uns meist mit Fisch und Pommes Frites im nächsten Lyons-Teashop.

Esmond bekam eine Stelle als Texter bei einer kleinen Werbeagentur am Strand. Unsere laufenden Ausgaben blieben innerhalb der von seinem Gehalt (fünf Pfund die Woche) gesetzten Grenzen, hauptsächlich durch unsere einfache Strategie, nie etwas zu kaufen. Esmond versuchte fortwährend, ausreichend Kapital anzusammeln, um einen Nachtklub zu eröffnen oder eine Milchbar oder sich einen Wagen zu kaufen, und zu diesem Zweck nahmen wir immer das, was von seinem wöchentlichen Einkommen übrig war, und gingen freitagabends zum Hunderennen. Esmond, der sein Boule-Gesicht machte, setzte stets den fast rührenden Glauben des eingefleischten Spielers in den Hund seiner Wahl, aber fast immer wich sein enthusiastischer Optimismus gegen Ende des Rennens ungläubiger Verzweiflung, und häufig mussten wir zu Fuß nach Hause gehen, weil wir kein Geld mehr für den Bus hatten.

Wir versuchten es sogar ein paarmal mit unserer Spielhöllenidee. Roger steuerte einen Teil des Grundkapitals von zehn Pfund bei, wir luden zwanzig oder dreißig Leute ein und begannen mit Vingt-et-Un. Doch irgendwie half uns nicht einmal der Umstand, dass wir nun »die Bank« waren, und am Ende des zweiten Abends hatten wir das meiste Geld verloren. Am nächsten Tag bemerkten wir ein kleines, vollkommen rundes Loch im Wohnzimmerfenster der Flussseite. Esmond blieb dabei, dass die Wasserpolizei unsere illegale Operation entdeckt haben und vom Boot aus auf uns geschossen haben musste. Ich wies darauf hin, dass die Polizei wohl eher an der Haustür geklingelt und uns mitgeteilt hätte, dass Anzeige erstattet würde. Ob Esmond an seine phantastische Theorie tatsächlich glaubte, fand ich nie heraus, aber wir stellten auf jeden Fall danach die Glücksspielabende ein.

Ich lernte nun einige Freunde Esmonds zum ersten Mal kennen. Unsere Geselligkeit bestand vor allem aus »Flaschenpartys«. Die Gastgeber stellten das Essen zur Verfügung – es konnte sich dabei unter Umständen lediglich um Kartoffelchips handeln, oder aber es gab Schinkensandwiches, wenn die Finanzen das ermöglichten – und die Gäste brachten selbst etwas zu trinken mit, von Bier bis zu Whisky. Ein Hauptziel des Gastgebers war es, am Ende noch ein gewisses Quantum Alkohol übrig zu behalten, das für die kommende Woche reichen würde.

Zu unseren Partys kamen bunt gemischt Journalisten, Autoren, Nachtklubsängerinnen, Studenten. Von den vielen Gestalten, die über diese kleine Bühne gingen wie Nebendarsteller in einem Film, sind nur ein paar deutlich in meiner Erinnerung verzeichnet – Peter Nevile, Roger Roughton, Philip Toynbee, Esmonds Bruder Giles …

Philip – der, wie ich erfuhr, jener »T. P. aus Rugby« des Artikels über das Faschistentreffen in *Out of Bounds* war – war ein ständiger Besucher in der Rotherhithe Street und blieb oft tagelang. Sein romantisch leichenblasses Gesicht schien nicht recht zu seiner Persönlichkeit zu passen, welche die eines zutraulich-überschwänglichen Welpen war. Er besaß eine große Begabung dafür, sich unerhört zu betrinken. Bei diesen Gelegenheiten wanderte er durchs Zimmer und sagte immer wieder hoffnungsfroh: »Mein Gott, ich möchte so gern mit jemand schlafen!« Wenn eine Party im Gange war, sprach er so bei allen Frauen ohne feste Begleitung vor, oder aber er schnappte sich den Apparat und telefonierte in der ganzen Stadt herum. Ich war immer wieder verblüfft, wie oft dieses unorthodoxe und wahllose Verfahren zum Erfolg führte und wie häufig »noch jemand zum Frühstück« auftauchte, wenn Philip über Nacht in der Rotherhithe Street blieb.

Esmond und Philip waren sich begegnet, als Philip – damals sechzehn – von Rugby fortgelaufen war. Esmond, der erst fünfzehn war, wohnte zu dieser Zeit in einem möblierten Zimmer in London und brachte sich mit kleinen journalistischen Arbeiten durch sowie als Anzeigenakquisiteur. Sein

Zimmer gab eine Art inoffizielles Zentrum für Jungs ab, die durchgebrannt waren, und Philip wohnte kurz bei ihm, ehe er sich dafür entschied, zurückzugehen und die Schule zu beenden.

Philip war unsere einzige Verbindung – wenn auch keine sehr reputierliche – zu der uns jetzt entfremdeten Welt der Londoner Gesellschaft. Er war zwar Mitglied der Kommunistischen Partei, fand aber immer noch Zeit, während der Saison eine stattliche Anzahl von Debütantinnenbällen zu besuchen, und von denen erzählte er uns gerne. »Könntest du nicht eine Papiertüte mitnehmen und uns was von dem köstlichen Essen bringen?«, drängten wir ihn. Doch alles, was er mit nach Hause brachte, waren Klatsch-Häppchen über meine Familie und die ehemaligen Freunde – und Geschichten, die man sich über uns erzählte.

Einmal wurde Philip von der Kommunistischen Partei zum Wahlkampf in eine Bergwerksstadt im Norden von England geschickt. Zufällig war er für das der Wahl folgende Wochenende nach Castle Howard eingeladen, das nicht weit entfernt war. Da er nicht den ganzen Weg nach London zurückfahren wollte, packte er sich einen Koffer mit Kleidern für beide Anlässe. Er machte eine sehr komische Geschichte daraus, wie er bei seinem Aufenthalt im Häuschen eines Bergarbeiters verzweifelte Anstrengungen unternahm, den Abendanzug – weiße Schleife und Frack – zu verbergen, der schuldbeladen unten in seinem Koffer lag.

Während Esmond sich bei dieser Geschichte ausschüttete vor Lachen, bezeichnete sie doch auch einen der Hauptgründe dafür, dass er sich nicht der KP anschloss. Er hatte das Gefühl, dass sie unter ihren Mitgliedern viel zu viele junge Upperclass-Intellektuelle hatte und deshalb von einer unrealistischen Basis aus operierte. Die meisten unserer Freunde waren damals Kommunisten, und von ihnen hörten wir eine Menge Klatsch aus dem inneren Zirkel der Partei. Meist schien es hier um Ausschlüsse aus banalen Gründen zu gehen, um Leute, welche »die Schnauze voll« hatten und austraten, um langwierige und einigermaßen sinnlose Streitigkeiten, um kleinliche Auseinandersetzungen über reale oder eingebildete Kränkungen. Die Ex-Kommunisten, die aus der Partei ausgetreten oder von dieser ausgeschlossen worden waren, wurden dann im Allgemeinen die schlimmsten Gegner, die sich erbittert gegen die einstigen Genossen stellten und häufig als geschworene Feinde all dessen auftraten, wofür sie sich eingesetzt hatten. Doch wussten wir, dass es auch eine andere Seite der Kommunistischen Partei gab. International – und in gewissem Maße auch in England – hatte sie sich als treibende Kraft des Kampfes gegen den Faschismus und für ein System kollektiver Sicherheit gegen die Achsenmächte erwiesen. Die Kommunisten hatten es bravourös geschafft, die Aufmerksamkeit der Nation auf die Not der Arbeitslosen zu lenken, sie hatten Tausende aus allen Landesteilen in Hungermärschen und anderen Formen der direkten Aktion organisiert. Bei allen großen Kämpfen für den Fortschritt in den dreißiger Jahren waren die Kommunisten durch ihren Mut und ihren unbedingten Willen hervorgetreten.

Esmonds Meinung über die Kommunisten, denen er in Spanien begegnet war, fasste er in *Boadilla* durch eine Beschreibung Hans Beimlers zusammen, des politischen Kommandanten der Thälmann-Brigade. »Ich ordnete ihn innerlich sofort der Kategorie der echten Kommunisten zu. Das war eine rein persönliche Definition, die ich instinktiv anwandte – um ihr zu genügen, musste man ein ernsthafter Mensch sein, streng diszipliniert, ein Mitglied der KP, interessiert an allen technischen Aspekten der Kriegsführung und frei von egoistischen Motiven wie Angst oder Tollkühnheit.«

Die Freunde, die erfolglos versuchten, uns für die Partei zu rekrutieren, vereinfachten unter sich meist die Gründe für Esmonds Weigerung: »Er ist einfach nicht in der Lage, sich irgendeiner Disziplin unterzuordnen«, oder »Er ist ein zu großer Individualist.« Esmonds wahre Gründe waren komplizierter. Es stimmte schon: Er leistete von Natur aus jedem Disziplinierungsversuch Widerstand, aber er hatte gezeigt, dass er sich durchaus einer für die Sache notwendigen Disziplin unterwerfen konnte – wie in Spanien. Für Disziplin um der Disziplin willen, wie sie in der englischen Partei praktiziert wurde, sah er allerdings keinen Anlass, und er war entschlossen, sich aus den kleinlichen innerparteilichen Streitereien herauszuhalten, wo man die Leute ständig als »Abweichler«, »kleinbürgerliche Diversanten« und dergleichen in irgendwelche Schubladen steckte, Phrasen, die wir ständig von unseren kommunistischen Freunden zu hören bekamen. Obwohl die Ziele der Partei im Allgemeinen auch die seinen waren, gehörte zur Mitgliedschaft meist allzu viel falsche Theatralik, was der ernüchterten Stimmung widersprach, in der er aus Spanien zurückgekehrt war.

Die Labour-Partei von Bermondsey gefiel uns viel besser. Bei den monatlichen Treffen in einer schäbigen Versammlungshalle nicht weit von der Rotherhithe Street gab es heftige Diskussionen über die wichtigen politischen Tagesereignisse. Ermüdete blasse Docker und ihre Frauen sangen »Die Rote Fahne«, in diesem Teil Londons immer noch die Hymne der Labour-Partei. Geldsammlungen zur Beschaffung von Milch für die spanischen Kriegswaisen oder zur Unterstützung der jüdischen Opfer Hitlers wurden organisiert, oft den Wünschen der Parteizentrale zuwider. Wenn auch der Glamour und die blumige Elqouenz mancher unserer kommunistischen Freunde fehlten, zeigten die Mitglieder des Labour-Ortsvereins doch eine Ernsthaftigkeit und eine realistische Einschätzung der politischen Lage, die sich rasch unsere Achtung erwarb. In diesem Londoner Bezirk war die Partei sehr viel militanter als die offiziellen Sprecher der Organisation. Es hieß, die Schulkinder stünden immer Spalier, um Prinzessin Mary (das Symbol der verhassten Wohltätigkeit) auszubuhen, wenn sie einen ihrer seltenen Besuche im hiesigen Waisenhaus absolvierte.

Am 1. Mai marschierte der gesamte Stadtteil los, Männer, Frauen und Kinder, und selbstgemalte Transparente mit Slogans der »Volksfront gegen den Faschismus« wurden neben den offiziellen Parolen geschwenkt. Der lange Marsch zum Hyde Park begann früh am Morgen; Gruppen der Labour-Partei, der Co-Ops, der Kommunisten, der Independent Labour Party waren den ganzen Tag in Bewegung, um sich dann mit Tausenden aus allen Teilen Londons zum traditionellen Arbeiterfest zu vereinigen.

Alle nahmen sich ihr Mittagessen in Papiertüten mit, und es gab viel gutmütiges Gedränge, Rufe von Ordnern, Jagden nach Kindern, die in der Menge davongerannt waren. Philip und Roger brachten uns für unterwegs neue Texte bei, Parodien kommunistischer Arbeiterlieder: »Class conscious we are, and class conscious we'll be, and we'll tread on the neck of the bourgeoisie!«, »Oh, 'tis my delight of a dirty night to bomb the bourgeoisie«, und eine sarkastische Version der »Roten Fahne«: »The People's Flag is palest pink, it's not as red as you might think.«

Man hatte uns gewarnt, dass die Schwarzhemden versuchen würden, die Demonstration zu stören, und tatsächlich lagen an verschiedenen Punkten der Marschroute Gruppen von ihnen im Hinterhalt. Bewaffnet mit Gummiknüppeln und Schlagringen sprangen sie hinter Gebäuden hervor; es gab mehrere kurze Gefechte, bei denen die Schwarzhemden von der bloßen Zahl der Männer von Bermondsey überwältigt wurden. Einmal sah ich plötzlich zwei vertraute große blonde Gestalten: Boud und Diana, Hakenkreuzfahnen schwenkend. Ich schüttelte die zum Rotfrontgruß geballte Faust in ihre Richtung und ließ mich nur mit Mühe von Esmond und Philip, die mich an meinen schwangeren Zustand erinnerten, davon abhalten, mich auch in den Kampf zu stürzen.

Der herrliche Kontrast zwischen dem Leben mit Esmond in der Rotherhithe Street und meiner einstigen öden Existenz war für mich eine Quelle steten Entzückens, und ich freute mich auf die Geburt des Babys. Manchmal träumte mir, ich wäre wieder zu Hause und die Gouvernante beugte sich bei einer Zeichenstunde über mich und sagte: »Sehr hübsche Perspektive, Liebes«, oder ich tanzte mit einem leer dreinschauenden jungen Mann oder stritte mich mit Boud über Spanien oder käme in Swinbrook nach einem Spaziergang im strömenden Regen nach Hause. Das bleierne Gefühl des In-der-Falle-Sitzens verschwand erst, wenn ich ganz und gar erwacht war.

Meine Familie oder irgendwelche Leute aus meinem alten Leben sahen wir nur selten, obwohl wir mit einigen die Beziehungen zögernd wieder aufnahmen. Bei meiner Mutter hatte ich den Eindruck, dass sie zwar Farve gegenüber zu loyal war, um irgendeine seiner Entscheidungen zu kritisieren, die Strenge seiner Maßnahmen jedoch bedauerte. Manchmal trafen Esmond und ich sie zum Essen in einem Restaurant, aber das waren meist kühle Begegnungen, unbehaglich wegen der unausgesprochenen Bitterkeit auf beiden Seiten. Mit den Rodds waren wir wegen ihres intriganten Paktierens mit den Armen Alten auseinander. Debo durfte nicht in die Rotherhithe Street kommen und wollte das auch gar nicht unbedingt – sie war jetzt mitten in ihrer ersten Saison, und ihre Gedanken waren mit Wichtigerem beschäftigt. Durch lange Telefongespräche blieb ich mit ihr in Verbindung. Tuddemy, den Esmond als einzigen Familienangehörigen wirklich mochte, kam recht oft zu uns – manchmal zum Abendessen, wenn es mir gelungen war, genug Geld für ein solches zu sparen, manchmal sogar zu einer Flaschenparty.

Während dieser Monate in der Rotherhithe Street fand ich meine erste Stelle – Marktforschung für Esmonds Werbeagentur. Die Arbeit fand nur gelegentlich und auf Abruf statt, und meistens außerhalb von London. Marktforschung galt als etwas Besseres, verglichen mit den Tätigkeiten einer Verkäuferin oder Stenotypistin; die Bezahlung war höher, und es hieß, die Arbeit könnte »weiterführen«. Die Tätigkeit zog die verschiedensten Frauen an – meine Kolleginnen, alle etwa zwischen fünfundzwanzig und fünfundvierzig, waren ehemalige Revuegirls, Frauen von Geschäftsleuten, Freundinnen von Werbetextern, angehende Reporterinnen. Wir reisten, von einer Supervisorin vorangescheucht, in Gruppen von sechs oder acht mit dem Zug in die Fabrikstädte der Midlands oder des englischen Nordens. Da wir zusätzlich zu unserem Gehalt einen Pauschalbetrag für Spesen bekamen, war es unsere Strategie, die billigstmögliche Pension zu finden, wo wir uns dann oft in einem einzigen Raum einquartierten, um zu zweit oder zu dritt in einem Bett zu schlafen; so sparte man eine Menge Geld.

Die Arbeit selbst folgte einer brandneuen Idee aus Amerika. Man sagte uns, der Erfinder sei ein Dr. George Gallup, der einen Beruf mit der ungewöhnlichen, aber sehr deskriptiven Bezeichnung *pollster* geschaffen hatte. Das Ziel war, durch *polls* – Umfragen – Informationen über die Reaktion der Öffentlichkeit auf diverse Produkte zu sammeln, welche die Werbeagentur dann auswerten konnte; zu diesem Zweck bekamen wir umfangreiche Formulare, die bei Besuchen von Tür zu Tür ausgefüllt werden mussten. Die Fragen variierten natürlich je nach Produkt stark. Wenn man Interviews zu Frühstückshaferflocken oder Reinigungsmitteln zu führen hatte, war das ziemlich unkompliziert, aber das Formular für ein Deodorant konnte beispielsweise die Frage enthalten: »Wie oft finden Sie es notwendig, Ihre Achselhöhlen zu waschen?«, was das Risiko enthielt, dass die Marktforscherin von der Haufrau umgehend vor die Tür gesetzt wurde. Die Supervisorin warnte uns, dass Dr. Gallups Methode eine Sicherheitsvorkehrung gegen Mogeleien der Interviewer enthielt, und deutete irgendwie an, dass sie schon merken würde, wenn wir unehrlicherweise die Formulare bei einer schönen Tasse Tee im nächsten Lyons selbst ausfüllten.

Abends trotteten wir erschöpft zurück, um der Supervisorin über den Tag zu berichten und dann später die akute Unbequemlichkeit der Schlaf-Arrangements zu meistern. In der femininen Unordnung des überfüllten Zimmers war das Thema immer ein und dasselbe: Sex und Männer, und es wurde ohne eine Spur von Wärme oder Humor diskutiert. Männer, ob nun Ehegatten oder Liebhaber, existierten allein zu dem Zweck, dass man ihnen jeden Penny abnahm, den man kriegen konnte, und Sex war die Waffe, welche die Natur reizenderweise zu diesem Zweck zur Verfügung gestellt hatte. Eine Frau in unserem Team erwarb sich die respektvolle Bewunderung der anderen durch einen besonders schlauen Trick, mit dem sie ihrem Ehemann zusätzlich Geld herausleierte. Kurz nach der Heirat vor einigen Jahren war er sehr verlegen zu ihr gekommen und hatte stockend erklärt, er wisse, dass es eine »besondere Zeit im Monat« gebe, da Frauen ungewöhnliche Ausgaben hatten, und sie solle nicht zögern, ihn in diesem Fall um drei, vier Pfund extra anzugehen.

»Der Idiot!«, fuhr ihre klanglose, ziemlich brutale Stimme fort. »Seit zehn Jahren knöpfe ich ihm jeden Monat drei Pfund zehn ab. Weiß nicht mal, was eine Packung Binden kostet.«

Während ich ihrer Geschichte und den beifälligen Bemerkungen der anderen lauschte, hatte ich das Gefühl, auf der untersten Ebene einer Art von Gemeinheit angelangt zu sein, von deren Existenz ich bisher nichts geahnt hatte. Die Marktforscherinnen eröffneten mir eine ganz neue Perspektive auf das Leben – ich war abgestoßen, aber auch fasziniert, und ich hoffte im Übrigen, dass sie nicht repräsentativ für die Arbeiter aller Länder waren, welche dazu bestimmt waren, die Revolution anzuführen. Groß schien die Gefahr nicht, da keine von ihnen auch nur im Entferntesten an Politik interessiert war; ihre Zeitungslektüre beschränkte sich offenbar auf die Kriminalfälle und die stets beliebten Nachrichten über neue Kapriolen der süßen kleinen Prinzessinnen Lilibet und Margaret Rose.

Zu mir waren meine Kolleginnen sehr nett – sie behandelten mich wie ein seltsames kleines Maskottchen und nannten mich »das Baby«. Mir gefielen die abenteuerlichen Reisen in Gegenden von England, die ich nie zuvor gesehen hatte, und das stolze Gefühl, dass ich tatsächlich Geld verdiente, aber ich war doch jedes Mal froh, wenn das Ende eines Auftrags kam und ich in die relative Unschuld und Reinheit der Rotherhithe Street zurückkehren konnte. Die amourösen Affären, die bei betrunkenen Flaschenpartys begannen, die grenzenlose Freizügigkeit von Philip und anderen Freunden – all dies geschah doch im Geiste überschwänglicher erotischer Romantik und hatte nichts mit dem entsetzlichen, frigiden Kalkül der Marktforscherinnen gemein.

Das Baby wurde ein paar Monate nach unserer Rückkehr nach England geboren. Die Kleine wurde zum Mittelpunkt meiner Existenz. Esmond sah ihr zufrieden zu, wie sie wuchs, wie sie auf einmal lächeln konnte, wie sie lernte, ihre Füße zu schwenken und sie mit unsicherer Hand einzufangen. Wir machten Pläne für ihre Zukunft – sie würde unter den ungebärdigen Kindern der Rotherhithe Street aufwachsen, geboren für die Zukunft und den 1. Mai, ohne die Restriktionen von Nanny, Gouvernante, täglichen Spaziergängen und langweiligen Bällen. Oder vielleicht würden wir sie mit nach Paris nehmen und dort leben, sie würde, eine kleine *gamine*, mit den Büchern in der Schultasche ins Lycée marschieren …

Die Labour-Partei hatte freie Kliniken im ganzen East End eingerichtet, und in eine davon brachte ich sie jede Woche, damit sie gewogen wurde und gratis Lebertran bekam. Eine Masernepidemie brach in unserer Nachbarschaft aus, aber die Schwestern der Klinik versicherten mir, ich müsse mir keine Sorgen machen – ein von der Mutter gestilltes Kind war immun. Vielleicht wussten sie nicht, dass die Immunisierung nur über eine Mutter eintreten kann, die selbst die Krankheit gehabt hat – vielleicht kam es ihnen in diesem menschenwimmelnden Bezirk von London gar nicht in den Sinn, dass jemand überhaupt das Erwachsenenalter erreichen könnte, ohne irgendwann einmal alle üblichen Kinderkrankheiten durchlaufen zu haben. Jedenfalls war es ein tragischer Irrtum. Als meine Tochter vier Monate alt war, bekam sie fürchterliche, flammende Masern, und nach einigen Tagen hatte ich mich angesteckt. Esmond engagierte panisch Krankenschwestern, die sich Tag und Nacht um uns kümmerten; meine Temperatur stieg alarmierend, bis ich im Delirium versank. Als ich mich wieder erholte, lag das Baby mit einer Lungenentzündung im Sterben.

Es lebte noch ein paar schreckliche Tage unter einem Sauerstoffzelt, wo es bei jedem Atemzug mühevoll keuchte. Schwestern kamen und gingen, und ihre professionelle Fröhlichkeit verdeckte das Entsetzen wie ein Lächeln in einem bösen Traum; dann war alles vorbei.

Esmond und ich flohen wie Menschen, die bei einer Straßenschlacht halb bewusstlos geprügelt worden sind. Er hob unser Erspartes ab, und einen Tag nach der Beerdigung unserer Tochter brachen wir auf, nach Korsika. Dort lebten wir drei Monate in der willkommenen Unwirklichkeit einer fremden Stadt, durch die Entfernung vor dem Mitgefühl unserer Freunde bewahrt, und kamen erst zurück, als der Albtraum langsam zu verblassen begann.

EINUNDZWANZIG

Im Sommer 1938 lebten wir wieder in die Rotherhithe Street. Obwohl Massendemonstrationen und Feste, bei denen Geld für die spanischen Loyalisten gesammelt wurde, nach wie vor starken Zulauf hatten, war die Atmosphäre eine andere. Das siegreiche Gefühl zu Beginn des Krieges war dahin. Selbst die großartige Ebro-Offensive in diesem Juli, bei der die Loyalisten alle ihre Reserven mobilisierten, konnte nichts ändern an der verzweifelten Situation. Franco behielt die Kontrolle über Dreiviertel des Landes.

Als die Offensive in eine stockende Serie entscheidungsloser Schlachten mündete, wurde klar, dass der Krieg langsam, Tag um Tag, verloren ging, und dass die Anhänger der Loyalisten in England langsam, einer nach dem anderen, die Hoffnung aufgaben.

In den zugigen Hallen von Bermondsey bis Hampstead Heath, wo man zusammenkam, um Geld für die Unterstützung der spanischen Zivilbevölkerung zu sammeln, schien die ernste Stimmung der Menschenmenge dem immer angestrengteren Optimismus der Podiumsredner zu widersprechen.

Gleichzeitig musste in den Schlagzeilen der Spanische Bürgerkrieg den Ereignissen in Mitteleuropa Platz machen – dort zeichnete sich der Frontverlauf des letzten, erbitterten

Ringens um das Modell der kollektiven Sicherheit gegen die Achsenmächte ab. Eine Million Deutsche standen an der tschechoslowakischen Grenze. Die Zeitungen zitierten Göring, der gesagt habe, er verfüge über eindeutige Informationen, dass die Engländer bei einem Einmarsch der deutschen Armee in der Tschechoslowakei keinen Finger rühren würden.

Es war schwer zu sagen, was die britischen und französischen Politiker eigentlich trieben. Die unerschütterlich diskreten Herren des »Cliveden Set« – deren fest zusammengerollte Regenschirme symbolisch für ihre hermetisch abgeschlossenen Hirne schienen – kamen und gingen in der diplomatischen Kampfzone und sagten wenig. Lord Runciman fuhr mit vierzig Gepäckstücken nach Prag und brachte die Tschechen durch seine Rendezvous mit Naziführern auf. Was er sonst noch in Prag tat, ging aus den Zeitungsberichten nicht klar hervor.

Den ganzen September hindurch wurden die Schatten dunkler. In der Rotherhithe Street gab es viele unruhige Gespräche, wie das alles ausgehen mochte und ob man denn die letzte klare Chance, Hitler zu stoppen, nicht ergreifen würde. Niemand von uns hielt es wirklich im Ernst für möglich, dass man diesmal offen vor Hitler kapitulieren würde. Die bloßen Zahlen schienen dagegen zu sprechen. Wenn je die Entschlossenheit von Millionen eine spürbare Macht schien, dann damals. Ich dachte an die großen Aufmärsche zurück, die wir in Bayonne gesehen hatten – die antifaschistische Jugend, die sozialistische Jugend, die kommunistische Jugend, wie sie unter den Bannern des Front Populaire zu endlosen Tausenden daherkamen. Bruchstücke ihrer gloriosen Marschlieder fielen mir ein (den ganzen Text konnten wir nie richtig mitbekommen): »Prenez garde! Prenez garde! C'est la lutte finale qui commence!« und »Ça ira, ça ira, ça ira, ça ira, tous les fascistes on les pendra!« Die würden es doch nie zulassen, dass ihre Regierung vor Hitler kroch. Russland würde den Verrat nicht geschehen lassen. Die englischen Arbeiter würden es nicht dulden – selbst der oft sehr insular agierende Gewerkschaftsbund erließ donnernde Resolutionen, man dürfe die Tschechen nicht den Wölfen vorwerfen, und warnte, dies könne Europas letzte Chance sein, einen weiteren Weltkrieg zu verhindern.

Die vorsichtigen Erkundungen der Chamberlain-Clique, wie man wohl auf einen Ausverkauf der Tschechoslowakei reagieren würde, stießen überall auf Ablehnung; als die *Times* harmlos vorschlug, dem sudetendeutschen Teil der Tschechoslowakei solle doch die Abspaltung und Vereinigung mit Deutschland gestattet werden, stieß das auf lauten Widerspruch – nicht nur überall in Europa, sondern auch in der englischen Presse.

Ich war mit einem Marktforschungsauftrag in Southampton, als die Meldung kam, dass Chamberlain und Daladier der Politik der kollektiven Sicherheit, welcher ihre Regierungen nominell anhingen, den Todesstoß versetzt hatten. Abends in der frühen Dämmerung bildeten sich Gruppen an den Zeitungsständen der Straßenecken – ein ungewöhnlicher Anblick in England, der eher an das emotionalere Paris erinnerte, wo der Sturz einer Regierung, ein Finanzskandal oder auch nur ein besonders interessanter Mordfall oft ein solches spontanes Interesse an den Schlagzeilen der Abendausgaben hervorriefen. »FRIEDEN IN UNSERER ZEIT!« Die schwarzen Balkenlettern zitierten die ersten

Worte des Premierministers zur Presse, am Flughafen nach der Rückkehr aus München. Das Unglaubliche war geschehen: die vollständige Kapitulation vor Hitlers Forderungen; freie Hand für die Nazis in der Tschechoslowakei ... Durfte Chamberlain denn hoffen, mit einem solchen Verrat davonzukommen? Erst vor einer Woche waren wir bei einer riesigen, überfüllten Versammlung in einer Halle des East End gewesen, die der Left Book Club einberufen hatte, einer von Dutzenden, die in diesen Tagen die Beschwichtigungspolitik den Nazis gegenüber verurteilten. Die große, ordentliche Menge schien so entschlossen, die Redner waren so eloquent und überzeugend – hatte man hier nicht den sicheren Beweis, dass dieses neue Manöver Chamberlains nie und nimmer hingenommen werden würde?

Ich zeigte die Zeitung einer Kollegin. »Chamberlain? Ach – Chamberlain«, sagte sie zögernd. »Aber hier steht, er ist für den Frieden. Das ist gut, oder?«

Später wanderte ich durch die Straßen von Southampton – halb in der Erwartung, überall die Anzeichen einer spontanen Erhebung beobachten zu können, aber zu meiner Überraschung gingen die Menschen ruhig wie gewöhnlich ihren Geschäften nach, nichts erinnerte an die Katastrophe, die nur ein paar hundert Meilen entfernt stattfand. Schon beschrieben die Rundfunknachrichten die Konfusion und Verzweiflung der unvermeidlichen Flüchtlingsmassen – ein Phänomen, mit dem Europa durch die sukzessiven Schachzüge Hitlers seit 1933 schon vertraut war.

Ein, zwei Tage später war in den Lokalzeitungen die Ankündigung einer Protestversammlung der KP-Ortsgruppe Southampton zu finden. Ich ging hoffnungsvoll hin. Doch die Versammlung war eine traurige kleine Angelegenheit, bei der mehr Leute auf dem Podium saßen als unten im Saal. Der Kommentar meiner Kollegin: »Er ist für den Frieden. Das ist gut, oder?«, brachte offenbar die überwiegende Reaktion in der Bevölkerung zum Ausdruck.

Ich sehnte mich voll ungewohnter Nervosität nach London zurück, um zu sehen, was Esmond von der neuen Lage hielt, und fand ihn in ernster, unglücklicher Stimmung. Alles in allem hatte er wenig Sympathie für unsere kommunistischen Freunde, die nach wie vor hektisch die Rituale politischer Aktivität zelebrierten. Wie aus unausrottbarer Gewohnheit rannten sie von Versammlung zu Versammlung, stellten Tausende von Flugblättern her, riefen zum Handeln auf – aber nun schien das alles ein zweckloses Gestikulieren. Die Zeit, da solche Aktivitäten irgendwie den Gang der Dinge sinnvoll hätten beeinflussen können, war vorbei. Der erwartete Entrüstungssturm trat schlicht nicht ein.

Tatsächlich ging eine große Welle blinder Erleichterung durch ganz England – Erleichterung, dass zumindest im Augenblick das Schlimmste nicht eingetreten war. Doch war dies eine Erleichterung ohne eigentliche Hoffnung – wie die Nachricht, dass eine Operation wegen der Unabkömmlichkeit des Arztes verschoben werden muss; trotz des Aufschubs würde der Tumor wachsen und gedeihen, und eines Tages würde der unvermeidliche Augenblick kommen. Dann war es vielleicht schon zu spät. Die drohende Vision eines in wenigen Jahren völlig unter Naziherrschaft stehenden Europas schien Wirklichkeit werden zu wollen.

Alle möglichen Notmaßnahmen wurden von der Regierung getroffen, um die Menschen auf den Krieg vorzubereiten. Tausende bildeten geduldig lange Schlangen, um sich Gasmasken anpassen zu lassen – nur um festzustellen, dass man wegen der Hast bei der Herstellung den Teil der Maske, der das Gas auffangen sollte, vergessen hatte. Im Hyde Park wurden plötzlich Gräben ausgehoben, was Massenproteste bei den Nannys auslöste, die sich beklagten, ihre Kleinen würden da ständig hineinfallen. Von den bitteren Witzen abgesehen, die diese kopflosen Maßnahmen auslösten, herrschte allgemein eine Atmosphäre öder Ruhe; apathisch schickte man sich ins Unvermeidliche.

Die Unterhaltung kreiste nun nicht mehr um die Frage, was man tun würde, falls ein Krieg ausbräche, sondern die Frage war: Was wird man tun, sobald er ausgebrochen ist? Es wurde bereits diskutiert, auf welcher Seite England in diesem Fall stehen würde. Philip, der es immer noch schaffte, zumindest zeitweise in sehr exaltierten Kreisen zu verkehren, wo man interessanten politischen Klatsch von der Gegenseite aufschnappen konnte, war überzeugt, es bestehe die Möglichkeit, dass die Regierung Chamberlain einen kompletten Schwenk vollführte – dass England und Deutschland sich gemeinsam gegen Russland stellten.

Wie lange diese bizarre Wartezeit zwischen Frieden und Krieg noch andauern mochte, wusste niemand zu sagen. Es konnte sich um Monate handeln oder um Jahre. Die Einführung der Wehrpflicht war unvermeidlich, und bald würde sich ganz England in ein großes, graues, semi-militärisches Trainingslager verwandelt haben. »Ein einziges Ausbildungskorps wie an der Schule«, sagte Esmond zutiefst angewidert, »mit Zügen von einem permanenten Pfadfinderlager. Wart's nur ab, bald kommt eine große Brust-raus-Kampagne, England zeigt Haltung, dann kommen die grauhaarigen Muttis, die heroisch ihre Tränen unterdrücken, und die Kleinigkeit, gegen wen wir in den Krieg ziehen und warum, ist nicht mehr so wichtig.«

Ich hatte Esmond noch nie so unruhig und deprimiert gesehen. Vor ihm lag die Aussicht auf jene Art von Disziplin, die er immer gehasst und abgelehnt hatte, das Ritual der Nebensächlichkeiten – die sauber geputzten Schuhe, die im korrekten Winkel aufgesetzte Mütze, das präzise Salutieren; Erkennungszeichen moderner Armeen, auf die man in den Internationalen Brigaden angenehmerweise verzichtet hatte. Doch der Zweck derartiger Disziplin blieb völlig unklar, und die Entscheidung hierüber lag nun unwiderruflich in den Händen der Beschwichtigungspolitiker.

Wenn auch Esmond in diesem Augenblick die Verzweiflung einer Generation empfinden mochte, welche die Kontrolle über das eigene Schicksal verloren hatte, so war es doch nicht seine Art, besonders lange verzweifelt zu bleiben. Er ging emsig verschiedene Alternativpläne durch, was wir tun und wie wir leben könnten, und mit einem Mal kam ihm die zündende Idee: Wir würden nach Amerika gehen, bis der Krieg ausbrach.

ZWEIUNDZWANZIG

Von der Politik einmal abgesehen ließen zwei andere Faktoren die Waagschale zugunsten der Auswanderung sinken: der Gerichtsvollzieher und meine hundert Pfund.

Der Gerichtsvollzieher war ein blasser, traurig dreinschauender junger Mann im Dienste der Londoner Elektrizitätsgesellschaft. Zu unserem Glück war er für seine Arbeit nicht besonders begabt; die offensichtlichsten Verkleidungen – bei Esmond ein falscher Schnurrbart, ein Zylinder oder eine Arbeitermütze, bei mir eine Sonnenbrille – verwirrten ihn jedes Mal für einige Sekunden, so dass wir entwischen konnten. Er starrte uns melancholisch nach, die Stirn nachdenklich gerunzelt, wie wir um die Ecke rannten oder die Treppe zur Untergrundbahn hinabliefen.

Ich hatte Schuldgefühle seinetwegen, da ich in gewisser – irgendwie unfairer – Weise für seine hartnäckige Präsenz verantwortlich war. Niemand hatte mir je erklärt, dass man für elektrischen Strom bezahlen muss, und Lampen, Wassererhitzer, Heizkörper blieben in der Rotherhithe Street Tag und Nacht eingeschaltet. Als die enorme Rechnung kam, überlegten wir uns kurz, ob wir vor Gericht argumentieren könnten, dass Elektrizität eine Form höherer Gewalt sei, ein Element wie Feuer oder Wasser, aber befreundete Juristen versicherten, das würde uns nicht weiterhelfen. Es war undenkbar, dass wir das bezahlten, also zogen wir aus der Rotherhithe Street in ein möbliertes Zimmer beim Marble Arch.

Irgendwie jedoch fand der Gerichtsvollzieher heraus, wo wir wohnten. Jeden Morgen, ehe wir zur Arbeit gingen, spähten wir vorsichtig aus dem Fenster, ob er die Straße entlangging oder an einer Ecke lauerte. Die Verkleidungen gaben wir mit Bedauern auf, weil er sie alle schon zu gut kannte. Wenn er auftauchte, gingen wir wieder zu Bett, da Esmond die unklare Vorstellung hatte, es wäre illegal und verletze auch irgendwie die Magna Charta, Leuten im Bett einen Zahlungsbescheid zuzustellen. Manchmal blieben wir dort zwei Tage, aus Angst, unser Quälgeist könne sich noch in der Nachbarschaft aufhalten. Obwohl wir diese Tage zu Hause genossen, irritierten sie Esmonds Chef zunehmend.

Ganz offensichtlich konnte das Leben in England in mehr als einer Hinsicht so nicht mehr weitergehen. Außerdem war ich an meinem einundzwanzigsten Geburtstag mit einem Mal in den Besitz von hundert Pfund (in Form eines nun freigegebenen Treuhandfonds) gekommen, und wir überlegten uns, wie man dieses Geld angemessen verwenden könnte.

Meine Mutter hatte für alle Kinder ein Sparkonto eingerichtet. Bei der Geburt eines jeden hatte sie begonnen, einen wöchentlichen Sixpence-Betrag einzuzahlen, und das ergab mit Zinsen schließlich eine Summe von hundert Pfund, wenn wir das Alter von einundzwanzig Jahren erreicht hatten. Nur durch einen Glückszufall war mein Endbetrag noch intakt, denn vor vielen Jahren hatten meine älteren Schwestern einen Großteil ihrer Ersparnisse verloren, als sie Geld in eine der zahlreichen »verdammt soliden Investitionen« meines Vaters gesteckt hatten. Debo und ich waren dem entronnen, weil wir als zu klein galten, um uns hierbei beteiligen zu dürfen.

Ein Amerikaner mit dem romantischen Western-Namen »Mr Reno« war Anfang der zwanziger Jahre mit diesem speziellen Projekt an meinen Vater herangetreten. Mr Reno hatte eine Art Panzerfahrzeug erfunden, für das er Pläne und Blaupausen vorlegte; einmal fertiggestellt, würde der Reno-Tank in die Tiefen des Ozeans hinabtauchen und die Goldschätze der Piratenzeit und der spanischen Armada ans Tageslicht holen können. »Stellt euch vor – Riesenkisten voller Goldbarren!«, sagte mein Vater gerne und rieb sich die Hände. Er hatte selbst eine enorme Summe investiert und zusätzliches Geld bei Onkeln und Freunden aufgetrieben, die ebenfalls begierig waren, am Piratengold teilzuhaben.

Die fünf ältesten Mitford-Kinder durften jeweils zwanzig Pfund von den Sparkonten nehmen, die meine Mutter eingerichtet hatte, und sich damit beteiligen. Ich weiß noch, wie ich heiße Tränen der Wut weinte, als sie die riesigen Vermögen ausmalten, die ihnen bald zufallen würden – gar nicht zu reden von sagenumwobenen Schmuckstücken, schweren Goldketten, unschätzbaren Juwelen, die Mr Renos Tank zweifellos vom Meeresgrund bergen würde. Doch meine Mutter blieb eisern: Debo und ich waren noch nicht einmal sieben Jahre alt und damit zu jung, um finanzielle Entscheidungen zu treffen.

Debo und ich durften dann wenig später triumphieren, als sich herausstellte, dass Mr Reno spurlos nach Amerika verschwunden war. »Wirklich *sehr* unehrlich von ihm – ich weiß gar nicht, was er sich dabei gedacht hat«, sagte

Muv. Die anderen Schwestern vertraten nun halbherzig den Standpunkt, Debo und ich sollten uns mit in den Verlust teilen, da wir ja unser Geld so gerne investiert hätten, wäre es uns nur erlaubt worden. Doch diesmal siegte die Gerechtigkeit, und unsere Ersparnisse blieben intakt.

Hundert Pfund, das schien genau der richtige Betrag zum Auswandern. Die Summe war einerseits nicht so groß, dass man damit ein Geschäft hätte gründen können oder das Geld so anlegen, dass man davon ein Einkommen hatte. Wiederum war sie nicht so klein, dass man sie einfach für ein paar Partys oder Restaurantbesuche verbraucht hätte. Doch ein Drittel davon reichte für zwei einfache Tickets dritter Klasse nach Amerika, so dass eine hübsche runde Summe, beim augenblicklichen Kurs über dreihundert Dollar, übrig blieb, von der wir leben konnten, bis wir eine Arbeit fanden.

Zu unserer Enttäuschung sah der amerikanische Konsul, bei dem wir nun wegen der notwendigen Papiere vorsprachen, dies völlig anders. Tatsächlich gab er seiner großen Überraschung Ausdruck, dass wir mit einem derart geringen Kapital ein neues Leben anfangen wollten; er erwähnte die Gefahr, dass wir am Ende dem Gemeinwesen zur Last fallen könnten, und sagte, wir müssten eine Garantie für finanzielle Unterstützung in Höhe von mindestens fünfzehn Dollar die Woche vorlegen, ehe er in Betracht ziehen könne, uns ein Visum zu erteilen.

Wir versuchten es bei verschiedenen Freunden (Philip Toynbee, Peter Nevile, Giles), denen wir vorschlugen, sie könnten doch diese Garantie unterschreiben, nur für den Fall, dass wir einmal mittellos sein sollten, stießen aber überall auf unbeirrbare, empörte Ablehnung. »Der gibt euch schon das Visum, ihr müsst nur die Zauberworte sagen«, riet uns Peter. Die Zauberworte lauteten anscheinend: Land der unbegrenzten Möglichkeiten, entschiedener Individualismus, freier Markt. Mit Peters Hilfe schrieb Esmond eine kurze Bettelansprache zum Auswendiglernen nieder, in der diese rituellen Formeln mehrfach vorkamen, und wieder meldeten wir uns beim Konsul. Kaum hatten wir sein Büro betreten, als Esmond sich auch schon in das verwandelte, was seiner Idee von einem Vollblutamerikaner entsprach. »Sir«, begann er, »meine Frau und ich haben den kostbaren und aufrichtigen Glauben an die Fähigkeit Ihres grrro-o-oßen Landes, der Vereinigten Staaten von Amerika, des Landes der unbegrenzten Möglichkeiten, durch das konsequente System des freien Marktes jungen Leuten, die wie wir selbst vom Geist des entschiedenen Individualismus erfüllt sind, ein bescheidendes, aber ausreichendes Einkommen zu ermöglichen.« Auf diese Weise ging es eine Weile fort, und Aufrichtigkeit und Offenheit glänzten tatsächlich in seinen Augen.

Obwohl Esmond abrupt zu einer Kreuzung aus Mr Oover in *Zuleika Dobson* und Spencer Tracy mutiert war, schien der Konsul nichts Ungewöhnliches zu bemerken. Wie Peter vorhergesagt hatte, übten die Worte eine ungeheure, fast hypnotische Wirkung auf ihn aus. Mit einem weiten Blick in imaginäre Fernen – zweifellos sah er die winddurchwehte Hauptstraße irgendeiner Stadt des Mittleren Westens vor sich, die von entschiedenen Individualisten förmlich wimmelte – sprach er die Worte der Zustimmung: »Na, ich will's mal mit euch beiden riskieren.«

Nun, da die Reise Wirklichkeit wurde, kam Esmond eine Idee, die es uns ermöglichen würde, kreuz und quer durch

Amerika zu reisen und dafür noch bezahlt zu werden. Wir würden ein paar von unseren Freunden mitnehmen und eine Vortragstour zu verschiedenen Aspekten des englischen Lebens anbieten. Unsere Vorstellung von Amerika war – wie die der meisten Engländer – durchaus beschränkt und stark verzerrt. Wir stellten uns eine riesige Nation aus Spießbürgern à la Babbitt vor, deren Gedanken unweigerlich um die britische Königsfamilie, um Mama und Papa und um Sex kreisten.

»Frauenklubs sind das Wahre!«, erläuterte Esmond. »Die haben sie überall in Amerika, und das hier ist genau das, was sie lieben. Sie werden Philip Toynbee *aufessen.*« Ich bemerkte, dass dies ein unappetitlicher Gedanke sei, aber Esmond versicherte mir, das sei nur eine amerikanische Redensart, die er von Peter habe.

Rasch verpflichteten wir drei weitere Vortragende. Sheila Legge, eine der Ex-Revue-Girl-Marktforscherinnen, sagte gerne zu, und Esmond teilte ihr sogleich ein Thema für ihren Vortrag zu: »Männer – vom Hotel Ritz bis zur Frittenbude«. Der junge Sekretär eines bekannten Dichters, der sich soeben nach einer der in solchen Beziehungen unvermeidlichen Zickigkeitsexplosionen von seinem Arbeitgeber getrennt hatte, war leicht zu überreden, sich von den Frauenklubs aufessen zu lassen; sein recht suggestives Thema war »Vom Garderegiment in die Bibliothek des Poeten«. Philip sollte über »Das Liebesleben an der Universität Oxford« sprechen und dazu noch einen speziellen Vatertagsvortrag anbieten: »Arnold Toynbee – ein großer Historiker, doch vor allem mein Dad«. Ich sollte »Das Innenleben einer englischen Debütantin« beschreiben (Esmond war überzeugt, die

Damen würden gerne etwas über das deliziöse Essen hören, das man uns zum *lunch* und zum *dinner* während der Saison servierte). Esmond selbst würde als Manager der Expedition fungieren und gelegentlich mit so garantiert packenden Themen wie »Ist Prinzessin Elizabeth wirklich das Ungeheuer von Glamis?«, »Die Wahrheit über Winston Churchill«, »Wie man sich bei einem Empfang beim König verhält« und »Hochverrat in Eton« aushelfen.

In einer Atmosphäre knisternder Spannung, wie sie Esmond immer aufzubauen wusste, wenn er neue Pläne verfolgte, trafen wir fünf uns, um einen Werbeprospekt zu entwerfen, den man an Vortragsagenturen verschicken konnte. Der Text begann im typischen Stil Esmonds: »Sehr geehrte Damen und Herren! König George und Königin Elizabeth sind nicht die Einzigen, die in diesem Jahr von England nach Amerika reisen. Auch wir kommen.«

Wir waren schon so weit, dass wir eigens eine Serie von Fotografien als Beilage zu den kurzen Vortragsangeboten anfertigen ließen. Es gab da einen lüstern zwinkernden Philip zum Thema »Das Liebesleben an der Universität Oxford« und den sentimentalen Sohn Philip für den Vortrag am Dad's Day. Sheila, die hier viel Bein zeigte (von dem sie ja, wir wir annahmen, ihren Familiennamen hatte), wurde in lasziver Pose neben dem Haupteingang des Ritz aufgenommen, während in der Nähe der Ex-Sekretär des Dichters dekorativ herumstand und symbolisch ein schmales Lyrikbändchen und eine Gardemütze in Händen hielt. Doch kaum hatten wir dieses vielversprechende Material vorbereitet, als unsere Vortragskollegen nacheinander absprangen. Eine plötzliche Entwicklung in Peters Liebesleben erforderte seine Anwesenheit in England; der Poetensekretär versöhnte sich mit dem Poeten und nahm seine alte Stelle wieder ein; Sheila konnte das Geld für ihr Ticket nicht zusammenbringen. Unsere verzweifelten Anstrengungen, das Projekt zu retten, führten zu nichts. Mit Bedauern entschieden wir, dass neue Pläne gemacht werden müssten; die Vortragstour war abgeblasen.

Nun konzentrierten wir uns darauf, Empfehlungsschreiben von allen erdenklichen Leuten zu besorgen, die je in Amerika gewesen waren oder irgendwelche Amerikaner kannten. Sie waren an eine ebenso vielfältige und bunte Auswahl von Leuten gerichtet, wie es die der Bekannten war, von denen wir sie bekamen: Künstler im Greenwich Village, Finanzmagnaten an der Wall Street, Leute vom Film, Dichter, nette alte Damen, Journalisten, Werbeleute.

Meine eigenen Vorstellungen von Amerika entstammten verschiedenen Quellen – von Büchern meiner Kindheit wie *Little Women* und *What Katy Did* bis zu Hemingway und dem Kino. Ich hatte auf diesen Wegen erfahren, dass die Amerikaner sich von seltsamen und ziemlich unappetitlich klingenden Substanzen wie *squash*, *grits*, *hot dogs* und *corn pudding* ernährten. Die *cookies* andererseits hörten sich sehr schmackhaft an – ich stellte sie mir als kleine Küchlein in der Form von Köchen mit Zuckergussschürzen und -mützen vor. Da ich *The Petrified Forest* gesehen hatte, war mir klar, dass sich amerikanische Paare oft unter einem Tisch umarmten, während die Kugeln der Gangster durch die Luft pfiffen.

Peter Nevile war der einzige Mensch, den wir näher kannten, der tatsächlich in Amerika gewesen war, und Esmond (mit seiner üblichen Gründlichkeit in solchen Dingen) rekrutierte ihn, damit er uns in der Sprache und den Sitten und Gebräuchen unterrichtete, die uns im Land der unbegrenzten Möglichkeiten erwarteten. Wir verbrachten einen Abend bei ihm zu Hause und ließen uns initiieren.

»Sagt nie *I say!* – sagt immer *Say!*«, erklärte Peter geduldig. »Insgesamt geht alles in Amerika viel schneller – hier heißt es von einem Kandidaten: *he stands for election*, bei denen: *he runs for office*. Wenn einer sagt, er sei *sick*, dann ist ihm nicht schlecht, er ist krank. *Mad* heißt wütend, nicht verrückt. Fragt nicht nach dem *left-luggage office*, das heißt dort *checkroom*. Ein *nice joint* bedeutet eine gute Kneipe, kein Stück Braten …« Er führte eine Anzahl von Vornamen auf, denen wir begegnen würden, teilweise englischen Adelstiteln wie Earl oder Duke nachgebildet, teilweise den Namen amerikanischer Bundesstaaten wie Washington, Georgia, Florida. »Andererseits«, fuhr er fort und verfiel immer mehr in seinen amerikanischen Akzent, als er sich für sein Thema erwärmte, »trifft man eigentlich niemanden, der Viscount oder New York heißt. Die Sache hat keine eigentliche Logik.« Er instruierte uns im Gebrauch von *gotten* und *you betcha* (Letzteres unter keinen Umständen als *you bet you* auszusprechen) und verhalf uns zu gewissen Falschinformationen, indem er behauptete, *pediatrician* sei ein gekünstelter Euphemismus für einen Hühneraugenspezialisten und *mortician* ein nekrophiler Musiker, der nur bei Beerdigungen spielen würde.

»*Twenty* wird *twenny* ausgesprochen«, fuhr Peter fort, »und bei *interesting* müsst ihr auf jeden Fall immer das erste *t* weglassen. Und ihr müsst euch ein paar klassische Antworten merken. Zum Beispiel werdet ihr feststellen, dass die Leute statt *goodbye* meistens *I'll be seeing you* sagen. Dann könnt ihr kontern: *Not if I see you first*, das zeigt, dass ihr schlagfertig und amüsant seid. Oder ihr könnt die Leute zum Lachen bringen, indem ihr erwidert: *Abyssinia*. Und wenn euch jemand ein Kompliment macht: Sie sehen gut aus, was für ein hübsches Kleid – dann wird erwartet, dass ihr ›Danke‹ sagt und nicht nur irgendwas Unhörbares vor euch hin murmelt. Und ihr müsst überhaupt aufpassen bei den Komplimenten, ein Amerikaner sagt zum Beispiel: *That dress is the cat's pajamas*, das ist schmeichelhaft gemeint, fühlt euch da nicht kritisiert.«

Als ich in meinem erlesensten Amerikanisch sagte, es wäre nun wohl Zeit für uns *to scram home*, war Peters letzter Rat noch: »Ihr werdet in New York einen Winkeladvokaten brauchen, ohne geht's nicht. Warum telegraphiert ihr nicht dem britischen Konsul und sagt, er soll zusehen, dass euch einer am Hafen abholt?«

DREIUNDZWANZIG

Wir sollten am 18. Februar 1939 mit dem kanadischen Dampfer »Aurania« ablegen, Zielhafen New York. Tom, Philip und Nanny – ein seltsames, aber angemessenes Trio – nahmen in London am Zug zur Küste von uns Abschied. Nanny, die nun, da ich erwachsen war, viel kleiner wirkte, nörgelte ein wenig herum, warum wir denn unbedingt England verlassen müssten (»Was willst du denn in Amerika, Darling, diese fürchterlichen Erdbeben immer, und dann die Teebeutel, die hören sich dermaßen ekelhaft an, meine Cousine sagt, man bekommt nicht mal eine ordentliche Tasse Tee dort«), und machte sich immer noch hörbar Sorgen über meine Unterwäsche.

Tom, zu dieser Zeit meine einzige Verbindung zur Familie, der sich lächelnd und töricht schwatzend im Hintergrund hielt, fiel ein: »Ja, kleine D., vergiss nicht, sie jeden Abend zu waschen. Ich weiß zufällig, dass amerikanische Frauen das immer tun.« »Oh, Tuddemy, jetzt hast du wieder einen begangen, du bist einfach *schrecklich*, was soll man nur mit dir machen?« (Dies auf Boudledidge, damit Nanny es nicht verstand.)

Philip war ganz übertriebener, überschwänglicher Kummer, dass wir ohne ihn fuhren, und lachte nur halbherzig, als Esmond ihn laut ermahnte: »Brust raus, Toynbee! Britische Haltung bewahren! Wir schulden es den Müttern Englands.«

Zum letzten Mal atmeten wir London ein – einen wunderbaren, aufregenden Eisenbahngeruch, winzige Rußpartikel in der eiskalten, reglosen Luft –, und dann war der Zug unterwegs. Es war fast wieder wie damals, als wir zusammen durchbrannten: keine Reue, kein Gedanke an all das, was sich vielleicht völlig verändert haben würde, wenn ich je zurückkommen sollte. Wenn »vor uns die Zukunft lag«, wie es ein amerikanischer Politiker mit so schöner Schlichtheit formuliert hat, so dachte ich nicht an sie. Wir waren auf dem Weg nach Amerika, und die Zukunft war eine große leere Leinwand, auf der alles Erdenkliche erscheinen mochte. Es war eine enorme Erleichterung, nun dreitausend Meilen Entfernung zwischen die Familie und mich zu legen. Die Beziehungen hatten sich stark verschlechtert. Ich sah kaum irgendjemanden, aber sie waren ja noch da – und im Hintergrund lauerte das Unbehagen des bevorstehenden Krieges, in dem Boud und ich auf entgegengesetzten Seiten stehen würden.

Esmond verbrachte die Zugfahrt mit dem Ausspinnen eines unwahrscheinlichen Tagtraums über die Möglichkeiten, die sich schon im Verlauf unserer Schiffsreise ergeben mochten. Vielleicht würden wir auf irgendeinen Großindustriellen treffen, der, beeindruckt von unserem entschiedenen Individualismus, uns bereits an Bord eine goldene Zukunft eröffnete, oder vielleicht auf einen inkognito reisenden Talentsucher der Filmindustrie, der uns sofort unter Vertrag nahm und die Fahrt nach Hollywood bezahlte.

Ein Abend auf See genügte, um ihm klarzumachen, dass diese Sorte Passagiere in der dritten Klasse nicht unbedingt häufig anzutreffen war. Unsere Mitreisenden waren kanadische Touristen – oder polnische Flüchtlinge, die es fertiggebracht hatten, auf die streng begrenzte Einwanderungsliste zu kommen. Da es wenig Unterhaltung auf der Fahrt gab, widmeten wir unsere Aufmerksamkeit dem ständigen Kampf zwischen diesen beiden Gruppen und ergriffen Partei.

Ein paar von den Kanadiern hatten es übernommen, der Dritter-Klasse-Bar die angelsächsische Reinheit zu bewahren und sie gegen die »Ausländer« zu verteidigen. Die Bar war klein, meist überfüllt und muffig. Einer Gruppe von Kanadiern gelang es meist schon am frühen Abend, sie zu besetzen. »Hier stinkt's nach Polarfüchsen«, sagten sie laut, wenn einer der Einwanderer hereinzukommen versuchte. Esmond nahm seine überlegenste Upperclass-Public-School-Manier an und eskortierte ein paar Polen durch die kanadische Phalanx, indem er zu ihnen sagte: »Ich muss mich wirklich für diese grauenhaften Kolonialfiguren entschuldigen. Sie sind buchstäblich ohne einen Funken Kultur. Überaus bedauerlich, dass wir nicht mit einem englischen Schiff reisen konnten.« Dieses eine Mal genoss er es, snobistischer als die Snobs aufzutreten.

Endlich fand die langweilige Reise ihr Ende. Es stellte sich heraus, dass wieder einmal ein Lord an Bord war, aber da er in der ersten Klasse gereist war, begegneten wir ihm erst in letzter Minute – in der langen Schlange von Ausländern, die darauf warteten, die Einreiseformalitäten zu durchlaufen. Er stand direkt vor mir, und ich sah ihm dabei zu, wie er das umfangreiche Formular für Touristen ausfüllte. Der stämmige, säuerlich dreinblickende Beamte las es durch und deutete dabei in der Art eines Mannes, der das Lesen nicht recht gewohnt ist, mit dem Finger auf die einzelnen Zeilen.

Als er bei »Beruf – *Peer of the Realm*« angelangt war, strich er die Antwort aus und schrieb statt dessen »keiner« hin. Es schien ein symbolischer und passender Vorgang, um unsere Ankunft in der Neuen Welt zu bezeichnen.

Und schon fuhren wir im Taxi durch die breiten, hellen Straßen New Yorks zum Shelton Hotel, wo Peter Nevile ein Zimmer für uns reserviert hatte. Wir waren wegen des Preises recht entsetzt gewesen ($ 3.50 die Nacht ohne Essen), aber er versicherte uns, die Hauptsache in Amerika sei es, erst mal einen guten Eindruck zu machen. Das Shelton übertraf unsere wildesten Träume von amerikanischem Massenluxus. Die prächtige Lobby, die Pagen, die immense Größe des Ganzen, die dicken Teppiche der Korridore – all das hatte nichts mit irgendeinem englischen Hotel gemein. Das düstere Londoner Ritz mit seinem ältlichen, ernsten Personal oder die wohlanständige Unbequemlichkeit englischer Mittelschichthotels schienen viel mehr als dreitausend Meilen entfernt; wir kamen uns vor wie auf einem anderen Planeten. Faszinierende Schilder im Fahrstuhl verzeichneten die Serviceangebote dieser schönen neuen Welt: ROOM SERVICE, COMPLETE VALET SERVICE, SWIMMING POOL ON PENTHOUSE, HOUSE DOCTOR (»Ich frage mich, was wohl ein House Doctor ist«, sagte Esmond); es schien wie eine Stadt für sich. Wie stellten unser Gepäck in dem aseptisch sauberen Zimmer ab, holten unsere Empfehlungsschreiben hervor und fuhren in die Bar hinunter.

Die Bar des Shelton war unser erster markanter Eindruck von Amerika. Wir saßen in einer schummrig beleuchteten, plüschig gepolsterten Ecke, bestellten trockene Martinis und sogen das erstaunlich Unenglische der Atmosphäre ein.

Wir sahen den unglaublich schön und alterslos wirkenden Frauen in den makellos eleganten engen schwarzen Kleidern und mit den spiegelglänzenden Schuhen zu; den lauten und oft schon recht gealterten Geschäftsmännern, die sich an der Bartheke drängten. Ein Orchester spielte unvertraute Schlager, die England erst in Monaten oder in einem Jahr erreichen würden.

Wir quälten uns mit den Empfehlungsbriefen ab. Bewaffnet mit großformatigem Hotelbriefpapier und pompös bedruckten Hotelbriefumschlägen machten wir uns daran, kurze Grußschreiben zu verfassen, die man denen unserer Freunde beifügen konnte. »Lieber Herr Soundso, mein Freund Peter Nevile …«

»Nein – schreib doch: ›Mein enger Freund Peter Nevile …‹«

»Wir hört sich das an: ›Peter Nevile, ein sehr guter Freund von mir‹? Klingt geschäftsmäßiger, meinst du nicht?«

»Oder ›mein lieber Freund Peter Nevile …‹ – nein, zu süßlich.«

»Peter Nevile, ein sehr guter Freund von uns, hat uns das beigefügte Schreiben an Sie mitgegeben …«

»Oder ›unser gemeinsamer Freund Peter Nevile‹ … Das klingt doch irgendwie sehr amerikanisch …«

»Oder ganz informell? Mögen die Amerikaner das nicht manchmal? ›Ich nehme an, Sie erinnern sich noch an den alten Peter Nevile, er ist Ihnen in New York doch mal begegnet …‹«

»Nein, das ist ganz falsch, das klingt, als könnten sie sich vielleicht *nicht* an ihn erinnern. Das macht erst mal keinen guten Eindruck …«

Wir diskutierten jeden Brief endlos, denn diese Schreiben sollten unser Sesam-öffne-dich für die Welt jenseits der Shelton-Bar sein. Endlich waren sie fertig, und wir rannten in die eisige Nachtluft hinaus, um sie einzuwerfen.

Am Tag darauf wagten wir kaum das Hotel zu verlassen, aus Angst, wir könnten einen Anruf versäumen. Ruhelos gingen wir im Zimmer auf und ab oder erkundigten uns an der Rezeption, ob etwas abgegeben worden war. In diesem sorgenvollen Zustand machten wir eine Entdeckung, die über unsere nächsten vierundzwanzig Stunden in New York einen tiefen Schatten warf. Wir hatten noch keine einzige Antwort, und doch war eigentlich reichlich Zeit dazu gewesen … Und plötzlich fiel mir etwas wahrhaft Furchtbares auf. »Esmond, hast du gemerkt, dass Abfallbehälter und Briefkästen hier genau gleich aussehen? Beide sind dunkelgrün, und beide haben diese Schlitze, wo man was reintut. Könnte es denn sein …«

Wir rannten vors Hotel. Da stand ein dunkelgrüner Briefkasten, direkt neben einem dunkelgrünen Müllbehälter. Nachts im Dunkeln wäre es für uns, die wir die leuchtendroten runden englischen Briefkästen gewohnt waren, ganz einfach gewesen, einen fatalen Fehler zu machen …

Am nächsten Tag herrschte lähmende Spannung. Unzählige Male legten wir den Weg vom Zimmer zur Rezeption zurück, um zu sehen, ob es Post gab oder jemand eine Nachricht hinterlassen hatte. Damit die Zeit irgendwie verging, ließ Esmond den House Doctor kommen, teils um festzustellen, ob es ihn tatsächlich gab, teils eines rauhen Halses wegen. Der Mann existierte nicht nur, er kam aufs Zimmer, verschrieb Aspirin und stellte eine Rechnung über fünf Dollar – zu Esmonds Zorn, der gedacht hatte, dieser Service sei im Übernachtungspreis inbegriffen.

Schließlich klingelte das Telefon. Eine angenehme amerikanische Stimme sagte: »Mrs Romilly? Ich habe Ihren Brief bekommen. Es wäre mir eine Freude, einen Freund von Peter Nevile kennenzulernen und zu hören, wie es ihm denn geht.« Wir atmeten wieder. Nachdem sich das Briefproblem gelöst hatte, begannen wir mit der Erkundung New Yorks.

VIERUNDZWANZIG

Jene ersten Tage in New York waren voller Gelegenheiten, unsere vorgefassten Meinungen über Amerika mit der Wirklichkeit zu vergleichen. Die Gegend um den Times Square, den Broadway und die 42. Straße erfüllte alle Erwartungen mit ihrer bunten, kinomäßigen Lebendigkeit und dem zusätzlichen musicalartigen Detail der Streikposten, die endlos vor dem Brass Rail Restaurant im Kreis marschierten und unisono ihre ewige Botschaft verkündeten: »Brass Rail wird bestreikt, gehen Sie bitte weiter!«

Natürlich sagte man uns, New York sei »nicht typisch« für Amerika – wie untypisch es war, konnten wir damals nicht beurteilen –, aber wir hatten durchaus den Eindruck, dass es so etwas wie eine eigene Persönlichkeit der New Yorker gab. Deren Hauptzug schien der aufleuchtende Funke des momentanen Interesses zu sein, der sich in den Bewohnern der Stadt bei der beiläufigsten Begegnung entzündete.

Ein Fremder, den man nach einer Adresse fragte, warf sich in den wenigen Augenblicken, die er mit einem auf der Straße stand, voller Energie auf das kleine Problem – oft stellte er die Weisheit der Absichten des Wissbegierigen ganz in Frage und schlug etwas völlig anderes vor: »Könnten Sie mir sagen, wie ich zum Museum of Modern Art komme?« »Das ist zwei Querstraßen hier rüber, aber die Picasso-Show ist letzten Mittwoch zu Ende gegangen. Wenn Sie bis nächste Woche warten, kommt eine Van Gogh-Ausstellung. Wie lange wollen Sie beide denn in der Stadt bleiben? Ich sag Ihnen was, warum gehen Sie heute nicht ins Museum of Natural History?«

Eine Dame mit Einkäufen, die man in voller Fahrt mit der Bitte um den richtigen Weg zu Macy's aufgehalten hatte, antwortete vielleicht ausführlich und schloss: »Aber, Honey, der Ausverkauf dort fängt erst am Freitag an. Gehen Sie doch zu Bloomingdale's, das ist so oder so näher.« Oft fügten die Leute hinzu: »Sie kommen aus England, was? Wie lange sind Sie denn hier? Wie gefällt's Ihnen?«

Auf unseren Streifzügen durch die Straßen von New York begegneten wir oft diesem großartigen Wesenszug der New Yorker – immer sind sie alert und aufmerksam, immer schalten sie sich (fast aggressiv) in die beliebigste Situation ein, auf die man sie aufmerksam macht, immer schlagen sie Alternativen vor, immer haben sie eine Antwort oder fangen eine Diskussion an.

Die Empfehlungsschreiben brachten uns eine Flut so vielfältiger Einladungen zu diversen Anlässen, wie wir sie nur je erlebt hatten, und eine Weile sonnten wir uns im Licht der legendären amerikanischen Gastfreundschaft.

Da wir die sorgfältig angefertigte kommentierte Liste der Leute verloren hatten, die von uns angeschrieben worden waren, konnten wir nicht wissen, ob die Person, der wir gleich begegnen würden, nun eine liebe alte Freundin von Cousine Dorothy sein würde, eine Geschäftsbekanntschaft von Esmonds Chef in der Londoner Werbeagentur oder ein flotter junger Freund von Peter Nevile. In gewisser Weise machte dies die Sache noch aufregender: »Wie Jäger, die nicht wissen, ob sie einem Rehbock oder einem Karnickel hinterher sind«, sagte Esmond.

Im Gegensatz zu der prekären Lage, in der wir uns unter ähnlichen Umständen in England befunden hätten, spielte unsere Ignoranz bezüglich der jeweiligen »Kontakte« (wie Esmond nun unermüdlich sagte) hier kaum eine Rolle. Selbst die Alten und Reichen behandelten uns mit überraschender, informeller Herzlichkeit; es fehlte überall die vertraute Eigenschaft des missbilligend Tantenhaften – im Grunde eine Form automatischer Unhöflichkeit der Jugend gegenüber –, die uns unter entsprechenden britischen Umständen ständig begegnet wäre.

Der Mangel an Kühle, der uns bei den Eingeborenen dieser faszinierenden Gegend auffiel, galt auch für ihre Wohnungen, die stets so behaglich und schützend warm waren wie ein Treibhaus. Die herrlichen Wärmewogen, die einen beim Eintreten begrüßten, schienen der raschen Freundlichkeit der Bewohner zu entsprechen, eine willkommene Abwechslung nach England, wo es eine leider übliche Erfahrung war, feststellen zu müssen, dass die Temperatur im Wohnzimmer eines Gastgebers mitten im Winter dieselbe war wie draußen vor der Tür.

Wir kamen uns vor wie Forschungsreisende auf einem Terrain, das Wohnungen und Büros in ganz Manhattan umfasste, mit gelegentlichen Exkursionen auf den furchteinflößenden Parkways in entferntere Vororte.

Die »Kontakte« zerfielen, grob gesagt, in drei Gruppen, in die Esmond sie mit seiner eigenartigen Leidenschaft für Klassifizierungen einzuteilen begann. Zuerst waren da diejenigen, die eher aufgelegt waren, uns zu Denkmälern von Interesse zu führen als ein Treffen auf ein paar Cocktails oder ein Abendessen vorzuschlagen; da das Grab von General Grant hier eine große Rolle spielte, hießen sie die *Grant's Tombers*. Dann mögliche Stellenverschaffer, und schließlich (wir waren noch nicht lange genug in Amerika, um zu begreifen, wie wenige seiner Bewohner tatsächlich mit der Intonation von Peters enthusiastischem Akzent sprachen) *the genoowineley innaresting people*, die wirklich interessanten Leute.

Das eine, das alle drei Kategorien gemeinsam hatten, war die unvermeidliche Frage: »Gefällt Ihnen Amerika?« Hier waren wir zuerst immer etwas ratlos.

»Es würde uns nie einfallen, einen Ausländer zu fragen, ob ihm England gefällt«, führte Esmond aus, »denn wenn ja, was soll's? Und wenn nicht, dann kann man auch nichts daran ändern.«

Wir fragten uns oft, was ein Kontakt wohl sagen würde, wenn wir antworteten: »Wir finden's abscheulich.« Doch stimmte dies glücklicherweise durchaus nicht, und wir konnten wahrheitsgemäß antworten: »Oh, sehr gut – wunderbar …«

Esmond schrieb an Peter: »Das Einzige, was mich hier ein wenig unangenehm berührt: Die Leute – ich meine, selbst die intelligenten – sind so verdammt nationalistisch. Ständig zitieren sie was aus der Geschichte und beziehen sich auf den Amerikanischen Unabhängigkeitskrieg, und man selbst muss zugeben, dass einem hierzu überhaupt nichts einfällt.« Esmonds Schulbildung war zwar wesentlich gründlicher als meine, aber irgendwie war auch bei ihm der Eindruck hängen geblieben, dass Amerika aus dem Britischen Empire ausgestoßen worden sei, weil es sich so unmöglich aufgeführt hatte. Diese Meinung stellten die *Grant's Tombers* rasch richtig.

Nach ein paar Wochen in New York hatten wir das Gefühl, dass wir hier fast ebenso viele Leute kannten wie in London. Unsere Bekanntschaft war zwar kaum ein repräsentativer Querschnitt, da Verleger, Werbeleute und Redakteure ein starkes Übergewicht hatten, war aber doch von kaleidoskopischer Vielfalt. Sie reichte von Radikalen zu Konservativen, von Park-Avenue-Millionären zu jungen Leuten mit einem kleinen Gehalt, und dazu noch ein paar Tänzerinnen, Künstlern und Autoren.

Unter den Dutzenden von neuen Orten, Gesichtern und Erfahrungen sind mir einige scharf umrissen im Gedächtnis geblieben: die Toilette im Verlag Random House, eingerichtet wie eine Miniaturbibliothek, wo sich vom Boden bis zur Decke anspielungsreiche Titel aneinanderreihten (*Mein Kampf*, *Vom Winde verweht*, *King John*); die faszinierenden Familien Graham und Meyer; das *Time-Life*-Milieu; die Enthusiasten der englischen Herrenschneiderei; die Park-Avenue-Snobs.

Wir begegneten Kay Graham auf einer Party und ordneten sie sofort als *Genoowineley Innaresting* ein. Sie war etwa in unserem Alter, sehr hübsch und intelligent und eine glühende Anhängerin der New-Deal-Politik. Noch ehe der Abend vorbei war, lud sie uns für das Wochenende ins Landhaus ihrer Familie ein. »Aber werden Ihre Eltern nicht *wütend* sein?«, fragte ich unsicher und stellte mir die Szene vor, die eingetreten wäre, hätte ich ohne Erlaubnis zwei unbekannte Ausländer nach Swinbrook kommen lassen. Sie schien überrascht über diesen Einwand; nachdem ich ihre Eltern kennengelernt hatte, verstand ich, warum.

Das Haus in Westchester County (die Gegend war, wie man uns gesagt hatte, eine Art Millionärsvorort von New York) war das luxuriöseste Anwesen, das ich je gesehen hatte – der Größe und Umgebung nach wie ein englischer Landsitz, nur doppelt so komfortabel. Es gab keine der unerwarteten Unbequemlichkeiten – kaltes Badewasser, wirkungslose Lichtschalter, ungenießbares Essen –, die man so oft in ähnlicher Umgebung in England erleiden musste.

Eugene und Agnes Meyer waren meinen (eigentlich allen englischen) Eltern so unähnlich, das sie einem kaum wie Eltern erschienen. Sie erinnerten eher an die gute Fee des Märchens, selbst im Umgang mit den eigenen Kindern. Obwohl sie führende Republikaner waren und ihre Kinder zu radikalen Positionen neigten, obwohl das ganze Wochenende lang politische Auseinandersetzungen tobten, schienen alle einander erstaunlich gernzuhaben. Mr Meyer schien sogar die Männer zu schätzen, die seine Töchter geheiratet hatten. Ich musste an Farves Charakterisierung seiner Schwiegersöhne denken, die er mit düsterer Misslaunigkeit bezeichnete als »diesen Kerl Mosley da, diesen Knaben Romilly und diesen Langweiler Rodd«.

Kay und ihr Mann Phil genossen es, Mr Meyer verbal in die Enge zu treiben und ihn in die Widersprüche seiner Ansichten zu verwickeln. Eines Abends fühlte ich mich beim Essen, nachdem sie ihn wieder vor sich hergejagt hatten, von diesem ungewohnten Verhältnis zwischen Alt und Jung ermutigt, ihn zu fragen: »Aber Mr Meyer, Sie sind doch gewiss nicht *für* den Kapitalismus, oder?« Er sah mich über den Tisch hinweg einen langen, lächelnden Augenblick an, während seine Kinder und Esmond schallend lachten, und gab dann die Antwort, die seine Meinung zu diesem Thema souverän zusammenfasste: »Doch.«

Später erzählte uns Kay eine Geschichte aus dem letzten Wahlkampf. Sie und ihre Eltern hatten dort unermüdlich mitgearbeitet – auf entgegengesetzten Seiten. In der Wahlnacht war Kay bei einer Freundin noch spät aufgeblieben, um die Ergebnisse im Radio abzuhören. In den frühen Morgenstunden rief ihr Vater aus dem Haus in Westchester County an, um triumphierend zu melden: »Die ländlichen Gebiete stimmen stark republikanisch! Eben haben wir die Ergebnisse aus Westchester County bekommen!«

Nachdem wir erfahren hatten, dass Eugene Meyer der Besitzer und Herausgeber der *Washington Post* war, setzten wir ihn sofort ganz oben auf die Liste der Stellenverschaffer, falls es uns eines Tages nach Washington verschlagen sollte. Obwohl die Meyers »für den Kapitalismus« eintraten (und vielleicht, weil sie entschieden gegen den Faschismus waren), hatten wir in ihrer Gegenwart nie das peinliche Gefühl, mit dem Feind zu fraternisieren, das uns manchmal bei Exkursionen in andere Bastionen des amerikanischen Reichtums befiel.

Nach einem langen und erfolglosen Tag bei möglichen Stellenverschaffern war es entspannend und angenehm, sich in einem Penthouse der Park Avenue in die Satinkissen zurückzulehnen. Unglücklicherweise stellten sich allzu viele der Besitzer dieser Refugien des guten Essens und unbegrenzten Whiskys als humorlose, faschistisch gesinnte Gestalten heraus, Vorläufer des McCarthyismus, und manchmal hatten wir das Gefühl, in einen Abgrund von Arroganz und Rassismus zu blicken, wie selbst ich ihn noch nie erlebt hatte.

Zu häufig stritten wir uns am Ende mit den Gastgebern. Eine Dame unternahm es, uns über ihre Landsleute aufzuklären. Esmond notierte sich rasch die wichtigsten Punkte auf einem Stück Papier, während sie die verschiedenen Kategorien erläuterte. Er schrieb mit, während sie sprach: »Schwarze – potenzielle Verbrecher. Arme Weiße, Italiener usw. – schlimmer als Schwarze. Juden – reines Gift. Leute in den Arbeitsbeschaffungsprojekten – Parasiten, die gar nicht arbeiten wollen. Demokratische Partei – Abschaum. Präsident Roosevelt – krimineller Verrückter, der anderswo keine Stelle bekommen hat.«

»Das müssen ja insgesamt über siebzig Prozent der Bevölkerung hier sein«, sagte er. »In was für ein entsetzliches Land sind wir da geraten! Wie halten Sie es nur aus, hier zu leben? Wir hätten England gewiss nie verlassen, wenn wir das alles gewusst hätten! Komm, Decca, wir laufen gleich ins Hotel und schauen, ob wir noch eine Kabine auf dem nächsten Schiff nach Hause reservieren können …« Und wir liefen tatsächlich los und ließen unsere Gastgeberin mit offenem Mund zurück; das Dessert blieb unberührt. »Und das sah gut aus«, meinte Esmond bedauernd, »aber irgendwo muss Schluss sein.«

Eine Einladung von einem möglichen Stellenverschaffer enthielt die ominöse Formel »Schwarze Krawatte«.

»Das ist gut, so eine habe ich«, sagte Esmond. Ich klärte ihn rasch auf. »Ich glaube, das bedeutet, dass du einen

Smoking tragen sollst, nur heißt er hier Tuxedo«, sagte ich. »Wenn wir hingehen, musst du dir irgendwie einen beschaffen.« Es hätte unsere sämtlichen Regeln verletzt, eine Einladung auszuschlagen. Esmond konsultierte den Oberkellner im Shelton und kehrte mit einem düsteren Gutachten zurück.

»Er sagt, ein Tuxedo kostet mindestens vierzig Dollar in den Läden, die er kennt. Er sagt, man kann sich auch einen leihen, aber selbst das kostet etwa fünfzehn. Das kommt also nicht in Frage … Ich glaube, ich geh mal los und schaue, was ich in einem billigeren Teil von New York finde.«

Er kam spät, aber siegreich zurück. »Schau mal!«, rief er begeistert. »Nur sechs Dollar, mit Weste und allem. Ich hab ihn in einem kleinen Geschäft in einer Straße gefunden, die Third Avenue heißt. Wunderbarer Laden. Der Verkäufer hat ihn mir besonders billig gegeben, weil der letzte Besitzer drin erschossen worden ist, das soll Unglück bringen, deshalb wollte ihn niemand.«

Der Tuxedo passte gut. Ich hielt nach dem Einschussloch Ausschau, fand aber keines. Das Schlimmste an dem Anzug waren die Satinaufschläge des Jacketts, die wie Spiegel glänzten. Ich rieb Puder hinein, was die Leuchtkraft etwas verringerte. Wir diskutierten, ob wir die enormen Schulterpolster herausnehmen sollten, die Esmond wie einen Preisboxer aussehen ließen, entschieden uns aber dagegen, weil wir befürchteten, das Jackett könnte dann ganz in sich zusammenfallen. »Die werden dich ja wahrscheinlich auch nie wiedersehen, die denken, du hast eben solche Schultern«, sagte ich.

Dank der Suggestivkraft des Vorurteils war Esmonds Tuxedo ein großer Erfolg. Ich vermied seinen Blick, als man unseren Gastgeber sagen hörte: »Geht doch nichts über die englischen Schneider. Der Tux ist großartig, wo haben Sie den her, aus der Savile Row?«

Kurz nach unserer Ankunft hatten sich die Zeitungen ein wenig mit uns beschäftigt und die alte Geschichte aufgewärmt, wie wir nach Spanien druchgebrannt waren. Wir freuten uns, dass die Berichte alles in allem nicht ohne Sympathie geschrieben und vor allem sehr viel genauer waren, als uns die Erfahrungen mit der englischen Presse zu erwarten gelehrt hatten. *Time* zitierte Esmond mit den Worten: »Wir sind hierhergekommen, um einer schrecklichen, todesähnlichen Atmosphäre von Depression und Hoffnungslosigkeit zu entfliehen. England ist eine der traurigsten Gegenden der Welt.«

In diesem Zusammenhang lernten wir zwei Leute in etwa unserem Alter kennen, die für *Life* arbeiteten: Liz Kelly von der Researchabteilung und Dave Scherman, einen jungen Fotografen; die beiden hatten den Auftrag bekommen, uns zu interviewen. Sie faszinierten uns, weil sie uns so typisch amerikanisch schienen – Liz, eben aus Nebraska angekommen, die klassische Verkörperung des Girls aus der Kleinstadt, das sich in New York energisch hocharbeitet, und Dave mit seinen rasch-witzigen Kommentaren. Bald waren wir gute Freunde. Dave gebrauchte ganz natürlicherweise ständig Formulierungen, die wir nur im Kino gehört hatten: »That guy's a lowdown, good-for-nothing heel«, oder »Can you beat it?« Sie besuchten uns oft, und wir erzählten ihnen von den *Grant's Tombers* und von unseren Exkursionen in die Park Avenue.

Ohne es zu wissen, brachten wir den armen Dave in ernste Schwierigkeiten mit seinen Vorgesetzten bei *Life*. Esmond bemerkte beiläufig zu einem Reporter des *Daily Mirror*: »Der hartgesottenste Amerikaner, den ich bis jetzt kennengelernt habe, ist ein Fotograf von *Life*.« Am nächsten Tag zitierte der *Mirror* den Satz in einer seiner Kolumnen. Dave eilte zu uns ins Hotel.

»Hört mal her, ihr verrückten Landeier, ihr könnt doch nicht anderen Zeitungsfiguren aufbinden, ich sei hartgesotten. Meinem Boss hat diese Chose ganz und *gar* nicht gefallen. Er hat mich so was von zusammengeschissen wegen dem Zitat im *Mirror*. Er hat gesagt, bei *Life* redet man nicht gangstermäßig daher. Wir *sollen* in unserer Branche nicht hartgesotten sein. Klar?«

Wir entschuldigten uns überschwänglich, mussten aber wiederum laut lachen, weil Daves Protest in einer Art und Weise formuliert war, die unwiderstehlich an Humphrey Bogart mit der Zigarette im Mundwinkel erinnerte.

Die möglichen Stellenbeschaffer nahmen den größten Teil unserer Tage in Anspruch. Esmond hatte einen Stapel von Empfehlungen an verschiedene Werbeleute, und zu dieser Liste kamen regelmäßig noch neue Tips von den *genoowineley innaresting people* oder sogar den *Grant's Tombers*.

Unsere Reserven schmolzen bedrückend rasch zusammen. Das Leben im Shelton nagte bedrohlich am Restbetrag unserer hundert Pfund. »Das Problem ist«, sagte Esmond niedergeschlagen zu mir, »dass ich bei den Sekretärinnen und den Leuten im Empfangsbüro immer gut ankomme. Aber wenn ich dann zu meinem Gespräch hineingehe, muss ich jedes Mal hören, dass meine Werbeerfahrungen in England nicht viel wert sind, weil England in der Werbung zwanzig Jahre hinter Amerika zurück ist. Ich nehme an, sie meinen damit so was wie das hier.« Er zeigte mir eine Anzeige in einer alten Nummer des Londoner *Evening Standard*: »Sellers Bouillonwürfel … So gut wie Beef Tea!« »In Amerika sagen sie niemals, dass irgendwas lediglich ›so gut‹ ist wie etwas anderes. Besonders wenn es nur so gut ist wie etwas, das so deprimierend klingt wie *Beef Tea* …«

Eine Firma schlug vor, er solle den Probetext einer Soap Opera vorlegen. »Ich frage mich, was um alles in der Welt das wohl sein kann«, sagte Esmond. »Ich habe ihm gesagt, dass ich überhaupt nicht musikalisch bin, aber er meinte, das spiele keine Rolle.«

Wir stellten diskrete Nachforschungen an und fanden heraus, dass eine Soap Opera eine Art Hörspielserie ist, gewöhnlich über einen Drugstorebesitzer in einer Kleinstadt und seine Familie. Esmond setzte sich an die Arbeit, aber sein Kleinstadtamerikaner hörte sich eher an wie eine Mischung aus britischem Offizier und einem Provinzschauspieler des englischen Industriegebiets, mit ein paar darübergestreuten »I guess«, »swell« und »lousy«. Als er den Text einreichte, machte man ihm den demütigenden Vorschlag, er solle doch irgendwo als Laufbursche in einem Büro arbeiten, um »ganz unten anzufangen und sich hochzuarbeiten«.

Schließlich war ich die Erste, die eine Stelle bekam. Nachdem ich schamlos eine lange Tätigkeit in der Modeindustrie in London und Paris erfunden hatte, nahm man mich als Verkäuferin bei Jane Engels Damenmoden in der Madison Avenue, für zwanzig Dollar die Woche. »Du hättest mich sehen sollen, wie ich bei den Damen ganz unten angefangen und mich langsam hochgearbeitet habe«, erzählte ich Esmond nach meinem ersten Arbeitstag. »Die Kleider von den Kundinnen runterzukriegen und wieder dran ist unglaublich schwierig, ich hätte mir das nie so vorgestellt. Entweder bleibt das Kleid auf halbem Weg hängen und die Ärmste steht da und kämpft und protestiert mit erstickten Schreien, oder aber es fällt *alles* ab und sie ist ganz bloß und zittert vor Kälte. Ich nehme an, mit der Zeit komme ich drauf, wie's geht.«

Die meisten der anderen Verkäuferinnen waren jung, einheitlich hübsch, nett und unkompliziert. Sie hatten gar nichts von dem schiefen, verbitterten Egoismus, der bei vielen meiner Marktforscherinnen ein so unangenehmer Zug gewesen war. Frank, frei und offen waren sie voller Neugier, was mich betraf.

»Was macht denn dein alter Herr?«

»*Machen?* Also, meistens hört er Radio. Es gibt ein Magazin, die *Radio Times*, das ist sein Lieblingsspielzeug. Es erscheint nur einmal die Woche, aber er liest sehr langsam, also ist er meistens noch damit beschäftigt, wenn die nächste Nummer erscheint.«

»Nein, ich meine, was macht er so? Mein alter Herr ist zum Beispiel Schuhverkäufer.«

»Um Gottes willen, ein entsetzlicher Gedanke! Nein, ich glaube nicht, dass sich von ihm irgendjemand einen Schuh verkaufen lassen wollte, er ist ein ziemlicher Untermensch.«

Ich konnte sehen, dass ich etwas eigenartig zu wirken begann, und versuchte, der Sache noch eine günstige Wendung zu geben.

»Eigentlich hat er im Lauf der Zeit doch viel gemacht. Er hat eine kleine Goldmine in Kanada, da hat er sich in ganz jungen Jahren einen Claim gesichert, zusammen mit einem gewissen Harry Oakes, der den Claim daneben abgesteckt hat. Es gibt dort auf unserem Grund kein Gold, aber er und meine Mutter waren oft monatelang da und haben hoffnungsfroh herumgegraben. Und dann ist er schrecklich an neuen Erfindungen interessiert.« Ich erzählte ihnen vom Reno-Tank und von einer Erfindung, in die Farve dann doch nichts investiert hatte. Vor langen Jahrzehnten hatte ihm einmal ein Erfinder eine Maschine vorgeführt, mit der man zu Hause kleine Vierecke aus Eis herstellen konnte. »Noch nie einen derartigen Schwachsinn gehört!«, hatte Farve gebrüllt. »Kleine Vierecke aus Eis, unglaublich!«

Die Girls waren voller Sympathie und versicherten mir, dass es in Amerika gar keine Rolle spielte, wie die Familie war, hier würde man mich ausschließlich nach meinen eigenen Verdiensten beurteilen und nicht nach der unglücklichen Erbmasse.

Ein anderes Problem fand um die Zeit eine Lösung: Es gelang uns, ein möbliertes Apartment zu finden. »Reizendes Ein-Zimmer-Walk-up (so heißt auf Amerikanisch eine Wohnung ohne Aufzug) im malerischen Greenwich Village – dem hinreißend altmodischen Viertel, wo der Atem des einstmaligen New York weht«, schrieb Esmond im besten *Grant's-Tomber*-Stil an Peter.

Das hübsche kleine Apartment war trotz seiner Winzigkeit praktisch und bequem. Es war *en écossais* eingerichtet, mit lustigen Plaidmustern auf Bezügen und Vorhängen. Alles war auf Raumersparnis angelegt: das sogenannte Murphy-Bett (und, wie Esmond meinte, eine Murphy-Küche und ein Murphy-Badezimmer, beide waren so klein und unauffällig), die kleine Essnische, in welche sich die Stühle wie in einer Puppenstube einpassen ließen.

Das würde uns gut reichen, bis wir auf das Gold stießen, das unter dem Pflaster von New York lag. Esmond glaubte, in dieser Hinsicht müssten wir uns jetzt nur noch zurücklehnen und unseren Alte-Welt-Charme rücksichtslos nützen. Doch kurz nachdem wir in unser Apartment gezogen waren, stellten wir fest, dass diese Strategie leider auch anderen eingefallen war.

FÜNFUNDZWANZIG

Eines Tages wurde ich im Ladengeschäft von Jane Engel ans Telefon gerufen. Eine tiefe Stimme mit einem starken nordenglischen Akzent fragte: »Spreche ich mit Mrs Romilly?« Der Anrufer erklärte, er würde immer gerne neu in New York angekommene Engländer kennenlernen, habe unseren Namen auf der Passagierliste gesehen, im Shelton angerufen und sei an meinen Arbeitsplatz verwiesen worden. Ich wünschte mir jetzt, ich hätte die Nummer nicht im Shelton hinterlassen, der Mann hörte sich nach einem grandiosen Langweiler an. »Ich kann jetzt nicht, ich bin bei der Arbeit«, sagte ich kurz. Er war sehr hartnäckig, so dass ich ihm schließlich unsere Nummer zu Hause gab, bloß um ihn loszuwerden. Als ich heimkam, hatte ich den Vorfall bereits vergessen.

Esmond ging höchst aufgeregt im Apartment auf und ab.

»Der Mann, der vorher hier war – der ist absolut faszinierend! Ich muss dir das alles schnell erzählen, weil er bald wieder herkommt. Ich glaube, wir sind da wirklich an was Großem dran.«

Der Mann hatte Esmond mitgeteilt, er sei Mr Donahue, der Bruder von Steve Donahue, dem weltberühmten Jockey. Er war am Nachmittag in unsere Wohnung gekommen, und Esmond hatte seine ganze Lebensgeschichte erfahren. Mr

Donahue war vor vielen Jahren das erste Mal nach Amerika gereist, als junger Mann. In kurzer Zeit verlor er achtzigtausend Dollar beim Pferderennen; es brach ihm fast das Herz. Er kehrte nach Lancashire zurück, und sein Onkel sagte zu ihm: »Geh zurück und schlage sie bei ihrem eigenen schmutzigen Spielchen!« Diesen Rat hatte er befolgt. Er setzte jetzt nur in den kleineren Rennen, wo er den halbprofessionellen Jockeys je hundert Dollar zahlte, damit sie das Pferd gewinnen ließen, auf das er gesetzt hatte. Auf diese Art war er zu einem großen Vermögen gekommen und hatte die ganzen Vereinigten Staaten bereist. Er kannte Leute in Florida und Hollywood. Er konnte uns garantiert die signierte Fotografie jedes beliebigen Filmstars verschaffen.

»Aber das wirklich Wundervolle ist, dass er bereit wäre, uns beim Wetten zu beteiligen«, sagte Esmond. »Das ist natürlich von ihm aus gesehen sehr riskant – wenn zu viele Leute anfangen, entsprechend zu setzen, geht die Quote runter, und sein ganzes Unternehmen wäre ruiniert.«

»Der hört sich für mich nach einem Gauner an. Ich glaube, wir sollten nichts mit ihm zu tun haben«, sagte ich zögernd.

»Natürlich ist er ein Gauner! Darum geht's doch! Deshalb ist das ja eine so sichere Sache! Er hat mir gesagt, nachdem er damals die achtzigtausend verloren hatte, wäre er bereit gewesen, ›einem toten Mann die Münzen von den Augen zu klauen‹. Na ja, so redet er eben. Ich habe mir folgendes ausgerechnet. Er denkt wahrscheinlich, wir haben eine Menge Geld, und das will er uns abnehmen. Also wird er uns ein paarmal kleine Gewinne machen lassen, damit wir ihm vertrauen. Wenn er uns dann sozusagen in der Hand hat, dann versucht er's im Ernst.«

»Ja, aber wenn er uns ein paarmal kassieren lässt, dann gewinnt er tatsächlich unser Vertrauen. Was dann?«

»Nein, tut er nicht.« Esmond wurde ungeduldig. »Versteh doch, er will uns langfristig im großen Stil ausnehmen. Er ist ein richtiger Profi, der ist nicht daran interessiert, uns kleine Beträge abzuknöpfen. Und wenn wir dann, sagen wir mal, so etwa fünfhundert Dollar gewonnen haben, dann hören wir einfach auf. Wir kommen ihm kurzfristig zuvor, das ist unsere Strategie.«

»Und übrigens, diese signierten Fotos von den Hollywoodstars, die kann jeder kriegen, man muss nur hinschreiben. Das weiß ich, weil Robin und Idden sich ständig welche haben kommen lassen.«

»Ja, aber das gehört ja nur dazu, dass er unser Vertrauen gewinnen will. Darauf bin ich natürlich nicht hereingefallen. Schau mal, in ein paar Stunden werden wir über hundertfünfzig Dollar gewonnen haben.«

Ich wurde mit einem Mal überaus misstrauisch.

»WAS? Willst du etwa sagen, du hast ihm was von unserem Geld gegeben?«

»Also nicht wirklich. Ich habe ihm nur einen Scheck gegeben, und wenn sich herausstellt, dass er uns übers Ohr hauen will, stoppe ich den Scheck bei der Bank.«

»Wie viel hast du eingetragen?«

»Vierzig Dollar. Wir haben dann immer noch siebenundzwanzig für den Notfall, wenn du rausfliegst oder irgendwas ist. Wenn er sich heute Abend nicht meldet, dann stoppe ich den Scheck, ich versprech's. Schau, das sind unsere Pferde.

Wir haben zwanzig auf Braving Danger im vierten Rennen und zwanzig auf Starlight im sechsten.« Esmond raschelte mit der grünen Wettzeitung, während er sprach.

»Ich frage mich, warum er sich so plötzlich entschlossen hat, uns da mitmachen zu lassen«, sagte ich. »Er kennt uns doch kaum.«

»Das hat er mir erklärt. Er ist einer von diesen Engländern im Ausland, die immer gerne irgendwelchen Landsleuten behilflich sind. Und er mag junge Leute, hat er mir gesagt. Er hat selbst keine Kinder, das hat er immer bedauert, also versucht er, jungen Ehepaaren zu helfen, die sich schwer tun. Natürlich habe ich von alledem kein Wort geglaubt; wenn du mich fragst, will er einfach viel Geld an uns verdienen. Deswegen denke ich mir, wir sollten auf jeden Fall aufhören, wenn wir die fünfhundert haben.«

Es klingelte. »Siehst du? Da ist er«, sagte Esmond triumphierend.

Steve Donahues Bruder war ein kleiner, stämmiger Mann mit wettergegerbtem Gesicht und traurigen, freundlichen Augen. Esmond stellte uns vor und machte Drinks.

Mr Donahue ließ sich schwerfällig auf einem der Küchenstühle nieder und schüttelte düster den Kopf. »Ich weiß auch nicht, was da im letzten Rennen los war«, sagte er mit seinem weichen Lancashire-Akzent.

»Ach – wir haben also nicht gewonnen?«, fragten Esmond und ich gleichzeitig.

»Ihr habt siebzig Dollar gewonnen. Braving Danger hat's gemacht. Aber anscheinend sind wir im sechsten Rennen reingelegt worden. Wenn ich den Jockey zu fassen kriege, dreh ich ihm den Hals um, dem Kerl.«

»Siebzig Dollar! Das ist ja wunderbar. Wann bekommen wir die?«, fragte Esmond.

»Morgen wird ausgezahlt. Ich treff Sie dann so um die Mittagszeit in Jack Dempseys Bar. Jack ist ein sehr guter Freund von mir, sehr eng mit mir bekannt, ja, das ist er. Jetzt schauen wir mal ... Ich habe heute 4500 Dollar verdient, und es hätten über 10 000 Dollar sein sollen. Dieser Ganove von einem schmierigen Jockey ...«

Mr Donahue blieb lange. Er erzählte uns von seinem traurigen Liebesleben vor vielen Jahren. Er hatte ein Mädel geliebt, das in einer Fabrik in Wigan arbeitete. Er hatte sie nie geheiratet, aber sie hatte ihm eine Tochter geboren, und beide, Mutter und Tochter, waren kurz darauf gestorben. Er erzählte uns alles über sein Leben auf den Rennplätzen Amerikas. Er besaß selbst mehrere Reitställe mit Rennpferden an verschiedenen Orten der USA.

»In England ist das Pferderennen der Sport der Könige; ein königlicher Sport ist das da. In diesem dreckigen Land hier ist es durch und durch korrupt, so falsch wie ein Dreidollarschein. Bricht einem das Herz.«

»Sie sprechen wie jemand aus einer Geschichte von Damon Runyon«, sagte Esmond. »Ich hab viel von seinen Sachen gelesen.«

»Damon Runyon! Das ist ein sehr guter Freund von mir. Möchten Sie ihn kennenlernen?«, fragte Mr Donahue. Er bot sich auch an, uns mit einer englischen Künstlerin bekannt zu machen, die gerade das Porträt von Brenda Frazier malte. »Sechs Fuß zwei, aber eine hervorragende Künstlerin.«

»Ich hab euch beide wirklich ins Herz geschlossen«, sagte er. »Macht euch doch nichts, wenn ich euch so anrede?«

Ehe er ging, lud er uns ein, ihn zur Eröffnung der New Yorker Rennbahn zu begleiten und später mit ihm zusammen fürs Wochenende nach Florida runterzufahren. Als er fort war, saßen wir da und schrien vor Lachen. Was für ein phantastischer Glückszufall, dass wir schon nach wenigen Wochen in New York an einem echten Unterweltsgeschäft beteiligt wurden!

Wir riefen Dave Scherman an und sagten, wir hätten aufregende Neuigkeiten. Er kam gleich vorbei. Esmond skizzierte rasch die Ereignisse des Tages.

»Ach, ihr armen leichtgläubigen Irren«, war Daves erste Reaktion. »Der Typ ist wahrscheinlich ein hochkarätiger Schwindler. Der zieht euch das Hemd aus ...«

»Natürlich, das wissen wir, dass er ein Schwindler ist. Deswegen sind wir ja in der hervorragenden Position, aus dieser Sache was rauszuschlagen.« Esmond erklärte seine Theorie von den langfristigen und kurzfristigen Operationen so überzeugend, dass Dave bald eifrig vorschlug, er könne sich doch als unser Partner beteiligen.

»Ich bin sicher, Mr Donahue hätte dich gerne dabei«, sagte ich. »Er hat junge Leute so gern. Vielleicht kannst du dir ein paar Tage bei *Life* freinehmen und auch nach Florida fahren, wenn er uns mitnimmt.« Wir vereinbarten, dass Dave am nächsten Abend zu uns kommen würde, damit wir gemeinsam unsere zukünftigen Wetten planten.

Esmond nahm ich das Versprechen ab, im morgigen Rennen nur unseren Gewinn von siebzig Dollar zu setzen und unseren ursprünglichen Einsatz von vierzig zurückzuholen.

Ich konnte es kaum erwarten, den Mädchen bei Jane Engel von unserem Glück zu erzählen. Sie umdrängten mich und bettelten, ich solle sie doch auch mitmachen lassen. »Aber wir haben versprochen, niemand die Namen der Pferde zu verraten«, erklärte ich. »Es muss streng geheim bleiben, sonst sind die Quoten ruiniert.«

Sie drängten mir Geld auf. »Mach du's einfach für uns. Setz fünf Dollar für mich…« »Ich setze zwei, du brauchst die Namen gar nicht sagen…«

Am Nachmittag rief ich Esmond an, um mir alles über das Treffen in Jack Dempseys Bar erzählen zu lassen. »Er kennt Jack Dempsey wirklich«, erzählte Esmond. »Er hat mich ihm als Lord Redesdales Neffen vorgestellt!«

»Was hat Dempsey gesagt?«

»Natürlich hat er ›Freut mich‹ gesagt«, erwiderte Esmond ungeduldig. »Und er würde hoffen, dass uns Amerika gefällt.«

»Ich seh jetzt nicht, wieso das beweist, dass Donahue ihn kennt. Was hätte Dempsey denn sonst auch sagen sollen? Aber abgesehen davon, was ist mit dem Geld?«

»Also das hatte Mr Donahue jetzt nicht bei sich. Es gab da ein kleines Missverständnis – er hat gedacht, wir wollten es gleich wieder im heutigen Rennen investieren, also hat er's nicht erst mitgebracht. Ich habe ihm erklärt, wir hätten uns dafür entschieden, nur den Gewinn zu setzen, und er kommt so um drei her und bringt die vierzig Dollar Einsatz zurück.«

Ich kam ziemlich spät nach Hause, weil ich unterwegs die Schaufenster angeschaut und mir überlegt hatte, was für neue Kleider ich von dem Gewinn kaufen sollte.

Esmond machte auf mein Klingeln nicht auf, so dass ich mit meinem Schlüssel öffnete. Man hörte Wasser laufen. Esmond stand unter der Dusche. Er sah aus, als stehe er schon seit Stunden so da. Wasser rann ihm über das Gesicht und verzerrte seine Züge. »Lass mich«, sagte er. »Komm nicht näher.« Er sprach aus einem Abgrund von Elend. Mir war gleich alles klar.

Der sogenannte Mr Donahue hatte sich nicht mehr sehen lassen. Es war eine extrem kurzfristige Operation gewesen.

SECHSUNDZWANZIG

In diesem Frühjahr kamen nur schlechte Nachrichten aus Europa. Im März marschierte Deutschland in der Tschechoslowakei ein, Franco vollendete seinen Sieg mit dem Fall von Madrid, und England begann im Ernst mit Vorbereitungen für den Krieg. Nach dem, was wir aus den Zeitungen und aus Briefen von Freunden erfahren konnten, waren diese Vorbereitungen gekennzeichnet von Ineffizienz, mangelndem Enthusiasmus und Ungewissheit, wer denn eigentlich der Feind sein würde.

»Die Regierung, weit davon entfernt, sich von der Beschwichtigungspolitik zu verabschieden, arbeitet jetzt daran, aus dieser die offene Kollaboration mit Nazideutschland zu machen«, schrieb uns ein Freund. »Hitler würde gegen die Sowjetunion nur kämpfen, wenn Frankreich und England offen auf seine Seite treten, und dazu, glaube ich, sind sie nachgerade bereit.«

Diese deprimierende Analyse wurde von den Nachrichtenmeldungen bestätigt. Die Sowjetunion forderte dringend dazu auf, die Diskussion über ein System kollektiver Sicherheit mit Frankreich und England angesichts der nazistischen Aggression wieder zu eröffnen. Die Antwort der Regierung Chamberlain bestand in der Entsendung eines Mannes nach Moskau, der in der Presse als »Angestellter im Außenministerium« beschrieben wurde und keinerlei Befugnis hatte, irgendwelche bindenden Vereinbarungen zu treffen.

In England bestand nun Wehrpflicht. Die unwahrscheinlichsten Leute waren jetzt beim Militär – gelegentlich brachten Briefe von zu Hause Neuigkeiten von ihnen. Philip Toynbee schrieb uns etwas über einen gemeinsamen Bekannten, der ein notorischer Londoner Homosexueller war. Als junger Offizier des »neuen Typs« hatte er einen offiziellen Bericht über den Besuch eines Captain bei seinem Regiment verfassen müsen. Der begann: »Captain Soundso ist ein absolutes Kleinod.«

Esmond freute sich höchlichst, dass er die Einberufung vermieden hatte. Er schrieb sardonisch an Philip: »Sir, ich habe eine Botschaft an Sie und die jungen Männer wie Sie in England! Und sie lautet: Tut Eure Pflicht! Keine Drückebergerei! Jeder gesunde Mann im richtigen Alter kann einen Platz finden, um in dieser bedrohlichen Zeit seinem Land zu dienen – Territorialarmee, Marinereserve, Luftschutz! Bitte weniger Gerede über irgendwelche Ismen und über Politik – mehr schweigender Einsatz und fraglose Pflichterfüllung…«

Um diese Zeit konnte Esmond einen Artikel in *The Commentator* veröffentlichen, der den Titel trug »Aus England entronnen«. Er beschrieb »die Atmosphäre bitterer Niedergeschlagenheit und Resignation« in England im Frühjahr 1939: »Die Menschen in England sind bei dem Gedanken an den kommenden Krieg nicht länger erregt oder hysterisch. Sie passen sich einer Art Phantomleben an – einer Existenz, wo es keinen Sinn hat, Pläne zu machen, keinen Zweck, irgendwie über die Zukunft nachzudenken … Und sie reden auch nicht viel über Politik. Was bringt's schon? Niemand hat mehr das Gefühl, dass er im Entferntesten irgendeine Kontrolle über das hätte, was geschieht. Die einzige Rolle der Menschen heutzutage ist es, das zu tun, was man ihnen sagt …«

Er zeichnete die Machenschaften des »Cliveden Set« nach, von der Unterstützung für Franco, »einen Gentleman, der kämpft, um etwas von dem verlorenen Reichtum und den Privilegien seiner Klasse wiederzugewinnen«, und der Ermunterung Italiens bei Mussolinis Abessinien-Invasion bis zum Verrat an der Tschechoslowakei durch das Münchner Abkommen. Er zitierte typische Dinner-Gespräche bei Zusammenkünften reicher Konservativer: »Wir könnten von Hitler hierzulande einiges lernen … Wir brauchen hier einen wie Hitler.« Als Gegensatz hierzu schilderte er die Hilfsversammlungen für Spanien und die Tschechoslowakei in der Rotherhithe Street und den langen, schließlich scheiternden Kampf von Millionen Engländern für eine antifaschistische Außenpolitik.

Abschließend schrieb er: »Was werde ich nun, nachdem ich England entronnen bin, tun, wenn der Krieg ausbricht? Die Antwort lautet: Ich werde zurückgehen … Ich werde für das Grau des britischen Imperialismus (der mit dem polnischen und rumänischen Faschismus verbündet ist) kämpfen, gegen das Schwarz des deutsch-italienischen Faschismus.«

Wir versuchten, möglichst viel vom Leben, von neuen Menschen, neuen Orten in uns aufzunehmen, ehe der unvermeidliche Tag kommen würde.

Anfang April rief ein Mann, den wir ein-, zweimal auf Partys getroffen hatten, bei Esmond an und sagte, er wisse von einer möglichen Stelle bei einer neuen Werbeagentur, Channing und Floyd. »Er hat mich gefragt, was ich an Gehalt bräuchte, und ich habe gesagt: fünfzig Dollar die Woche.«

»Ach, Esmond, wie konntest du nur! Jetzt bekommst du die Stelle nie. Fünfundzwanzig hättest du sagen sollen.« Das war bis jetzt Esmonds Höchstpreis gewesen, wenn er seine Dienste angeboten hatte. Doch das Unglaubliche war, dass der Mann dann nicht davon abzubringen gewesen war, niemand könne von fünfzig Dollar die Woche leben – Esmond solle zu einem Gespräch hingehen und 125 Dollar verlangen. Als der Zeitpunkt da war, schluckte Esmond allerdings nervös und sagte, für den Anfang wären hundert Dollar hervorragend. Zu unserem tiefen Erstaunen stimmte ihm der Vizepräsident der Firma bereitwillig zu.

Wir erfuhren sehr viel später, dass die Werbeagentur im Auftrag der Steuerberater eines jungen Playboy-Millionärs gegründet worden war. Der erklärte Zweck der Firma war es, so viel Verlust wie möglich zu machen und damit das Einkommen des Millionärs unter eine gewisse Steuergrenze zu drücken. Durch einen wunderbar glücklichen Zufall wurden wir zu unwissenden Profiteuren dieses noblen Vorhabens.

Esmond schrieb an Philip: »Nach langem Irren, Stolpern und Scharren habe ich endlich den vergrabenen Schatz gefunden, dessentwegen wir so weither angereist sind. Tatsächlich ist das ein derartig klassisches Einwanderermärchen à la *Vom Tellerwäscher zum Millionär*, dass Du wohl ungläubig grinsen wirst. Aber es ist wirklich so: Wir hatten noch siebenundzwanzig Dollar von unserem Geld, und da bekam ich eine Stelle mit einem Wochengehalt von hundert Dollar. Mit anderen Worten: Wir sind reich. Ist das nicht erstaunlich?

Die Sache hat gewiss ihre Moral, wenn die Geschicht' auch aussieht wie die reine Farce.

Ach, Philip (dies alles gehört natürlich in Toynbeesche Anführungszeichen), ach, Philip! Ich habe Bitternis und Wermut und Galle gekostet, ich habe das grausam harte Pflaster der Straßen hier kennengelernt und all die verschlossenen Türen, das ›Heute nichts für Sie‹, immer und immer wieder, bis diese Worte ein Teil des heißen Sonnenlichts schienen, das mich grausam anstarrte und mir den Satz höhnisch vom Gehsteig in die Ohren schrie, bis ich zurückschreien wollte …

Soll heißen: Ich habe mich vielerorts beworben und bin überall gescheitert. Jetzt bekomme ich hundert Dollar die Woche, und damit endet die Geschichte.«

Da die Agentur kaum Kunden hatte, verbrachte Esmond nur sehr wenig Zeit im Büro. Der stellvertretende Direktor hatte die angenehme Gewohnheit, am Freitagmorgen oder sogar am Donnerstagnachmittag ins Wochenende zu fahren und nach einem späten Mittagessen am Montag zurückzukehren. Esmond erläuterte mir, es wäre unangemessen, wenn er mehr arbeitete als der stellvertretende Direktor, dessen Verantwortlichkeiten doch so viel größer waren.

Abends zeigte er mir dann die schmalen Ergebnisse der wenigen Stunden Arbeitszeit. »Schau mal, was hältst du von dem Werbespruch hier: *It's great to sin on Gilbey's Gin*? Das hat was, oder? Nicht zu vergleichen mit *So gut wie Beef Tea*!«

Wir zahlten Esmonds Gehalt sorgsam jede Woche ein und lebten weiterhin von meinen zwanzig Dollar. Unser Ziel war es, eine große Rücklage anzusparen, um unsere Rundreise durch die Vereinigten Staaten antreten zu können.

Es gibt in New York ein Apartmenthaus, das einen weiten Blick über den Fluss hat und die Adresse »1 Beekman Place« trägt. Es ragt über einem geräuschvollen Slum empor und gilt als Inspiration für den Film *Dead End*. Für die Bewohner ist es offensichtlich von hohem Reiz, sich ihrem Gebäude durch abfallübersäte Straßen zu nähern, vorbei an schreienden Banden von Straßenkindern, um dann in der gepflegten Stille der diskret eleganten Lobby anzulangen. Respektvolle Portiers und uniformierte Liftboys weisen einem unter Verbeugungen den Weg zu den phantastisch komfortablen einzelnen Wohnungen.

Kurz nachdem Esmond seinen Hundert-Dollar-die-Woche-Job bekommen hatte, bestellte man mich in eines dieser Apartments. Die Mieterin, eine aggressive Blondine um die vierzig namens Miss Warren, bezeichnete sich selbst als *bachelor girl* und schien der Prototyp einer amerikanischen Karrierefrau. Sie war für einen der Stände bei der New Yorker Weltausstellung des Jahres 1939 verantwortlich und schlug mir nun vor, sie würde mich als Verkäuferin anstellen. Sie gab sich angestrengt als bessere Dame reinster englischer Herkunft und fragte mich hartnäckig nach meinen eigenen gesellschaftlichen Verbindungen aus.

»Waren Sie denn je auf Glamis Castle?«, wollte sie mit prüfendem Blick nach den ersten fünf Minuten unserer Unterhaltung wissen.

»Ja, wir waren einmal im Winter dort, als die Familie weg war und man für einen Shilling alles anschauen konnte«, antwortete ich arglos.

»Oh, ich meine natürlich, wenn die *gute* Lady Strathmore dort war …«

Nachdem sie mir eingeschärft hatte, ich müsse in New York »mit den richtigen Leuten zusammenkommen«, und erklärt hatte, wenn ich mich einmal an den amerikanischen Akzent gewöhnt hätte, dann würde ich diese richtigen Leute ohne Weiteres an ihrer Ausdrucksweise erkennen (»genau wie in England«), bot sie mir die Stelle an. Ich griff gleich zu.

Miss Warrens Geschäft auf der Weltausstellung war ein schottischer Tweed-Laden, Teil von »Ye Merrie England Village«. Dieses Dörfchen stand in einer schäbigen Ecke des grellen, staubigen Geländes von Kulissengebäuden, welche die Ausstellung bildeten. Die im Tudorstil errichteten Stände, kleinen Häuser und Würstchenbuden sahen in dem Maße nach Renaissance-England aus wie die Hauptstraße von Stratford-on-Avon, nicht mehr und nicht weniger. Ein Anreißer im Beefeater-Kostüm schnarrte endlos in sein Megaphon: »Authentisch, Leute! Authentisch! Viel besser als Billy Roses Aquacade! Authentisches Eckchen vom guten alten England!« Zweimal am Tag marschierte ein Trupp Dudelsackbläser quiekend unsere Attrappen entlang und sorgte für furchtbaren (aber »authentischen«) Lärm.

Unsere Belegschaft bestand aus Miss Warren, zwei als schottische Mädels gekleideten Verkäuferinnen mit einigermaßen unangemessenem Akzent und mir. Auf Miss Warrens Anweisung trugen wir alle Kattunkleider mit Schottenmustern aus Ohrbachs Souterrain. Miss Warren hielt tägliche Aufmunterungsreden, die sich hauptsächlich mit dem nicht geringen Problem befassten, die besten Kunden (»Menschen, welche die guten Dinge des Lebens schätzen«) aus den drängelnden Menschenmassen herauszufiltern.

»Eine gute Methode ist der Blick auf die Schuhe«, erklärte sie geduldig. »Lassen Sie sich nicht durch die Frisuren blenden. Schuhe und Handtaschen sind am aussagekräftigsten.« Sie wies auch darauf hin, dass Frauen mit weißen Schuhen und Handschuhen meist reicher sind als andere, weil es so teuer ist, weiße Sachen sauber zu halten.

Esmond drang gelegentlich in das Merrie England Village ein. Bei diesen Anlässen ließ er sich zum Ärger von Miss Warren auf alle viere nieder und gab vor, die Schuhe der besten Kunden für mich zu ermitteln.

Im Verlauf des langen staubigen Sommers trat nach und nach eine Krise im Ye Merrie England Village in. Die Angestellten begannen, sich gegenseitig vorzuwerfen, dass sie sich »unenglisch« aufführten und dadurch die authentische Atmosphäre zerstörten. Ye Olde Shell Shoppe, ein Stück die Straße runter, stand offenbar kurz vor dem Bankrott. Die Stimme des Anreißers wurde schriller und verzweifelter, als die Besuchermenge, deren Zahl langsam zurückging, stets entschlossen in die falsche Richtung strömte, zu Billy Roses Aquacade.

Miss Warren verlobte sich mit einem *bachelor boy* ungewissen Alters, der Honey Bunny genannt wurde. Honey Bunny kam des Öfteren ins Dorf, und er und Miss Warren führten kindisch lispelnde Flirtgespräche und lasen einander Christopher-Robin-Gedichte vor.

Der Geruch nach Zuckerwatte und heißen Würstchen und der Anblick und die Gespräche von Miss Warren und Honey Bunny wurden mir schließlich fast zu viel. Erleichtert erfuhr ich, dass man Esmond gekündigt hatte. Anscheinend war es dem Millionär, der die Werbeagentur finanzierte, mit

Esmonds Hilfe gelungen, den für dieses Jahr steuerlich erforderlichen Verlust zu erzielen, und die Firma wurde aufgelöst.

Nun, da Esmond ohne Stelle war, hielt uns nichts mehr in New York. Wir hatten ein paar hundert Dollar gespart, ich sagte Miss Warren und den schottischen Mädels Lebewohl, und wir begannen unsere große Reise durch die USA ernsthaft zu planen.

SIEBENUNDZWANZIG

Wir planten die Fahrt nur in groben Umrissen, um die nächstliegenden Ziele einzuschließen. Wir mussten flexibel genug sein, um alle faszinierenden Zufälle auszunützen und jede Chance, die sich unterwegs bieten mochte, ergreifen zu können. Wir würden an jedem beliebigen Ort vielleicht eine Woche, sechs Monate oder ein halbes Jahr bleiben, je nachdem, welche Arbeit wir fanden und welchen Leuten wir begegneten. Unsere Reise würde mit einigen Wochen Urlaub in Neuengland beginnen.

Esmond schrieb eine Liste mit den offensichtlicheren Zielorten und legte sich mit Hilfe der Landkarte eine Route zurecht: »Washington – Stellen in der New-Deal-Verwaltung. New Orleans oder Miami – etwas in der Restaurantbranche. Texas: Cowhands. Hollywood: Wir könnten Filmstars sein oder wenigstens Statisterie. San Francisco: Hafenarbeiter. Chicago: Unterwelt.«

Von Freunden in New York bekamen wir einen weiteren Stapel Empfehlungsschreiben, diesmal an Leute in allen Ecken der USA. Eines war an einen Filmmagnaten in Hollywood adressiert. Esmond verbrachte Stunden damit, sich eine unwahrscheinliche Berufsgeschichte bei einer reisenden französischen Theatertruppe zu konstruieren, und schickte dieses Elaborat an den Filmchef, mit einem Schnappschuss von sich selbst, auf dem ich zufällig auch zu sehen war. Zu seiner großen Empörung kam ein knappes Schreiben zurück: »Wir halten Ihre Erfahrung beim Theater nicht für ausreichend, um eine Stelle für Sie bei uns in Betracht zu ziehen. Aber Ihre Frau scheint recht fotogen. Wenn sie in Hollywood ist, werden wir sie gerne zu Probeaufnahmen einladen.«

Ein Brief an die Jay Six Cattle Company in Benson, Arizona, erzielte ein besseres Ergebnis. Mr Speiden, der Firmenchef, antwortete: »Wenn Ihr jungen Leute bei Euren Abenteuern in den Westen kommt, dann macht mal Halt hier. Wir können Euch möglicherweise einen Job geben, da könnt Ihr Rinder einfangen und mir einen Drink mixen.«

Der letzte Satz brachte Esmond auf eine Idee. »Hör mal, ich habe mir insgeheim schon immer gewünscht, ich wäre ein Barkeeper«, sagte er. Während der Busfahrt ins Büro war ihm ein kleines Schild an einem Broadway-Gebäude aufgefallen, das für eine Barkeeper-Schule warb. Er informierte sich und stellte fest, dass ein sogenannter Quickie-Kurs von einer Woche für dreißig Dollar angeboten wurde. Der Kurs würde dem Neuling garantiert beibringen, »über hundert verschiedene Drinks« zuzubereiten.

Esmond schrieb sich sofort ein und machte sich mit seiner üblichen monomanen Entschlossenheit daran, ein gewiefter Barkeeper zu werden. Der »Professor« gab ihm verschiedene wertvolle Hinweise: Nach dem dritten Martini merkt es der Kunde nicht mehr, wenn man ihm hauptsächlich Wasser einschenkt – aber dies tue man unter der Theke, damit er es nicht mitbekommt; wenn man Alkohol abzweigen möchte, um selbst mal einen zur Brust zu nehmen, ohne dass es der Chef merkt, dann spart man den Stoff am leichtesten bei den Frappé-Drinks ein, die vorwiegend aus Eis bestehen können; man vermeide es, mit dem Daumen den Rand des Glases zu berühren, weil manche Kunden da vielleicht eigen sind.

Esmond bestand darauf, seine neu erlernten Methoden bei uns zu Hause zu demonstrieren, so dass unsere Freunde eine lange Reihe widerlicher Spezialitäten zu kosten bekamen, mit Namen wie Pink Lady, Horse's Neck, Clover Club und Cherry Smash. Der abstoßendste dieser Drinks (auf den Esmond besonders stolz war) wurde als *pousse-café* bezeichnet. Man stellte ihn in einem hohen Glas her, was Kenntnisse des spezifischen Gewichts von sieben verschiedenen Likören und Schnäpsen erforderte. Das Endprodukt – mit Grenadine ganz unten und Brandy obendrauf – schillerte wie ein Regenbogen und schmeckte nach billigen Bonbons.

Wir kauften für vierzig Dollar einen alten Ford. Der Besitzer versicherte uns, dass der Wagen an lange Fahrten gewöhnt sei und den Kontinent mehrfach durchquert habe; wir sollten uns keine Sorgen machen, dass er liegen bleiben könne. Das einzige Problem war, dass er etwa alle zehn Meilen neues Wasser brauchte. Esmond kaufte zu diesem Zweck einen schönen verchromten Cocktailshaker. Manchmal vergaßen wir, rechtzeitig an das Wasser zu denken, und dann entwich Qualm rülpsend dem Motor, was anzeigte, dass unter der Kühlerhaube ein kleines Feuerchen zu flackern begonnen hatte; bei solchen Anlässen mussten wir unseren Wasservorrat verwenden, um die Flammen zu löschen. Insgesamt aber war es ein brauchbares Auto, und wir hatten das Gefühl, dass seine seltsam fleckige grün-braune Färbung gut zur schönen Landschaft der Nebenstraßen Neuenglands passen würde, auf die wir uns nun konzentrieren wollten.

Wir hatten Freunde gefragt, was wir denn auf unseren Neuengland-Urlaub mitnehmen sollten. Sie meinten, das Sommerleben in diesen Gegenden sei höchst informell, wir bräuchten nicht viel, eine graue Flanellhose, ein Baumwollkleidchen. Esmond nahm diesen Rat äußerst wörtlich. Er ließ seinen einzigen Anzug in New York und nahm nur Unterwäsche, ein Hemd zum Wechseln und eine Badehose mit – sowie den Smoking, der im Hinblick auf ein entspannt-üppiges Wochenende auf dem Landsitz von Mrs Curry Appleton eingepackt wurde.

Wir hatten Mrs Appleton während des Sommers in New York kennengelernt. Sie war eine ältere, recht intellektuelle Dame von enormem Reichtum, welcher aus der Produktion gewissen unentbehrlichen WC-Zubehörs stammte. Man hatte uns erzählt, Mrs Appleton habe ein Faible für junge Schriftsteller, Künstler und Dichter und bezahle sogar gelegentlich ein Honorar an ausländische Besucher aus diesen Kreisen, für einen Abendvortrag vor ihren Gästen. Eines Abends hatten wir sie in ihrem gigantischen Park-Avenue-Apartment besucht. Zu unserer Empörung begegneten wir beim Eintreten W. H. Auden und Christopher Isherwood, die gerade gingen. Esmond hatte sie in London recht gut gekannt, aber wie verabredet beschränkten sowohl sie wie wir unsere Begrüßung auf eine distanzierte leichte Verbeugung, als wir im Foyer aneinander vorbeigingen. »Wollen uns hier Konkurrenz machen! Die haben vielleicht Nerven!«, murmelte Esmond. Dieses Gefühl beruhte auf Gegenseitigkeit, nach der Miene der beiden zu urteilen.

Mrs Appletons Butler war ein überaus großer und breiter Engländer namens Horton. »Ein richtiges Original«, raunte uns Mrs Appleton zu. »Er hat vorher für den Herzog von Norfolk gearbeitet.« Horton fixierte uns mit einem Blick, der seltsam dem Gesichtsausdruck von Auden und Isherwood glich. Er musterte prüfend Esmonds Smoking. Lag in seinen Augen eine leise Drohung? »Wenn du mir hier in die Quere kommst, junger Mann, wirst du's bereuen. Englischer Herrenschneider – wer's glaubt!«

Ein glückliches Ergebnis dieses Abends war die Einladung gewesen, Ende Juli ein Wochenende auf Woods Hole, dem Anwesen von Mrs Appleton, zu verbringen. Diese Einladung wurde für uns rasch zum Zentralpunkt unserer Neuengland-Reise, zum Topf voll Gold am Ende des Regenbogens.

Wir verließen New York Ende Juni. Unsere Reiseroute war sorgfältig im Hinblick darauf geplant, dass wir so oft wie nur (bekanntschaftlich und geographisch) möglich bei irgendjemandem wohnen konnten. In den nächsten Wochen waren wir zu Gast bei einem Professor in Boston, jungen Business-Pendlern in Hartford, einem Zeitschriftenredakteur in Providence.

Zum ersten Mal seit unserer Ankunft ging uns tatsächlich etwas vom amerikanischen Nationalcharakter auf. Sehr viel später schrieb Esmond einmal aus England: »Nach der wunderbar liebenswürdigen Naivität der Amerikaner war es recht faszinierend, wieder heimzukehren zu den Subtilitäten und Gemeinheiten und Andeutungen bei vielen Engländern, die wir kennen, wo jede Bemerkung etwas anderes bedeutet, als es scheint, und wie eine Art Florettstoß ist.« Tatsächlich entzückte uns der Charme dieser »wunderbar liebenswürdigen Naivität«. Wir waren ihm bei den Zeitungsleuten und Intellektuellen begegnet, bei meinen Kolleginnen bei Jane Engel, bei den Anhaltern, die wir mitnahmen, von ferne sogar bei den Park-Avenue-Snobs.

Die Illusion (erzeugt durch die gemeinsame Sprache), dass die Amerikaner irgendwie »dasselbe« sind wie die Engländer oder jedenfalls nahe Verwandte, zerging nach und nach. Wir begriffen langsam den sehr realen Stolz auf das eigene Land und die Betonung von »Demokratie« und »Freiheit«, die wir überall hörten. Die besorgte Frage »Wie gefällt Ihnen Amerika?« schien uns nicht länger eher bizarr. Es wurde uns klar, dass man sie stellte, weil man es wirklich wissen wollte. Wenn manche unserer neuen Freunde etwas übereifrig oder auch humorlos schienen, sobald es um das eigene Land ging, zeigten sie doch auch einen Enthusiasmus, einen Eifer, der uns ganz und gar gefiel. Ihre grenzenlose Freundlichkeit und Gastfreundschaft beeindruckten uns, die gut organisierten Haushalte, die ungebärdigen, selbstbewussten Kinder.

Wir versuchten, uns das Schicksal eines amerikanischen Paares vorzustellen, das England so zu bereisen versuchte, wie wir es hier taten. »Zunächst einmal ist es unvorstellbar, dass irgendjemand sie einlädt, wenn er sie nicht schon seit Ewigkeiten kennt«, sagte Esmond, »und wahrscheinlich nicht einmal dann, falls man nicht auch die Eltern kennt.« Der Gedanke an die eiskalten Räume und die oftmals entsetzlichen Mahlzeiten, mit denen unser mythisches amerikanisches Paar vorliebnehmen müsste, falls man es je aufnahm, stimmte melancholisch.

Der Juli ging langsam und angenehm dahin. Wir sahen Meilen um Meilen der hübschen neuenglischen Landschaft und mieden mit Erfolg gewisse Grant's-Tomb-Sehenswürdigkeiten – etwa den King's-Chapel-Friedhof in Boston und den Campus von Radcliffe College. Schließlich kamen wir am vereinbarten Tag in Woods Hole an.

In den langen Schatten des Spätnachmittags sah es aus wie ein englisches Küstendorf. Mrs Appleton hatte uns keine besondere Adresse angegeben, aber der erste Passant wies uns den Weg zum Besitz der Appletons.

Wir fanden gleich die Auffahrt und wollten eben zwischen den großen Torflügeln hindurchfahren, als ein großer Polizist in Uniform vor uns aufragte. »Hier können Sie nicht rein! Das ist privat. Können Sie nicht lesen?« Er deutete auf ein Schild in Frakturschrift: »Kein Zugang. Keine Picknicks«.

»Aber wir sind fürs Wochenende eingeladen, bei Mrs Appleton.«

»Ach was! Wer's glaubt!«

Wir überredeten ihn schließlich, vom Torhaus aus anzurufen, und man bestätigte, dass wir erwartet wurden.

Horton, groß, stolz, prächtig, ließ uns ein, schenkte uns einen seiner prüfenden Blicke und wies uns ins Wohnzimmer. »Mr und Mrs Romilly!«, verkündete er in sarkastisch gefärbtem Ton.

Mrs Appleton, elegant korsettiert in einem wunderschönen grauen Leinenkostüm, begrüßte uns freundlich. Vier, fünf andere Gäste in ebenso makelloser informeller Kleidung waren mit ihren Cocktails beschäftigt. Wir baten, zu entschuldigen, dass wir ein wenig schmutzig waren: wir seien schon seit einigen Wochen unterwegs. Bald erhob sich

Mrs Appleton und sagte, in einer Stunde gebe es Abendessen.

Wir flohen erleichtert auf unser Zimmer, und ich packte rasch aus. Der Smoking, der nun zum ersten Mal seit New York aus dem Koffer kam, hatte stark gelitten. Er bestand jetzt aus unzähligen kleinen Knitterfalten, nur noch ein kümmerlicher Schatten des einstigen Glanzes. »Ich fürchte, jetzt kommt die wahre Sechs-Dollar-Natur bei ihm durch«, sagte Esmond.

Wir läuteten nach Horton. Er trat schweratmend ein; sein ganzes Gebaren sagte: »Ich weiß schon, was mit euch los ist.«

»Ob Sie wohl den für uns aufbügeln könnten?«, fragte ich. »Ich fürchte, er ist im Koffer ein wenig zerknittert.«

Beim Anblick des Smokings verlor Horton zum ersten Mal etwas von seiner starren Haltung und lächelte ein wenig.

»Ein wenig sollte man den wohl schon aufbügeln«, sagte er und trug ihn davon.

Esmond schrubbte sich genüsslich in der Dusche ab, als Mrs Appleton an der Tür zu unserem Zimmer erschien. »Ich wollte Esmond nur sagen, dass er sich keine Mühe macht mit dem Umziehen fürs Essen. Sagen Sie ihm, er soll einfach einen dunklen Anzug oder eine weiße Hose tragen.«

»Ohh – aber – Mrs Appleton – könnten Sie einen Augenblick warten?«

Ich überbrachte Esmond die Nachricht und hörte ihn unter der Dusche frustriert prusten und lamentieren.

»Mrs Appleton,« – ich war nun wieder an der Tür und sprach sehr planvoll und laut – »er *hat* keinen dunklen Anzug oder eine weiße Hose.«

»Ach, das ist schon in Ordnung. Sagen Sie ihm, einfach irgendetwas … Ein dunkler Anzug oder eine weiße Hose …«, wiederholte sie und war verschwunden.

Horton war mit dem Bügeleisen überraschend erfolgreich gewesen, aber Esmond saß nun in der Falle. Es war dies einer der sehr seltenen Anlässe, wo er wirklich verlegen schien und sich unbehaglich fühlte. Ich hörte, wie ein Gast in blendendweißem Flanell zu einem anderen sagte: »So sind sie eben, die Engländer. Kleiden sich immer fürs Essen an, noch in den finstersten Ecken des Empire.«

Am nächsten Morgen, als Horton das Frühstück aufs Zimmer brachte, entspannte er sich ganz. »Ich weiß schon, dass so welche wie ihr nicht zu solchen wie *sie* gehören« – er wies mit einem Kopfrucken in die Richtung von Mrs Appletons Zimmer.

Er setzte sich auf unser Bett, und wir schwatzten. Er gestand, dass er eigentlich ein Preisringer aus Birmingham war und dass ein Vetter in Amerika ihm geschrieben und vorgeschlagen hatte, er solle doch hier ins Geschäft als englischer Butler einsteigen. Seine Stellung bei Mrs Appleton war die erste.

ACHTUNDZWANZIG

Martha's Vineyard liegt Woods Hole gegenüber, es ist nur eine kurze Bootsfahrt übers Meer. Schattige Waldwege, halb im Unterholz verborgen, führen zu unzähligen kleinen Hütten und Häuschen mit ostentativ ländlicher Anmutung, aber komfortabel ausgestattet für zahlende Sommergäste. Was die New Yorker »total auf dem Land« nennen. Eine dieser Hütten bezogen nun Esmond und ich.

Wir wurden von Seldon Rodman und seiner Frau empfangen, mit denen wir vereinbart hatten, dass wir zusammen einige Zeit auf Martha's Vineyard verbringen würden. Seldon war der Mitherausgeber von *Common Sense*, einem der vielen kleinen linksliberalen Magazine, die damals in Amerika florierten. Sein Programm wurde auf der inneren Umschlagseite formuliert: »Eine Monatszeitschrift für positives gesellschaftliches Handeln, um Krieg und Armut durch demokratische Planung gemeinsamen Wohlstands abzuschaffen.«

Seldon war ein drahtiger, schmaler Mann mit ungewöhnlich dunklen, eindringlich blickenden Augen. Er war ein paar Jahre älter als Esmond und in jeder Hinsicht so verschieden von ihm, wie man nur sein kann.

Wir saßen auf praktisch gelegenen Baumstümpfen in der Nähe der Hütte, tranken Wein und gruben die bloßen Zehen in den belaubten Staub. »Und ihr hättet diesen Butler sehen sollen. Eine Gestalt wie Joe Louis. Und dann stellt sich heraus, dass er wirklich unglaublich nett ist. Als wir abgereist sind, habe ich ihm einen Dollar geben wollen, als Trinkgeld, nicht wahr. Er hat mir massiv zugezwinkert und hat gesagt: ›Behalten Sie den, junger Mann! Den haben Sie nötiger als ich.‹« Esmond unterhielt die Rodmans mit einer Schilderung unserer Wochenendabenteuer, mit funkelnden Augen vorgetragen; manchmal warf er mir einen verschwörerischen Blick zu, wenn er irgendein Detail ausschmückte, um die Geschichte noch ein wenig zu verbessern. Seldon hörte konzentriert zu und stellte hie und da eine Frage; gelegentlich stieß er das knarrende, fast schmerzhaft klingende Gelächter eines Menschen aus, der nicht oft lacht. Er geriet offensichtlich unter den Bann von Esmond, dem charmanten, gutgelaunten, glänzend aufgelegten Raconteur.

Später war Seldon an der Reihe, und er zog in der Abenddämmerung ein Manuskript hervor, um uns einige Gedichte vorzulesen, die er soeben geschrieben hatte. Wir waren nun wieder auf vertrauterem Terrain, im Land der Denker und Schriftsteller, unter den amerikanischen Geschwistern unserer Rotherhithe-Street-Freunde. Merrie England Village, die Werbeagentur, die Welt der Curry Appletons traten in den Hintergrund – leicht irreale Kulissen, wie Szenen aus einem eindrücklichen Film oder Roman.

Wir stellten fest, dass Martha's Vineyard ein Sommerferienort war, der von einer großen Anzahl Linker besucht wurde, wobei alle Varianten vertreten waren. Es gab Kommunisten, Trotzkisten, unabhängige Sozialisten jeder Art und sogar ein, zwei etwas zerfledderte Anarchisten. Man stritt sich leidenschaftlich über alle möglichen Themen, über

Kunst oder Politik, über psychoanalytische Theorien oder einen eben erschienenen Roman.

Die Ferienhütte der Rodmans, wo wir nun wohnten, war aufgeteilt in zwei Wohn-Schlafzimmer, Bad und Küche. Nach ein paar Tagen entschied Esmond, dass es billiger käme, wenn wir offiziell auszögen und die Miete sparten. Da das Büro ein gutes Stück entfernt lag, konnten wir weiterhin in der Hütte schlafen, ohne Aufsehen zu erregen. Jeden Morgen stahlen wir uns leise hinaus, trugen leere Koffer über die Waldwege und kamen so ostentativ-lässig wie möglich wieder am Büro entlang zurück, in der Hoffnung, es würde so aussehen, als hätten wir irgendwo gecampt und kämen jetzt nur tagsüber vorbei. Die Rodmans freuten sich zwar, waren aber auch ein wenig schockiert von diesem Arrangement. Es bestätigte wohl ihre Meinung über Esmond und verlieh seinen Geschichten von früheren Großtaten Glaubwürdigkeit.

Die Tage gingen überaus angenehm dahin – ein wenig beiläufige Hausarbeit in der Hütte, Wanderungen durch die Wälder, Stunden am weichen weißen Strand. Im Hintergrund aber hörte man immer das Radio, aus dem Nachrichten vom nahenden Krieg donnerten ... Es war etwa so, wie wenn man auf einer fabelhaften Party ist, aber mit bösen Ohrenschmerzen. Alle deine Freunde sind da, die Unterhaltung ist faszinierend, aber plötzlich durchzuckt dich wieder der gemeine Schmerz. Dann trinkst du noch einen und bist angenehm beschickert, aber im Hintergrund der Wahrnehmung tut dir das Ohr unglaublich weh. Vielleicht hättest du gar nicht kommen sollen ...

Wir lagen am Strand in der leuchtenden Sonne und hörten die verblüffende Neuigkeit im kleinen Radio der Rodmans:

»Ein Nichtangriffspakt wurde zwischen den Regierungen der Sowjetunion und Nazi-Deutschlands abgeschlossen … Ribbentrop in Moskau … Der *Daily Worker* schweigt …«

Die politische Diskussion bei uns tobte mit umso größerer Lautstärke. Man erzählte sich, dass kurz nach dieser Meldung ein führender Kommunist einem bekannten Trotzkisten begegnet war, der soeben aus New York auf Martha's Vineyard ankam. »Was würdest du sagen, wenn Hitler und Stalin ein Freundschafts- und Nichtangriffsabkommen schließen?«, fragte der Trotzkist. »Unmöglich. So etwas wird es nie und nimmer geben«, erwiderte der Kommunist, worauf der andere triumphierend die neueste *New York Times* mit der riesigen Schlagzeile über den Pakt hervorzog. Die Kommunisten auf der Insel schienen wie betäubt von dieser Nachricht. Esmond verteidigte gegenüber allen und jedem den Realimus der sowjetischen Position.

»Jahrelang haben sie genuine kollektive Sicherheit gefordert. Diesen ganzen Sommer hindurch haben sie sich um ein Abkommen mit England bemüht, um Hitler aufzuhalten. Aber die große Strategie von Chamberlain und Daladier war es ja, einen Angriff Hitlers auf die Sowjetunion herbeizuführen. Und wenn Hitler seine Drohungen wahrmacht und Polen angreift, was meint ihr denn, dass England und Frankreich dann machen? Die Hände in den Schoß legen und hoffen, dass er noch weiter nach Osten marschiert.«

Esmond war gleichermaßen irritiert von denen, die »Verrat!« riefen und von den orthodoxen Kommunisten, die, nachdem sie sich einmal von ihrem Schock erholt hatten, die Sache so interpretierten, dass nun die Zeiten des Antifaschismus vorbei waren und es galt, »Frieden« mit Hitler zu fordern. Wir hörten, dass Harry Pollitt von seinem Posten als Sekretär der englischen KP abberufen worden war, weil er soeben eine Broschüre mit einem Aufruf zur Unterstützung Polens gegen Hitler herausgebracht hatte, was seinen Kollegen als schlecht gewählter Zeitpunkt erschien. Edmund ärgerte sich über den – wie er meinte – Mangel an politischer Einsicht bei den Kommunisten. Er war überzeugt, dass augenblicklich die größte Gefahr darin bestand, dass der britische und französische Imperialismus den Krieg nicht energisch genug betrieben, dass vielleicht doch noch ein faschistischer Kreuzzug gegen den Kommunismus daraus werden würde, bei dem die westlichen Demokratien sich entweder heraushielten oder Hitler aktiv unterstützten. Als endlich die Meldung kam, dass England und Frankreich den Krieg erklärt hatten, geschah eigentlich nichts, was Esmonds Meinung widersprochen hätte: Der Blitzkrieg gegen Polen tobte, England und Frankreich rührten sich nicht.

Briefe von zu Hause zeichneten ein düsteres Bild von demoralisierter Stimmung und allgemeiner Verwirrung. Die Linke war nach dem deutsch-sowjetischen Pakt völlig gespalten und desorganisiert. Der lange erwartete Kriegsbeginn gegen den Faschismus war nun zu einem Zeitpunkt gekommen, als es keine Einheit der Antifaschisten mehr gab und während England von der faschismusfreundlichen Regierung Chamberlain geführt wurde. Jemand in London schickte uns eine Nummer von *The Week*, dem informativen Insider-Nachrichtenblatt Claude Cockburns. Wir lasen: »Es gibt höheren Ortes in London viele, für die als Axiom gilt: Wir dürfen den Krieg nicht so führen, dass er zum völligen Zusammenbruch des deutschen Regimes und zum Aufkommen irgendeiner radikalen Regierung in Deutschland führt. Diese Kreise stehen indirekt in Verbindung mit gewissen deutschen Militärzirkeln – und die Kontakte laufen über die Amerikanische Botschaft in London …«

Esmonds Analyse war es, dass mit Chamberlain an der Macht keine wirkliche Kriegsanstrengung stattfinden würde – dass unter diesen Bedingungen durchaus auch ein weiterer plötzlicher Schwenk denkbar war. Zu der Meldung in *The Week* traten noch andere Gerüchte von fortdauernden Verhandlungen zwischen dem »Cliveden Set« und entsprechenden Kreisen der deutschen Industrie. Nach längeren Diskussionen beschlossen wir, nicht nach Hause zu fahren, bis der Kampf wirklich begonnen hatte, und wir wussten, auf welcher Seite wir stehen würden. Wir würden unsere Reise durch die USA fortsetzen, die Nachrichten verfolgen und unsere Entscheidung je nach der politischen Entwicklung treffen.

Kurz nach Kriegsausbruch übernahm Winston Churchill einen Kabinettsposten in der Regierung Chamberlain. Während wir noch auf Martha's Vineyard waren, schrieb Esmond einen Artikel über seinen Onkel für *Common Sense*, der den prophetischen Titel »Der nächste Premierminister Englands« trug. Er wies darauf hin, dass Churchill – zwischen den Kriegen »in der politischen Wildnis« als Führer einer kleinen Splittergruppe extrem rechter Konservativer – sehr wahrscheinlich ein sensationelles Comeback erleben würde. »Er wartet zuversichtlich darauf, dass ihm die ganze Macht in die Hände fällt.« Während die amerikanische Presse sich über das »Rätsel« den Kopf zerbrach, das Churchills kürzlich geschlossene Allianz mit der Linken in außenpolitischen

Fragen darstellte, erklärte Esmond, wie es zu diesem Bündnis gekommen war. Er stellte Churchill als durchaus logisch vorgehenden Vertreter der Interessen des britischen Imperialismus vor.

»Churchills Zugewinn an Prestige kann in direkte Verbindung mit der wachsenden Bedeutung des Konflikts zwischen dem britischen Imperialismus und der deutschen und italienischen Expansion gebracht werden. Dieser Zusammenhang hat natürlich gar nichts mit der Frage der kollektiven Sicherheit oder der Auseinandersetzung zwischen Demokratie und Faschismus zu tun … Heute, da Churchills Stern steigt, darf sich niemand einbilden, er würde eine Volksfrontregierung bilden. Er wird wohl die Unterstützung der Labour-Partei bekommen – was kann Labour auch anderes tun, als den Mann unterstützen, der gegen Hitler kämpfen wird? Aber er und er allein wird die Bedingungen diktieren.«

NEUNUNDZWANZIG

Wir hatten uns für unseren Aufenthalt in Washington zwei Hauptziele gesetzt. Das eine war, dass wir einige der Geheimnisse amerikanischer Politik enträtseln wollten, von welcher wir so gut wie nichts begriffen. Als Roosevelt 1932 zum ersten Mal gewählt worden war, gab es politische Publizisten, die vorhersagten, er würde Amerika in den Faschismus führen und der New Deal würde sich als nichts anderes denn als faschistische Arbeitsfront herausstellen. In der Zwischenzeit war klar geworden, wie völlig falsch das gewesen war – der New Deal war nicht nur eine ungeheure Kraft des Fortschritts, er hatte wahrscheinlich auch Amerika vor einem Schicksal ähnlich dem Deutschlands bewahrt. Doch fragten wir uns, weshalb es keine Arbeiterpartei in Amerika gab – und weshalb außer den Kommunisten keine Partei mit einem sozialistischen Programm existierte. Was Demokraten und Republikaner betraf, so fanden wir die beiden höchst verwirrend. John L. Lewis wurde von den meisten Zeitungen als »Roter« bezeichnet und war doch ein Republikaner; Roosevelt war ein Demokrat, doch eine große Zahl der Demokraten im Kongress schien ihn für den Teufel persönlich zu halten. Wir hofften, die Antwort auf all diese schwierigen Fragen in der Hauptstadt des Landes zu finden, wo wir Verbindung mit einer Reihe von Leuten aufnehmen würden.

Das zweite Ziel war es, irgendwie unsere schwindende Barschaft aufzufüllen. Trotz solcher Sparmaßnahmen wie der Mietverweigerung auf Martha's Vineyard hatten wir es fertiggebracht, im Lauf des Sommers sehr viel Geld auszugeben.

Wir fanden ein billiges möbliertes Zimmer und konzentrierten uns auf die Lektüre der Stellenanzeigen einer Washingtoner Tageszeitung. Die Spalten zeigten die übliche deprimierende Fülle von Stellenausschreibungen für »erfahrene Mechaniker«, »Werkzeugmaschinentechniker«, »Zimmerleute«, »Anstreicher«, »Statistiker (Collegeabschluss)«, doch Esmond stieß rasch auf eine, die ihm als perfekte Beschreibung seiner selbst erschien: »Junger Mann gesucht – intelligent, clever, ehrgeizig, gutaussehend. $50–$60 die Woche. Reichlich Gelegenheit zur Beförderung. KEINE ERFAHRUNG ODER VORKENNTNISSE NÖTIG.« Der letzte Satz schien besonders angemessen und ermutigend. Wir fragten uns, was das wohl für eine Stellung sein mochte. Vielleicht vertrauliche Arbeit für einen der Kongressausschüsse? Oder Researcher für jemanden wie Drew Pearson? Oder eine Tätigkeit bei der Wahlkampagne eines einflussreichen Politikers?

Esmond gab sich unendliche Mühe mit seinem Äußeren und war gleichzeitig in verzweifelter Eile, weil er befürchtete, andere junge Männer ohne Erfahrung und Vorkenntnisse könnten ihm zuvorkommen. Ich suchte schnell Kopien seiner Artikel und Zeugnisse zusammen, falls er die brauchen sollte.

Er blieb den größten Teil des Tages fort und kehrte schließlich mit einem großen Pappaktenkoffer zurück; seine Miene war verlegen-zufrieden. »Also, ich hab den Job«, erklärte er. »Wunderbar! Was ist es denn? Wann fängst du an? Fünfzig oder sechzig Dollar?« »Also – warte mal. Ich kann dir jetzt nicht gleich genau sagen, was es ist. Lass es mich alles so erzählen, wie es war, sonst verstehst du's nicht. Es ist nicht *ganz* die Art Stellung, wie wir gedacht haben …«

Esmond war bei der angegebenen Adresse erschienen und war zu seinem Erstaunen der einzige Bewerber, der sich eingestellt hatte. Eine Sekretärin hatte ihn in ein kleines Wartezimmer gewiesen. Es gab dort keinerlei Hinweise auf die Art von Geschäften, welche die Firma abwickelte, doch an den Wänden hingen einige Bilder schöner Damen, wobei die Aufmerksamkeit insbesondere auf die Körperpartie zwischen Schenkel und Knöchel gelenkt wurde. Er war eben zu dem Schluss gekommen, dass es sich um die Stelle eines Talentsuchers für ein Varieté handeln dürfte, als der Geschäftsführer ihn hereinrief.

»Zuerst hat er mir nicht gesagt, was es für eine Stelle ist«, erzählte Esmond. »Er hat immer wieder betont, dass es sich um ein landesweit beworbenes Produkt handelt. Jedes Mal, wenn ich versucht habe, ihn zu einer Erklärung zu bringen, ist er mir sozusagen weggerutscht und hat davon geredet, wie viel Geld man dabei machen kann und wie gut die Beförderungschancen sind. Nach den Zeugnissen hat er nicht gefragt, also hab ich sie ihm einfach rübergereicht, und er hat sie sorgfältig durchgesehen und gesagt, er würde meinen, ich sei ideal für den Job. Dann hat er gefragt, ob ich vielleicht was von den nationalen Werbekampagnen sehen wollte? Er hat mir ein paar Exemplare von *Life* und der *Saturday Evening Post* gezeigt, und da stellt sich nun heraus, dass es sich bei dem Produkt um Silkform-Strümpfe handelt. Ich weiß jetzt auch noch nicht, ob ich fünfzig oder sechzig Dollar bekomme, weil die eigentlich kein Gehalt zahlen, nur Provision auf die Verkäufe.«

Obwohl es nach den glamourösen Möglichkeiten, die wir uns bei der ersten Lektüre der Anzeige ausgemalt hatten, ein wenig enttäuschend war, dass es sich nur um den Verkauf von Seidenstrümpfen von Tür zu Tür handelte, hätten wir so doch ein gewisses Einkommen während unseres Aufenthalts in Washington. Nach seinem Gespräch mit dem Geschäftsführer hatte Esmond mehrere Stunden mit einem der Starverkäufer verbracht, welcher abkommandiert worden war, ihn anzulernen.

Esmond war fasziniert von den subtilen Strategien und fortgeschrittenen Techniken, die Silkform einsetzte. Vor einigen Jahren, als er sechzehn gewesen war, hatte er in England ebenfalls Strümpfe von Tür zu Tür verkauft. In der Anzeige, durch die er die Stelle bekommen hatte, stand bloß: »Vertreter gesucht. Kein Gehalt. Nur Provision.« Die Instruktionen bezüglich der Verkaufstechnik hatten sich auf die knappe Anweisung beschränkt: »Stellen Sie den Fuß in die Tür und lassen Sie ihn drin. Lassen Sie sich nicht von einem Verkauf ablenken.«

»In diesem groooßen Land haben wir das Know-how. Das alte England hat da noch einiges zu lernen!«, rief Esmond triumphierend mit seiner Stimme à la amerikanischer Politiker. »Komm doch morgen mit, ich zeig dir, wie's geht. Du wirst fasziniert sein. Warte nur, bis du die ganzen neuen Ausdrücke hörst, die ich gelernt habe. Vielleicht geben Sie dir auch einen Job, wenn du dich erst auskennst.«

Der Verkaufsbezirk, der Esmond zugeteilt worden war, lag in einem Mittelschicht-Wohnviertel von Washington, nicht weit von unserem Zimmer. Esmond öffnete den Pappaktenkoffer und erklärte mir, wie das komplizierte Verkaufsset funktionierte – für dessen Nutzung er fünf Dollar als Sicherheit bei der Silkform Company hatte zurücklassen müssen. »Am ersten Tag verkaufen wir noch gar nichts. Wir tun etwas, was man das Verkaufsgebiet auflockern nennt«, erklärte er. »Das macht man mit den wunderbaren Gratisgeschenken. Jeder Vertreter muss für seinen Vorrat von Gratisgeschenken bezahlen, und sie kosten nur einen halben Cent pro Stück, also sind sie, fürchte ich, nicht so ausgesprochen wunderbar.« Ich stieß im Verkaufsset auf einige Bleistiftnotizen in Esmonds spezieller, fast unlesbarer Handschrift: »Alle vom Schöpfer verschieden erschaffen«, »Sicherung anbringen«, »wenn der große Zeh was von der Welt sehen will – harte Zeiten«, »sorgfältige Hausfrau«, »exklusiv gewebt, kritischer Geschmack der amerikanischen Damenwelt«, »Sparpackung« …

»Was soll das denn alles?«, fragte ich.

»Ach, du wirst schon sehen. Das ist Teil der erprobten Silkform-Methode, ich habe mir Notizen gemacht, als der Mann mir das Verkaufsgespräch vorgeführt hat. Hör mir morgen gut zu, dann wird dir alles klar.«

Ehe wir aufbrachen, um das Verkaufsgebiet aufzulockern, einigten wir uns darauf, dass ich als Esmonds Assistentin, Miss Freeman, vorgestellt werden sollte, und nicht als seine Gattin; wir dachten, das höre sich geschäftsmäßiger an. Ich sollte die Verkaufsgespräche auf dem speziellen Formular, das Silkform zur Verfügung stellte, protokollieren.

Esmond hielt sich immer sorgfältig an die Strategie, die ihm der Superverkäufer der Firma Silkform skizziert hatte. »Schließlich haben die das Jahr um Jahr ganz präzise in der haaarten Schule amerikanischer Lebenserfahrung ausgearbeitet.«

Wir gingen zur ersten Tür und klingelten. Eine Frau machte auf, und sogleich quoll Esmond über vor falschem Charme und Servilität.

»Guten *Morgen*«, sagte er, grinste von einem Ohr zum anderen und verneigte sich schier. »Wir haben Ihren Namen vom Vizepräsidenten unserer Firma erhalten, der wünscht, dass Sie eines unserer wunderbaren Gratisgeschenke bekommen. Mit dieser Karte haben Sie Anspruch auf das Geschenk, absolut ohne jegliche Kosten!! Keinerlei Verpflichtungen. Bitte bewahren Sie diese Karte *an einem wirklich sicheren Ort* auf, wir wollen doch nicht, dass sie verloren geht, nicht wahr? Ohh …« (wie verwirrt von seinem Fauxpas), »wir haben ganz vergessen, uns vorzustellen. Ich bin Mr Romilly, und das ist meine Assistentin, Miss Freeman. Und Ihr Name wäre?«

»Mrs Robinson … Was soll das denn alles? Verkaufen Sie was?«

Esmond musste beim bloßen Gedanken an diese Möglichkeit sofort vor schierer Verblüffung lachen.

»Aber *nie und nimmer*, Mrs Robinson. Nun, vielen Dank dann. Wir werden morgen um diese Zeit mit Ihrem Gratisgeschenk wiederkommen. Wiedersehen! Bewahren Sie die Karte gut auf!« Und schnell liefen wir die Treppen hinunter. »Hast du den Namen? Mrs Robinson. Du musst sie alle genau notieren, damit wir sie morgen richtig anreden können.«

Wir blieben mehrere Stunden dabei, und allmählich füllten sich die Protokollformulare. Nicht ein einziges Mal hakte eine der Frauen bei der Behauptung ein, ihr Name sei uns vom Vizepräsidenten gegeben worden, obwohl wir uns dann nach diesem Namen sofort erkundigen mussten. Nicht ein einziges Mal ließ Esmond ihnen Zeit, nachzufragen, um welchen Vizepräsidenten welcher Firma es sich hier handele. Tatsächlich sagte er einige Male nur: »Wir haben Ihren Namen vom Vizepräsidenten«, was den vagen Eindruck hinterlassen mochte, dass John Nance Garner unseren Besuch angeregt hatte. »Wir sollen Silkform erst ganz am Ende des zweiten Gesprächs erwähnen, früher wäre fatal, das würde die ganze Sache sofort auffliegen lassen«, erklärte er. Wenn ein Mann an die Tür kam, entschuldigten wir uns nur und sagten, wie hätten die falsche Adresse.

Die Arbeit des nächsten Tages war komplizierter. Mittlerweile waren wir mit einer Liste der Namen und Adressen jener Frauen ausgestattet, bei denen wir Karten zurückgelassen hatten.

»Guten *Morgen*, Mrs Robinson! Wie geht's *uns* denn heute?« Esmond fiel fast um vor Lebenslust, als er in der Pose dastand, die er für diesen Auftritt angemessen hielt. Er ließ Mrs Robinson keine Zeit zu einer Antwort oder zum Schließen der Tür, sondern fuhr in ziemlich strengem Tonfall fort: »Gestern haben wir Ihnen eine Karte dagelassen, die Sie zum Erhalt unserer wunderbaren Gratisgeschenke berechtigt. HOLEN SIE JETZT DIESE KARTE – !« Seine Haltung strahlte nun große Autorität aus, er wirkte fast militärisch. Über ihre Schulter hinweg deutete er in den dämmerigen Hintergrund des Haushalts. Ohne ein Wort drehte sie sich um und ging den Flur entlang, während Esmond ihr Schritt um Schritt folgte. »Siehst du?«, flüsterte er mir schnell zu. »Es funktioniert immer.« Offenbar verschmähte Silkform die grobschlächtige altmodische Methode des Fußes in der Tür. Jahrelange Trial-and-Error-Experimente, gestützt auf – wie die Firma behauptete – weitausgreifende psychologische Forschungen, hatten den Beweis erbracht, dass die Worte »Holen Sie jetzt diese Karte!« (begleitet von der gebieterischen Geste der deutenden Hand) in fast jedem Fall das gewünschte Ergebnis erbrachten. Das bereits halb hypnotisierte Opfer gehorchte, und der Vertreter hatte sein erstes Ziel erreicht: den Zutritt zur Wohnung.

War er einmal drinnen, dann war es wichtig, rasch mit dem Reden anzufangen und nicht mehr damit aufzuhören. (»Verlieren Sie niemals die Initiative!«) Die hier angewendete Strategie besaß starke Ähnlichkeit mit dem notorischen Verhör »dritten Grades«, von dem wir vor und nach unserer Reise nach Amerika so viel gelesen hatten. Im Wesentlichen bestand sie aus einer geschickten Kombination psychischer Tortur und körperlicher Manipulation, welche die Betroffene in einen Zustand hilfloser Passivität versetzen, sie ihres unabhängigen Willens berauben und bereit machen sollte, alles Erdenkliche zu unterschreiben, um der Qual zu entrinnen.

»Haben Sie die Karte? Ah ja … gut! Ich sehe schon, Sie sind eine sorgfältige Hausfrau, Mrs Robinson. Wenn Sie jetzt so gut wären, sich hinzusetzen …« (Er rannte in ihrem Wohnzimmer hin und her, rückte Stühle um und drängte sie auf einen, wo sie die gleißende Sonne im Gesicht haben würde.) »Jetzt haben wir's! Nun muss ich Ihnen den Nutzen unseres wunderbaren Gratisgeschenks erklären. Sie hätten ja wenig davon, wenn Sie nicht einmal wüssten, wozu es gut ist, nicht wahr?«

»Also ich weiß nicht … Ich habe heute morgen ganz viel zu tun …« Mrs Robinson schaute hilflos um sich.

»Hahaha, wie wir alle, was? Aber glücklicherweise dauert das nur einen kurzen Moment.« Esmond öffnete seinen Koffer und fischte rasch einen irgendwie schmierigen kleinen Gegenstand heraus, der genau so aussah wie ein Streichholzbriefchen. »Sooo, da wären wir.« Er öffnete das Briefchen, um eine paar kleine Pappstifte mit Klebstoff an den Enden, ein paar Fäden Stopfgarn und eine Nadel vorzuzeigen. »Wenn Sie irgendwo eine von diesen bösen, bösen Laufmaschen in einem Ihrer Strümpfe entdecken, dann müssen Sie ab jetzt nur noch eines tun. Lecken Sie einfach an einem von diesen Praktikus-Laufmaschenstoppern und drücken Sie das Ende auf besagte gemeine Laufmasche. Und wenn Sie dann wieder zu Hause sind in Ihrem behaglichen Heim, dann können Sie in aller Ruhe die Laufmasche mit diesem wundervollen Garn stopfen.« Er schob ihr das Ding in die Hand und ließ im selben Augenblick ein großes, in Saffianleder gebundenes Buch aus dem Koffer hervorschnellen, das er geschickt bei Teil I der Dritten-Grades-Prozedur öffnete.

»Mrs Robinson, haben Sie jemals in Ihrem Leben ein Stück ECHTE FRISCHE SEIDE berührt?« Er zog eine lange, verfilzte Strähne hervor, die Rosshaar ähnelte, und schlang ein Ende fest um ihr Handgelenk. »Jetzt – ZIEHEN SIE!« Ein kurzes Tauziehen entspann sich. »DAS ist nun wirklich schwer zu zerreißen, wie? Und jetzt möchte ich

Ihnen etwas zeigen.« Er ergriff ihre widerstandslose Hand und führte sie. »Nehmen Sie diese Stecknadel … So ist es recht … Nun sehen Sie einmal zu, ob Sie ein Loch in dieses kleine Probestück gewebter echter frischer Seide machen können, gewebt eigens zum Gebrauch der Frau mit kritischem Geschmack. Fast unmöglich, nicht wahr?« (Doch zog er es rasch wieder weg, denn das war doch schon vorgekommen.) »Ihr großer Zeh wird da echte Schwierigkeiten haben, wenn er was von der Welt sehen will, meinen Sie nicht auch? Viele Frauen wissen übrigens nicht, dass die meisten Seidenstrumpfmarken ihnen nur eine sehr, sehr, sehr geringe Wahl bei der Größe lassen. Sie sind da als Kundin darauf beschränkt, sich mit einer Größe 9 oder 9½ oder 10 oder 10½ zufriedenzugeben. Der gewöhnliche Strumpffabrikant *weigert* sich einfach, Beine verschiedener *Form* zu berücksichtigen. Dabei sind wir schließlich alle vom Schöpfer verschieden erschaffen, nicht wahr? Nehmen wir beispielsweise Ihre Beine und die von Miss Freeman hier …« (Diesen Ansatz ließ er aber rasch wieder fallen, da er eine möglicherweise gefährliche Abweichung von den Ratschlägen des Superverkäufers darstellte.) »Nur als Beispiel – gestatten Sie mir, Ihr Fußgelenk mit diesem Praktikus-Stetsbereit-Maßband zu messen …«

»Sagen Sie mal, verkaufen Sie Strümpfe?« Mrs Robinson begann mit einem Mal, aus ihrer Lethargie zu erwachen.

»STRÜMPFE VERKAUFEN, ich? Oh nein, da täuschen Sie sich ganz und gar, Mrs Robinson. Schauen Sie, ich möchte, dass Sie sich diesen ganzen Koffer genau ansehen, und dann sagen Sie mir, ob Sie da irgendwelche Strümpfe finden, die ich verkaufen könnte? Sehen Sie! Nicht ein einziger Strumpf. Selbst wenn ich WOLLTE, könnte ich Ihnen keine verkaufen, nicht wahr?« Er schob ihr den Koffer ins Gesicht und kniete auch schon auf dem Boden mit seinem Praktikus-Maßband. »Miss Freeman, wären Sie so freundlich, diese Maße aufzunehmen? Fußgelenk … achtundvierzig Zoll …«

»Aber das ist unmöglich«, protestierte ich.

»Ach nein … Bedauere … Ich habe hier das falsche Ende erwischt. Fußgelenk zehn Zoll, Wade siebzehn, Schenkel vierundzwanzig. Wo bringen Sie Ihre Sicherung an, Mrs Robinson? Oh ja, ich sehe schon … Länge des Beins vom Fußgelenk zum Oberschenkel fünfundzwanzig Zoll. Haben Sie das alles, Miss Freeman? Alles klar. Nun, Mrs Robinson, was die Farbtönungen betrifft! Schauen wir mal, ich würde meinen, dass wir Ihnen eine schöne Sparpackung mit einem Dutzend Paar machen. Viermal Herbstnebel, das passt sehr gut zu Marineblau, viermal Muschelschale für den Abend und gesellschaftliche Anlässe aller Art, viermal Rostfarben für informellere Zwecke … Haben Sie das, Miss Freeman?«

Mrs Robinson, einigermaßen zerzaust, saß da wie betäubt und starrte mit leerem Blick ins Weite.

»So, hier haben wir das Schatzkästlein der Familie, ha ha, habe ich recht?« Esmond hatte ihre Handtasche entdeckt und überreichte sie ihr nun. »Nur eine kleine Anzahlung, sagen wir zehn Dollar, fünf Dollar, was Sie gerade griffbereit haben … vielen Dank. Und wenn Sie nun so freundlich wären, hier zu unterschreiben.« Ihre schlaffe Hand bewegte sich über das Papier. »Nun, es war mir ein großes Vergnügen, Sie kennenlernen zu dürfen, Mrs Robinson. Jetzt wollen wir Sie aber nicht länger aufhalten. Guten Tag!«

»Esmond, die arme Frau. Ist dir klar, dass sie für achtzehn Dollar Strümpfe gekauft hat?«, sagte ich, als wir draußen waren.

»Ich weiß, es ist schon ziemlich schlimm. Aber jetzt hat sie wenigstens einen Vorrat auf einige Zeit. Und es wird dich freuen, zu hören, dass wir die Lieferung nicht persönlich vornehmen. Da gibt es eine spezielle Truppe von gut ausgebildeten starken Männern, falls der Ehemann zu Hause ist, wenn man liefert.«

Nicht alle Opfer ließen sich mit derartiger Leichtigkeit einlullen. Eine Frau fand genügend Energie, um mich zu fragen: »Wie sind Sie denn jemals an so einen Typ geraten?«

Esmond war als Silkform-Vertreter beunruhigend erfolgreich. Nicht lange, und er gewann Prämien, weil er sein Soll überschritten hatte, und stolz überreichte er mir einen *Snugfit-Supersoft-Shortie*-Hausmantel und ein Bürstofix-Kamm-und-Haarbürsten-Set. Er nahm an den Motivationsmeetings der Vertreter teil und kam nach Hause mit den inspirierenden Gesängen auf den Lippen, die er dort gelernt hatte und die den Teamgeist aller Hörer stimulieren sollten:

(Nach der Melodie von »It's a Long Way to Tipperary«)
It's a great gang that's selling Silkform,
It's a great gang to know,
We are all full of pep and ginger
And our watchword is, Let's go! Hey! Hey!

(Nach »There's a Long, Long Trail A-winding…«)
There's a Silkform Trail a-winding
Into the land of my dreams…

Selbst wenn der *Silkform Trail* nicht an einen Punkt führte, wo sich der Traum von fünfzig oder sechzig Dollar pro Woche erfüllte, hatten wir am Ende genügend verdient, um den größten Teil unserer Kosten in Washington zu bestreiten.

DREISSIG

Unsere Expeditionen in die Silkform-Welt wechselten angenehm ab mit Besuchen bei Leuten, die in verschiedenen New-Deal-Behörden arbeiteten, und Gelegenheiten, einen repräsentativen Querschnitt durch die Diners, Cocktailpartys und Mittagessen zu erleben, welche einen großen Teil der Regierungsaktivitäten in Washington ausmachen.

Wir wanderten durch die verschiedenen Verwaltungsinstitutionen und unterhielten uns mit Männern und Frauen, die aus allen Teilen des Landes herbeigeströmt waren, um in der National Youth Administration, im Landwirtschaftsministerium, der Works Projects Administration und all den anderen Behörden zu arbeiten, von denen wir uns nicht einmal die Initialen einprägen konnten. Wir waren von diesen Menschen, von denen viele kaum älter schienen als wir, ungeheuer beeindruckt. Überall drängte man uns Broschüren, Analysen, Pressemitteilungen auf, in denen die zahlreichen Aktivitäten des New Deal beschrieben wurden. Man riet uns, durchs Land zu fahren und Arbeitscamps zu besuchen, das Tennessee-Valley-Projekt, Entwässerungs- und Umsiedlungsarbeiten, die Programme für Finanzhilfe an die Farmer zu studieren – selbst zu sehen, welche dramatischen Veränderungen die Regierung Roosevelt bewirkte. Wie anders, dachten wir, als in den englischen Ämtern, wo bereits die bloße Bezeichnung für den Beamten – *civil servant* – ein Synonym für staubige Langeweile und endlose Bürokratie war.

Man sagte uns oft, dass Washington – wie New York – ganz untypisch für die amerikanischen Großstädte sei. Doch wir hatten das Gefühl, dass vieles vom Besten in Amerika sich hier in der Hauptstadt konzentrierte und von dieser Gruppe kluger, aufrichtiger Liberaler repräsentiert wurde. Sie hatten wenig vom reflexhaften Zynismus der New Yorker, von deren unvermeidlich raschen Antworten mit ihrer forcierten Originalität; andererseits waren die Leute in Washington keineswegs die verträumt-konfusen Idealisten, als welche sie fast überall in der Presse dargestellt wurden. Sie leisteten etwas, sie planten und handelten, und vor allem übersetzten sie die Prinzipien und Ideale ihres Landes ins Alltagsleben.

Wir freundeten uns schnell mit Michael Straight an, dem Herausgeber der *New Republic*. Er war ein außergewöhnlich gutaussehender junger Mann, wenige Jahre älter als Esmond. Seine Frau Binny war erst achtzehn, und ihre Familie war der Ansicht gewesen, dass sie zu jung sei, um das Elternhaus ohne ihre Nanny zu verlassen, so dass wir oft mit allen dreien beim Abendessen saßen. Michael war in England zur Schule gegangen, in Dartington Hall. Sowohl Esmond wie ich wussten einiges über Dartington, weil es über Jahre hinweg im Zentrum erregter öffentlicher Diskussionen gestanden hatte und Gegenstand unzähliger wütender Briefe an die *Times* gewesen war. Mikes Geschichten über die unmoralischen Vorfälle dort hätten sicherlich diese Korrespondenten in ihren finstersten Vorurteilen bestärkt.

Die Straights wollten unbedingt unsere Silkform-Abenteuer in allen Einzelheiten erzählt hören. Sie heulten und brüllten vor Lachen, und wir saßen alle da und sangen: »It's a great gang that's selling Silkform…« Unsere übliche Begrüßung lautete: »Guten *Morgen*, Mrs Straight! Wie geht's *uns* denn heute?« Auf Esmonds Drängen hin schrieben sie uns Zeugnisse für den Fall, dass wir auf unseren Reisen irgendwo mittellos hängen bleiben sollten. In diesen Referenzen erschien ich als höchst kompetente Zofe, die jahrelang für Mrs Straight gearbeitet hatte, und Esmond als vollendeter Kammerdiener, dessen Erfahrung und Geschick bei Ausübung seiner Pflichten für Mr Straight nahezu unentbehrlich geworden waren.

Eines Tages, als Esmond im Verkaufsgebiet unterwegs war, nahm Mike mich zu einem Frühstück mit, bei dem sich eine Reihe von New Dealers in einem der großen Hotels trafen. Ich saß neben einer hochgewachsenen Südstaatlerin mit riesigem weißem Hut. Sie stellte sich als Virginia Durr vor. Sie sprach in einer Art weichem Kreischen, dem glücklicherweise das leichte Jaulen fehlte, das ich bei den Stimmen des Südens nun gewohnt war. Ihr Ansatz bei der Konversation war der Frontalangriff. Als sie feststellte, dass ich Engländerin war, feuerte sie eine Frage nach der anderen ab. »Also was um alles in der Welt halten Sie von Mr Chamberlain? Ich meine, der ist doch einfach *schrecklich* … Wo leben Sie denn in England? Mich hat das englische Landleben immer derart fasziniert. Was haben Sie denn den lieben langen Tag immer *gemacht*? Wie viel zahlen Sie Ihren Dienstboten in England? Wie schmeckt Steak-and-Kidney-Pie? Ich *liebe* Jane Austen und *Cranford*, und ich würde so gerne einmal nach England gehen…«

Ich musste mich anstrengen, um Schritt zu halten, alle die Fragen zu beantworten und gleichzeitig zu erklären, dass sich die Dinge in England seit Jane Austen und *Cranford* ein wenig verändert hatten. Tatsächlich war ich etwas mitgenommen durch dieses insistente Schnellfeuer. Ich fühlte mich Mrs Durr gegenüber in der Minderzahl, als müsste ich einem Zimmer voll von Reportern standhalten.

Meine kurzen Antworten langweilten sie rasch, und sie richtete ihren Blick und ihre Aufmerksamkeit auf einen rothaarigen jungen Mann auf der anderen Seite der Tafel. »Hallo, Red! Wie ich höre, sind Sie so ziemlich der klügste Mann im Kapitol. Jetzt sagen Sie mir doch mal, was wird der Präsident denn unternehmen, damit …« Der solcherart angeredete Mann wand sich verlegen und errötete charmant, aber er gab ihr eine detaillierte Antwort auf ihre Frage, und bald diskutierten sie komplizierte Details der New-Deal-Politik.

Sobald Mrs Durr von irgendeinem Thema genug hatte, schloss sie es freundlich, aber bestimmt ab. Es war, als habe sie ein Kapitel eines Buches beendet, den Band zugeklappt und weggelegt, um sogleich einen anderen in die Hand zu nehmen. Dies war ein wenig irritierend für denjenigen, mit dem sie soeben gesprochen hatte und der nun häufig mitten im Satz sich selbst überlassen blieb. Sie wandte ihre direkte Methode unterschiedslos überall an, mochte der Gegenstand noch so problematisch sein: »Jack, ich habe gehört, du hast dich gestern Abend mit John L. zerstritten! Was war denn da? Ich hab immer gedacht, ihr könnt so gut miteinander.«

Gegen Ende des Frühstücks wandte sie mir noch einmal ihren überwältigenden Charme und ihre ganze Aufmerksamkeit zu: »Kommen Sie doch diese Woche einmal zum Essen zu uns! Ich würde so gerne Ihren Mann kennenlernen, die Leute sagen, er sei wirklich bemerkenswert.«

»Ach … tatsächlich? Furchtbar nett von den Leuten. Natürlich glaube *ich* das …«

Ich stolperte über meine Sätze, verwirrt von der ungewohnten Direktheit des Kompliments. Wir vereinbarten, dass Esmond und ich am nächsten Abend zu Mr Durr ins Büro kommen und mit ihm in ihr Haus auf dem Seminary Hill fahren sollten.

Clifford Durr war ein großer, sich etwas gebeugt haltender Mann von etwa vierzig. Er erinnerte mit seinem unauffällig-gelehrten Gebaren an eine etwas mildere Version von Abraham Lincoln und begrüßte uns mit jenem hohen Grad von Freundlichkeit und Gastlichkeit, der mir bei so vielen Amerikanern aufgefallen war; ich hatte dabei immer das unbehagliche Gefühl, dass ich, mochte ich auch noch so lange unter ihnen leben, niemals ihr Niveau genuiner Herzlichkeit Fremden gegenüber erreichen würde.

Die Durrs wohnten in einem großen, weitläufigen Farmhaus in einer Landgemeinde etwa sieben Meilen von Washington entfernt. Wir betraten das Foyer, das voll aufgestapelter alter Nummern des *National Geographic Magazine* war, und trafen auf Mrs Durr, die weich in ein Telefon kreischte. Sie legte sofort auf, als wir hereinkamen, offenbar mitten im Satz (ich fragte mich kurz, was wohl der arme Telefonpartner empfand), und erhob sich, um uns zu begrüßen. »Also ich bin absolut entzückt, dass Sie kommen konnten! Cliff, Honey, mach ihnen einen Drink. Kommen Sie herein, ich stelle Ihnen Lucy und Baby Sister vor.« Sie führte uns ins Wohnzimmer, dessen eines Ende mit einer wirr in sich verflochtenen Masse von Kindern angefüllt war. Mrs Durr schritt zwischen ihnen hindurch, sortierte sie und zog für uns Lucy hervor, ein sehr schönes blondes Kind von zwei Jahren. Baby Sister, ein Neugeborenes, strampelte zufrieden in einem Kinderwagen in einer anderen Ecke des Zimmers.

Lucy wurde rasch hochgehoben, damit sie sich mit uns bekanntmachte und ihrem Vater einen Guten-Abend-Kuss gab, und ebenso rasch wieder zwischen ihre Spielkameraden gestellt, mit der Anweisung: »Jetzt seid ihr alle schön ruhig, damit Mutter mit den Gästen sprechen kann.«

Mrs Durr begann mit weiteren endlosen Fragen, wobei sie den Lärm im Zimmer nicht bemerkte. Gelegentlich führte ein besonders lautes Geschrei zu einer Reaktion: »Meine Güte! Kinder, seid doch bitte so gut und spielt schön leise und brav...« Schließlich zerstreuten sich die Kinder ohne besondere Aufforderung nach und nach und Lucy stapfte davon ins Bett. In der unnatürlichen Stille, die jetzt eintrat, bemerkte man, dass Baby Sister seit einiger Zeit geweint hatte. (»Liebe Zeit! Wir haben vergessen, Baby Sister zu füttern!«) Sie wurde schnell mit einer Flasche beruhigt, und die Unterhaltung der Erwachsenen setzte sich ohne weitere Unterbrechung fort.

Mrs Durrs Aufmerksamkeit konzentrierte sich nun auf Esmond. Sie fragte ihn lange und detailliert aus, wie seine Ansichten über den Krieg seien, was für ein Mensch Winston Churchill sei, was er in Spanien erlebt habe. Als ich ihnen zuhörte, formte sich in mir bereits eine andere Ansicht über unsere Gastgeberin. Sie war tatsächlich, entschied ich, eine faszinierende Persönlichkeit, deren besonderer Reiz in ihrer enormen Neugier auf alle Leute lag, in ihrer Leidenschaft, Dinge herauszufinden, Einzelheiten und Motive zu erkennen, die großen Ereignisse auf ihre kleinen menschlichen Ursachen zurückzuführen. Kein Wunder, dass sie Jane Austen liebte!

Sie und Esmond erwärmten sich rasch füreinander. Am Ende des Abends standen wir auf freundschaftlichstem Fuß. Es war, als kennten wir die Durrs seit Jahren. Wie lange – dachte ich – würde es in England dauern, bis ein Gefühl so enger Freundschaft entstünde? Wie viele Stunden und Stunden (über wie viele Monate verteilt!), die man zusammen verbracht hätte? Zuerst wären da die einleitenden kleinen Scharmützel gekommen, wie wenn zwei fremde Hunde sich zum ersten Mal begegnen, neugierig witternd, aber misstrauisch, sich fest im Auge behaltend, während sie einander umkreisen. Die Unterhaltung würde natürlich stark von dem jeweiligen Milieu abhängen. Sie mochte zu der buchstäblich einsilbigen »Oh I say, good show«-Variante gehören, wenn sie an einem Jagdwochenende stattfand. Oder aber es mochte sich um sorgfältig gedrechselte literarische Konversation handeln, um das gezielte – aber kalkuliert beiläufige – Namedropping, das auf bekannte Autoren verwies, denn es gibt viele verschiedene Arten und Weisen, wie Fremde miteinander Kontakt aufnehmen. Auf keinen Fall wäre es bei der ersten Begegnung zum direkten, mühelosen Austausch von Meinungen und Erfahrungen gekommen, wie er den Durrs so natürlich war.

Wir erneuerten unsere Bekanntschaft mit der Familie Meyer, die zu dieser Zeit gerade in Washington war. Besuche in ihrem schönen großen Haus lieferten die »Kontrasterei«, die für Esmond immer wesentlich zum angenehmen Leben gehörte. Wir kehrten aus dem Silkform-Revier in unser schäbiges möbliertes Zimmer zurück, machten uns rasch frisch, der stets einsatzbereite Smoking wurde hervorgezogen, und wir brachen zu einer wunderbaren Abendesseneinladung auf, wo alle möglichen Leute auftauchen mochten, von Alger Hiss bis Westbrook Pegler, denn das Spektrum der Meyer'schen Bekanntschaft war breit.

Unsere Unkenntnis der lokalen Persönlichkeiten führte zu gelegentlichen Augenblicken der Verlegenheit. Bei einem derartigen Essen saß ich neben einem massigen jungen Juristen, einem Mr Pritchard aus Kentucky, der in Miene und Leibesfülle an Toms »dicke Blonde« erinnerte. »Ein Freund hat erwähnt, Sie seien ein ›Dean-Acheson-Liberaler‹. Was heißt das eigentlich genau?«, fragte ich. Ein rascher Tritt unter dem Tisch von Esmond empfahl mir, dieses Thema fallenzulassen; er erklärte mir später, Dean Acheson habe mir direkt gegenüber gesessen.

Auch Esmond hatte an diesem Abend Pech. Nach dem Essen verbreitete sich Mr Meyer über das Lend-Lease-Gesetz, das augenblicklich im Kongress debattiert wurde. Die Gäste hörten gebannt zu, aufmerksam nicht nur aus Höflichkeit dem Gastgeber gegenüber: Mr Meyer war ein faszinierender Redner, der die Fähigkeit besaß, den Hörern die Einsichten eines langen Lebens diverser politischer Erfahrung als Konzentrat zu vermitteln.

»Manche behaupten, die Engländer wollen uns hier nur ausnützen«, sagte er, um mit großer Emphase hinzuzufügen. »Ich sage Ihnen: Die Engländer haben es nicht in sich, uns zu bestehlen!«

Wie aus Sympathie mit dem hier anwesenden Repräsentanten der tapferen kleinen Insel wandten sich alle Blicke zu Esmond, der sich leise aus dem Kreis um den Kamin entfernt hatte und damit beschäftigt war, sich methodisch die Taschen mit den vorzüglichen Zigarren des Meyer'schen Haushalts zu füllen.

Weit davon entfernt, ärgerlich zu werden, behandelte Mr Meyer die Angelegenheit als einen hervorragenden Witz. Es erwies sich ein paar Tage später als prophetisch, dass wir ihn damals in die Kategorie »mögliche Stellenbeschaffer« eingeordnet hatten; er gab uns den Auftrag, eine Reihe von Artikeln über unsere Abenteuer in Amerika zu schreiben. Philip Toynbee hat diese Texte grausam, aber präzise als »kokett und schamlos« beschrieben, »das niedliche Bildchen eines couragierten englischen Paares, das wider alle Schwierigkeiten obsiegt und in den tiefen, fremden Wassern Amerikas immer den Kopf oben behält«.

Falls Mr Meyer sich wegen des Zigarrendiebstahls an Esmond gerächt sehen wollte, fand er Genugtuung, als die Artikel schließlich unter dem unüberbietbar abstoßenden Titel »Aristobabys im Wunderland« erschienen.

EINUNDDREISSIG

Die beiden Wochen in Washington schienen ein Weltalter zu dauern, denn das Reisen lässt die Zeit stillstehen, wie ein Traum, der einen durch eine lange Reihe von Abenteuern führt, tatsächlich aber nur Augenblicke dauert.

Wieder einmal sagten wir unseren neuen Freunden Lebewohl, mit denen sich in einigen Fällen bereits die Möglichkeit einer lebenslangen Freundschaft abzeichnete – wie wir in London, in New York, auf Martha's Vineyard Lebewohl gesagt hatten. Das war die Form – wenn man hier von einer Form sprechen kann –, die unser Leben nun schon vor langer Zeit angenommen hatte: in eine Situation, in einen Kreis von Leuten hineinzuspringen, für kurze Zeit ein Teil davon zu werden, uns über alles Interessante zu informieren und dann wieder abzureisen. Es gab uns das befriedigende Gefühl, eine bestimmte Weltecke rasch, aber gründlich beobachtet und dort Beziehungen angeknüpft zu haben, an die sich leicht Monate oder Jahre später wieder anknüpfen ließe. Selbst in England war unsere Haltung ein wenig die von Forschungsreisenden gewesen – wir erkundeten Neuland und analysierten und katalogisierten dann später zu Hause die Eingeborenen. In Amerika, wo wir durch die unsichtbaren Barrieren der Nationalität von anderen getrennt waren, prägte sich diese Haltung noch stärker aus. Selbst unsere besten Freunde, die Leute, die wir sehr gernehatten und die uns am Nächsten standen – Giles, Philip, Peter, die Leute von *Life-Time*, die Rodmans, die Durrs, all die, welche wie kleine Fähnchen auf einer Landkarte verstreut waren –, erschienen uns fast zweidimensional, denn mehr und mehr waren wir im Grunde nur füreinander da.

Wohl alle jungen Liebenden kennen in gewisser Weise dieses Gefühl des Einsseins, diese Empfindung, dass man »nur Augen füreinander hat«; jedenfalls ist die Literatur aller Länder und Zeiten voll davon. In unserem Falle hatten wir mehr Grund als die meisten Paare, uns miteinander in einer Weise verbunden zu fühlen, welche die Menschen um uns ausschloss. Die Entfremdung von unseren Familien, die Umstände unserer Heirat, unser ständiges Umherwandern, der Tod des Babys – all das kam zusammen, um uns zu einer ganz und gar selbständigen Einheit zusammenzuschmelzen, zu einer Verschwörung zweier Menschen gegen die übrige Welt.

Der einzige Bereich meines Lebens, den ich nicht mit Esmond teilen konnte, war meine Anhänglichkeit an Boud. Wider alle Vernunft und obwohl ich alles hasste, wofür sie einstand, war sie mit Abstand meine Lieblingsschwester, was ich damals niemandem eingestehen konnte, am wenigsten Esmond. Ich hatte – meist erfolgreich – versucht, sie nach Ausbruch des Krieges aus meinen Gedanken zu verbannen. Es gab kaum Neuigkeiten von ihr in den Briefen der Familie; niemand wusste genau, wo sie steckte oder was aus ihr geworden war. Eine Cousine schrieb, sie sei im August nach Deutschland zurückgekehrt und habe eine Pistole mitgenommen, mit der sie sich umbringen wollte, wenn der Krieg ausbrach. Als wir in Washington waren, gab es gelegentlich Gerüchte über Boud in den Zeitungen – sie sei in ein Kloster gegangen, sie sei schwer krank. Vielleicht war sie alleine und krank, vielleicht lag sie im Sterben (furchtbares Wort! Zu schrecklich, um es länger als einen Augenblick lang zu denken) – diese Besorgnis schmerzte mich tief. Ich konnte mich nur mit dem Gedanken trösten, dass Boud, der Loyalität als die höchste Tugend galt, wie niemand sonst dafür Verständnis haben musste, dass der Krieg uns auf immer getrennt hatte.

Es war ansonsten einfach genug, sich von Tag zu Tag den Aufregungen unserer amerikanischen Reise hinzugeben. Esmond lebte mit leidenschaftlichem Nachdruck ganz in der Gegenwart. Diese Kunst beherrschte er vollendet. Seine Haltung damals war nicht so sehr ein »Freut euch des Lebens, denn morgen sind wir tot« (der Tod war das Letzte, was er erwartete oder vorhersah), sondern: Morgen beginnt unsere Lebensaufgabe, und das wird eine lange, uns ganz und gar beanspruchende Mühsal sein. Irgendwann in den nächsten Monaten oder Jahren würde der Krieg gegen den Faschismus tatsächlich beginnen, und dann würde der wahre Umriss unseres Lebens hervortreten. Seit dem Münchner Abkommen und trotz der Kriegserklärung ruhte der Kampf. Esmond war nicht dafür geschaffen, ruhig zu warten, bis sich etwas ereignete – es würde bald genug kommen, und bis dahin gab es eine endlose Fülle von Orten zu sehen, von Menschen kennenzulernen, von Situationen zu erforschen.

Wir brachen von Washington nach Süden auf, Richtung New Orleans, wo Esmond hoffte, seine frisch erworbenen

Barkeeperfähigkeiten praktizieren zu können. Doch eines Abends, als Esmond fuhr und ich theoretisch unseren Weg auf der Karte verfolgte, stellten wir plötzlich fest, dass wir vor Stunden die falsche Straße genommen hatten und jetzt auf dem Weg nach Miami waren. Im schwachen Licht unserer Scheinwerfer sahen wir bereits zu beiden Seiten der Straße Orangenplantagen. Es schien allzu umständlich, den ganzen Weg wieder zurückzufahren; außerdem sagte uns der Mann an der Tankstelle, wo wir auftankten, es gebe Hunderte von Barkeeperjobs in Miami. Er versicherte uns, dass irgendeine auch nur entfernt mit dem Ausschank von Alkohol verbundene Ausbildung dort überaus vorteilhaft wäre und dass man sich um Esmonds gute Dienste reißen würde.

Miami, der sogenannte Spielplatz Amerikas, stellte sich als die unansehnlichste Stadt heraus, die mir je begegnet war – von den kleinwüchsigen, dürftig-struppigen Palmen bis zu unserem Motelzimmer, aus dessen nagelneu geweißten Wänden jede Nacht zu Tausenden die Kakerlaken hervormarschierten. Das war nicht die behagliche, alteingesessene Unsauberkeit der möblierten Zimmer in London oder der warme, stark riechende und irgendwie sehr menschliche Schmutz des Hôtel des Basques, sondern eine wimmelnde, schäbige Dreckigkeit.

Die Bevölkerung entsprach dem Milieu. Die Stadt bereitete sich auf die winterliche Saison vor; es war ein guter Zeitpunkt zur Stellensuche, und wir zogen beide los. Bei den verschiedenen Bewerbungsgesprächen und später dann bei der Arbeit an der Modeschmucktheke eines großen Drugstores, wo ich bald eine Stelle gefunden hatte, gab es reichlich Gelegenheit, die Bewohner Miamis zu beobachten. Sie schienen mir ein humorloser, misstrauischer, engstirniger Haufen. Es war unsere erste Erfahrung mit einer Stadt des amerikanischen Südens. Die Schwarzen lebten wie eine Horde Gespenster in elenden Hütten am Stadtrand; ihre bloße Existenz wurde zum größten Teil von den Weißen völlig ignoriert. Die verbalen Attacken meiner Kollegen im Drugstore galten dafür den jüdischen Touristen, von deren Geld die Stadt fett geworden war und deren Einkäufe ihr Gehalt bezahlten. Viele der Menschen, mit denen ich hier in Berührung kam, legten eine Art schmieriger Jovialität an den Tag, die an die zuckrige deutsche Gemütlichkeit erinnerte – eine Fassade, hinter der ein stinkender Rassismus hockte.

Die Hinweise des Tankwarts stellten sich als höchst unzutreffend heraus. Esmond machte die Runde der Stellenvermittlungen und der Hotels, nur um festzustellen, dass das Handwerk des Barkeepers Außenstehenden völlig verschlossen blieb – die Bars wurden entweder als Familiengeschäft betrieben oder verließen sich auf alte, vertrauenswürdige Angestellte. Selbst eine Anzeige im *Miami Herald*, in der Esmond sich mit den Worten »dreißig Jahre alt, zuverlässig, viele Jahre Erfahrung in Paris und London (Ritz)« vorstellte, brachte keine einzige Anfrage. Wieder war ich es, die das Geld nach Hause brachte – ein Gehalt von vierzehn Dollar für eine Achtundvierzigstundenwoche.

Wie üblich war Esmonds Flaute nur von kurzer Dauer. Er antwortete auf eine Anzeige, in der es hieß: »Erfahrene Kellner gesucht, eigener Smoking, erstklassiges italienisches Restaurant, Eröffnung in Kürze«. Er überzeugte den Arbeitgeber davon, dass er jahrelang im Savoy Grill gearbeitet hatte, und wurde vom Fleck weg eingestellt.

Wieder kam der Smoking aus dem Koffer, diesmal von mir aufgeschönt (ich wünschte, Horton wäre da gewesen), und Esmond zog los zur Eröffnung des Restaurants Roma, wobei er in der Tat recht flott aussah, wenn auch kaum wie ein alterfahrener Kellner aus dem Savoy Grill. Er kam einige Stunden später zurück, deprimiert und gründlich verunsichert. Der Abend hatte höchst vielversprechend begonnen – in der schönen großen Küche bekamen die Angestellten eine erstklassige italienische Mahlzeit. Ehe noch die Kellner mit ihrem Nachtisch fertig waren, trafen die ersten Kunden ein, und zwei Kollegen sprangen auf, um sie zu bedienen. Zu Esmonds Entsetzen verließen sie die Küche beladen mit vollen Tellern, Saucièren, Wasserkrügen, »die«, wie er es beschrieb, »von jedem erdenklichen Finger runterhingen, mehrere Sachen in einer Hand und dann noch Zeug den ganzen Arm hoch«.

Esmond, bekannt für seine Unfähigkeit, einen Teelöffel ins Nebenzimmer zu tragen, ohne ihn dabei fallenzulassen, war von diesem Anblick allzu aufgewühlt, um zu Ende zu essen. Der Rest des Abends war ein einziger Albtraum: Ein zorniger Kunde nach dem anderen – viele von Tomatensoße triefend oder bis auf die Haut mit Wein durchnässt – machte den Besitzer auf das eigenartige Gebaren seines Kellners aufmerksam. Der Höhepunkt kam, als Esmond, der mittlerweile verzweifelt versuchte, die Situation durch schieren Fleiß zu retten, durch die falsche Tür rannte und mit einem vollbeladenen anderen Kellner zusammenstieß, so dass beide zu Boden stürzten und in einem Chaos aus Huhn *al cacciatore* und zerbrochenem Porzellan dalagen. Der Chef teilte Esmond mit Tränen in den Augen mit, das Arbeitsverhältnis sei beendet. »Ich dachte, ich gehe besser ohne großes Aufsehen«, sagte Esmond. »Morgen ist er wahrscheinlich besserer Laune, ich geh dann vorbei und rede mit ihm.«

Esmond hatte in einer Ecke des Restaurants Roma eine hübsche kleine Bartheke entdeckt, die er nun ins Visier nahm. Am nächsten Tag sprach er beim Besitzer vor, entschuldigte sich für das Debakel am Vorabend, räumte ein, dass er in Wirklichkeit nie im Savoy gearbeitet hatte (»das schien ihm bereits klar zu sein«), und bewarb sich als Barkeeper. Der Besitzer versicherte, ein Barkeeper sei ganz unnötig, die Bar sei nur ein Nebenschauplatz und könne mit Leichtigkeit von seiner eigenen Familie betrieben werden. Doch so hartnäckig war Esmond, dass der Chef sich höchst widerwillig bereitfand, ihn als Tellerwäscher und Handlanger zu behalten, für fünf Dollar die Woche und das Essen. »Einen Handlanger mit mehr linken Händen kann ich mir kaum vorstellen«, sagte ich, »aber ich wette, du wirst am Ende irgendwie hinter der Bar dein Wesen treiben.«

Tatsächlich gewann Esmond nach einer Woche oder so, während der er Toiletten aufwischte und die großen Töpfe in der Küche säuberte, das Vertrauen der Chizzolas, der Familie, der das Roma gehörte, und es wurde ihm erlaubt, abends den Smoking anzulegen und stolz hinter der Bar zu stehen. Er mochte die Brüder Chizzola sehr. Es gab drei davon: John, das Oberhaupt, der die Gäste begrüßte, das Personal anstellte und rausschmiss und das ganze Geschäft leitete, Paul, den Oberkellner, einen recht verrückten jungen Mann, der außerhalb der abendlichen Arbeit in seiner eigenen Traumwelt lebte, und Tony, den ausgezeichneten Koch. Die drei waren ihrerseits zufrieden mit ihrem sonderbaren neuen Handlanger, dessen enormer Enthusiasmus seine völlige Unerfahrenheit aufwog.

Eines Tages kam Esmond zur Arbeit und fand die Chizzolas in düsterster Stimmung. Die Polizei von Miami hatte ihnen soeben mitgeteilt, dass der Betrieb der Bar illegal war – sie mussten entweder eine Lizenz erwerben oder aufhören, dort Drinks zu verkaufen. Eine Lizenz auf Zeit, gültig lediglich für die sechs Monate der laufenden Saison, würde den phantastischen Betrag von tausend Dollar kosten.

Esmond hatte sogleich eine wunderbare Idee. Er bot ihnen auf der Stelle an, die tausend Dollar für die Lizenz beizubringen, wenn die Chizzolas bereit wären, ihn zum regelrechten Partner zu machen. Ganz in ihr Desaster versunken und verständlicherweise völlig skeptisch, was Esmonds Vorschlag betraf, scheuchten sie ihn ungeduldig beiseite wie ein irritierendes Kind, das behauptet, es könne einem Sonne, Mond und Sterne verschaffen.

Ich reagierte ebenso ungläubig, als Esmond mir von seiner Idee erzählte. Wie gewöhnlich war mein Konto in schlimmem Zustand, mit weniger als zweihundert Dollar Guthaben. Die Artikel für die *Washington Post*, die uns pro Stück zwanzig Dollar bringen sollten, waren nicht nur ungeschrieben, wir hatten uns noch nicht einmal besonders viele Gedanken über den Text gemacht. Esmond nahm wie gewöhnlich nur den Regenbogen mit dem Topf Gold am Ende wahr – er war von seinem Naturell her unfähig, die Schwierigkeiten und Gefahren einer Situation zu sehen. Jetzt stand er einfach vor einem weiteren gordischen Knoten, der laut danach rief, mutig durchgehauen zu werden. Sein Plan war es, noch diesen Abend mit dem Rest des Bankguthabens nach Washington zu fliegen und sich die tausend Dollar von Eugene Meyer zu borgen.

»Was glaubst du denn!«, rief ich. »Natürlich leiht er dir das nicht. Weshalb sollte er? Reiche Leute leihen nie Geld ohne Sicherheit aus, wahrscheinlich bleiben sie deshalb so reich. Du wirst nur unsere gesamten Ersparnisse für das Flugticket rauswerfen.«

Esmond ergoss einen Katarakt von Argumenten über mein Haupt, um jeden Einwand, den ich gegen diesen Plan vorbrachte, sogleich zu widerlegen. Ich wusste, dass er im Grund nur übte, froh über die Gelegenheit, seine Gedanken vor dem Angriff auf Mr Meyer zu ordnen, denn dass ich am Ende in alles einwilligen würde, was er vorhatte, bezweifelte er nie.

Das Gespräch mit Mr Meyer war, wie sich herausstellte, extrem kurz. Wie Esmond mir zwei Tage später nach seiner Rückkehr erzählte, hatte sich Mr Meyer zurückgelehnt (ein Guter-Onkel-Zwinkern in den Augen) und gesagt: »Tausend Dollar? Ja, ich glaube, tausend Dollar kann ich Ihnen leihen.« Esmond, der auf hinhaltenden Widerstand gefasst war, war völlig verblüfft – das Einzige, was ihm nun zu sagen einfiel, war: »Oh! Dann hoffe ich, dass Sie dann nicht knapp sind.« Mr Meyer war über dieser Bemerkung höchlichst amüsiert, und die Diskussion endete in Stürmen von Gelächter – Esmond hielt dabei das magische Stück Papier in der Hand, auf dem zu lesen stand: »Zahlen Sie an den Überbringer …«

ZWEIUNDDREISSIG

Die Brüder Chizzola gaben ein prächtiges Fest zur Feier der nun begonnenen Partnerschaft. Der Oberkellner kletterte aus schierer Freude, dass die Bar gerettet war, auf einen der Bäume im Innenhof und hüpfte von Ast zu Ast, abwechselnd einen Affen und einen Papagei nachahmend. John lieferte eine sehr überzeugende Imitation von Esmond als Handlanger: »Wo ist der Mopp? Wo ist der Mopp?« Krach! Peng! Schlapp! Ich half stolz Tony in der Küche, der Berge von Spaghetti kochte: »Decca! Wo ist der Dings, die Spaghetti er stoppt, das Wasser geht durch?« Ich liebte sie vom ersten Augenblick an, sie waren so völlig anders als die deprimierenden Angelsachsen mit den harten Gesichtszügen, die meine tägliche Gesellschaft im Drugstore waren.

Es war eine fröhliche Party, wir aßen und tranken bis tief in die Nacht, und am Ende gab es ein prachtvolles Konzert mit antifaschistischen Liedern, gesungen von den Brüdern.

Ich gab die Stelle im Drugstore zugunsten meiner neuen Tätigkeit im Roma auf, wo ich Einkäuferin, Buchhalterin und Rausschmeißerin sein sollte. »Wir brauchen eine nette junge Frau, die sich um die Damen kümmert, wo betrunken sind«, erläuterte John ernsthaft. »Der Oberkellner wird zufrieden sein, er mag es nicht, wenn er immer hingehen muss und sie aus der Damentoilette herauszerren.« (»Was würde

Muv nur sagen?« – das war immer noch ein Refrain, der mir bei solchen Anlässen durch den Kopf ging.)

Das Leben im Roma hatte vieles für sich. Unsere Abmachung mit den Chizzolas schloss Mahlzeiten mit der Familie ein, und so gab es zum ersten und einzigen Mal während unserer Ehe dreimal am Tag regelmäßiges und köstliches Essen. Eine Neuheit, die Esmond gut gefiel: Er blühte auf und nahm zu. Die alte Ernährungsweise, bei der sich Festmahl und Hunger abwechselten, hastig heruntergeschlungene Snacks in irgendeiner Imbissstube und dann manchmal wieder herrliche Diners bei Meyers oder vergleichbaren Gastgebern, war nun eine verblassende Erinnerung.

Die Gäste waren ein steter Quell der Heiterkeit. Zum größten Teil waren es Geschäftsleute mittleren Alters auf Urlaub oder Handlungsreisende. Einmal reservierten Funktionäre der American Federation of Labor, die eine Tagung in Miami hatten, Restaurant und Bar für den Abend. Zu unserem Erstaunen waren diese Repräsentanten von Millionen amerikanischer Arbeiter ununterscheidbar von jenen Geschäftsleuten aus dem Mittleren Westen, die sich gewöhnlich an der Theke drängten. »Singen Sie nicht nach dem Bankett die ›Rote Fahne‹?«, fragte ich einen, der mich vollkommen ratlos anschaute, als hätte ich den Verstand verloren. Ich schloss, dass er wie Mr Meyer »für den Kapitalismus« war. Wir fragten sie eifrig aus, welchen Standpunkt die Gewerkschaften denn in außenpolitischen Fragen einnahmen; leere, verständnislose Blicke begegneten uns.

Esmond begann ein systematisches Studium der Gewohnheiten des amerikanischen Betrunkenen. Er stellte fest, dass der Kunde nach zwei oder drei Drinks unweigerlich seine Brieftasche herauszog und darin herumsuchte, bis er die Fotos von »meiner Frau und den Kindern« fand, »das beste Frauchen auf der ganzen Welt, und unser Junior, der zeigt's jedem kleinen Angeber im Viertel, verlassen Sie sich drauf«. Ein paar weitere Cocktails, und der Kunde hieb mit der Faust auf die Theke: »Jawollja, die USA, das beste Land auf der ganzen Welt, das sage ich Ihnen, und Kansas mit der beste Staat in der Union, können Sie sagen, was Sie wollen, wir stecken das Ausland in die Tasche ...«, und so immer weiter. Beim zehnten Drink empfand der Kunde dann ein eigenartiges, aber offenbar weitverbreitetes Bedürfnis, seine eigene Identität unter Beweis zu stellen. »Robert G. McKinley, G. steht für George, das bin ich. Alle sagen Bob. Vizepräsident der Smith-Alford-Traktorenfabrik in Kansas City, Kansas. Glauben Sie nicht? Was? Na, ich *beweise* es Ihnen.« Visitenkarte, Führerschein, Versicherungsausweis klatschten alsbald auf der Theke. »Sehen Sie? Da haben wir's. Robert George McKinley, aber alle sagen Bob. Robert G. McKinley aus Kansas City, Kansas, bestes Städtchen auf der ganzen Welt, und daheim sagen *alle* Bob zu mir ...« Mittlerweile war die Bar übersät mit einem greulichen Sortiment von Ausweisen, irgendwelchen Zulassungen, Mitgliedskarten für die Kiwanis und die Rotarier, und dazwischen die Bilder vom Frauchen und den Kindern, deren arglos runde Gesichter unpassende Flecken übergeschwappten Whiskys zeigten. Dieses Stadium bedeutete, dass es jetzt an mir war, in meiner Eigenschaft als Rausschmeißerin anzutreten, die ich damit bewies, dass ich die popligen Besitztümer des Kunden in die Brieftasche zurückschaufelte und ihn vorsichtig zu einem wartenden Taxi führte. »Robert G.

McKinley ist mein Name, sagen Bob alle daheim zu mir … bestes Heim auf der ganzen sackverflixten Welt…«, hörten wir noch, während er ins Taxi stolperte. Esmond wusste bald aus Erfahrung, wann die Rausschmissphase erreicht war. »Decca, er holt den Führerschein raus, würdest du draußen ein Taxi anhalten?«

Esmond konzentrierte sich ganz darauf, das Unternehmen zu einem Erfolg zu machen. Es war, als versuche er bewusst, die Wirklichkeit des Lebens und der Politik eine Zeitlang auszusperren. Er befand sich dabei in einer einzigartig günstigen Position, da er in England nicht eingezogen werden konnte und in Amerika als Ausländer nicht einberufen würde, falls es zur Aushebung von Soldaten käme. Er schrieb sogar an Philip, wir hätten ein Schild mit dem Imperativ »Unterhalten Sie sich neutral!« in der Bar hängen. Ein solches Schild existierte nicht – Esmond erfand es, um die Freunde zu Hause wissen zu lassen, dass er sich in keinen Krieg hineinziehen lassen wollte, dessen Ziele noch nicht klar waren. Die Schlagzeilen in diesem Winter meldeten, dass in Southampton Truppen zusammengezogen würden, die möglicherweise gegen die Sowjetunion zum Einsatz kommen sollten, und es gab Hinweise, dass hochrangige Regierungsbeamte in England die Deutschen ermunterten, ihre fieberhaften Rüstungsanstrengungen fortzusetzen bis zu dem Tag, da wir glücklich vereint den Kreuzzug gegen den Kommunismus antreten könnten. Es war eine Atmosphäre voller komplexer Intrigen, deren Resultate völlig ungewiss waren.

Ich hatte (vielleicht wegen der beunruhigenden Nachrichten, vielleicht weil meine Abneigung gegen Miami so groß war) manchmal das Gefühl, hinter der üppigen Fassade würde etwas sehr Unangenehmes hervorspringen – hinter der Schauseite dieser schrecklichen Flitterdekorstadt mit dem dummen ewigen Sonnenschein, der unablässig auf die weißen Stuckfassaden herabbrannte und auf die hässlichen, künstlich wirkenden Euphorbien, die aussahen wie billiger Christbaumschmuck und scharlachrot aus jedem Garten winkten.

Esmond waren derartige Phantasien fremd. Er strahlte Leben und Wärme aus, entwarf alle möglichen wilden Pläne für die Zukunft der Bar und machte sich verbissen daran, die technischen Details des Ein- und Verkaufs von Alkohol zu lernen, die Techniken, wie man Kunden gewinnt und zum Wiederkommen veranlasst. Wie üblich war er der Mittelpunkt eines Strudels selbstgeschaffener Turbulenzen, in den er alle um sich her hineinzog. Die Brüder Chizzola betrachteten ihn mit Zuneigung und wachsender Verblüffung. Sie hatten nie ganz den Anfangsschock ihrer Bekanntschaft mit ihm überwunden – dass er den Nerv gehabt hatte, bei der Eröffnung als angeblich ausgebildeter Kellner anzutreten, dass er sie so weit zu hypnotisieren wusste, um trotz seiner offensichtlichen Unfähigkeit die Stelle als Tellerwäscher zu bekommen, und vor allem, dass er tatsächlich die tausend Dollar beschafft hatte, was ihnen als eine Art komischer Zaubertrick erschien.

Nun, da Esmond tatsächlich hinter der eigenen Theke stand, stellten wir fest, dass zu einem solchen Unternehmen weitaus mehr gehörte als das Fabrizieren von *pousse-cafés* und Horse's Necks. Es gab verwirrende Details zu meistern: Skontierung bei Barzahlung, längerlaufende und kurzfristige Kredite, seltsame Begriffe wie Konnossement und Journal.

Die Tage fanden ihren eigenen Rhythmus. Morgens kümmerte man sich um die Buchhaltung, machte die Unordnung vom Vorabend weg und führte ernste Diskussionen mit den Brüdern über die Einkäufe, gefolgt von noch ernsteren Gesprächen mit den Lieferanten. Gegen Mittag kam der aufregende Moment des Öffnens, verbunden mit Spekulationen, welche seltsamen Vertreter der menschlichen Spezies diesmal im Roma erscheinen mochten. Dann ging der Spaß los. Esmond hatte verschiedene charakteristische Persönlichkeiten entwickelt, die er an den Kunden ausprobierte: den harten Burschen à la Damon Runyon, den leisen altmodischen englischen Bedienten, den weltläufigen Ernest-Hemingway-Typ, weitgereist und auf fünf Kontinenten zu Hause. Ich befürchtete immer, er könne sie durcheinanderbringen – dann würde ein Kunde, der die Damon-Runyon-Nummer (mit amerikanischem Akzent) abbekommen hatte, nach ein paar Tagen sich plötzlich dem Zwilling des einstigen Barkeepers gegenübersehen, der feierlich-düster steife englische Verbeugungen machte, nur sprach, wenn man ihn anredete, und dann einsilbig mit Esmonds BBC-Stimme antwortete (Cockney, überlagert von einer dicken Schicht Oxford-Akzent).

Esmonds erfolgreichster Auftritt war der als Schlichter Philosoph. Die Technik bestand darin, mit einem Kunden eine Unterhaltung zu beginnen und in deren Verlauf jede banale Bemerkung mit einer noch banaleren zu übertrumpfen: »*Meiner* Meinung nach haben die jungen Leute heuzutage zu wenig Verantwortung / zu viel Verantwortung / zu viel Freiheiten / zu wenig eigene Initiative.« – »*Meiner* Meinung nach braucht dieses Land eine feste Hand / freie Bahn /

wieder die guten alten Prinzipien unserer Väter / den Blick nach vorn und nicht immer zurück …« Nahezu jeder Satz war brauchbar, wenn man ihn mit pompöser Nachdenklichkeit vortrug und mit den Worten »*Meiner* Meinung nach …« einleitete. Das Publikum war beeindruckt von solcher Weisheitstiefe bei einem so jungen Menschen. Während der Kunde einen Drink nach dem anderen bestellte, führte ihn Esmond zu meiner Unterhaltung im Kreise und hatte ihn bald so weit, dass er irgendwelchen Platitüden beipflichtete, die das gerade Gegenteil dessen waren, was zu Anfang gesagt worden war. Ich sah der Szene von meinem Sitz an der Kasse zu und warf gelegentlich eine Bemerkung ein, wie sie der Gattin des Schlichten Philosophen gut anstand: »Meiner Meinung nach müssten mehr von uns Frauen so sein wie unsere Mütter, dann wäre die Welt besser dran«, oder: »Meiner Meinung nach müssen wir Frauen danach schauen, dass unsere Männer nicht auf dem Rennplatz und in der Bar verkommen.« Letzteres Gambit war nur möglich, wenn der Kunde bereits gründlich betrunken und insofern in der Stimmung war, gegen die Gefahren des Alkohols zu wettern, insbesondere was die junge Generation betraf.

Um Weihnachten zerbrach das sorglose Amüsement der Bar. Über einige Tage hinweg waren die Zeitungen voll von Gerüchten, dass Boud durch einen Schuss schwer verletzt worden sei und mit einem Krankentransport nach Hause gebracht würde, wobei ausnahmsweise freies Geleit durch die Linien der verfeindeten Mächte gewährt werde. Es erfolgten die üblichen wilden Spekulationen, dann kam die Meldung, sie sei in England angelangt. Ein Sturm journalistischer Neugier ging über uns hinweg. Das Telefon klingelte ständig – Reporter aus dem ganzen Land wollten die »richtige Story« wissen. Stimmte es denn, dass Unity von SS-Leuten angeschossen worden war? Dass sie gleich nach Kriegsausbruch einen leidenschaftlichen Streit mit Hitler gehabt hatte? Wo war sie denn während der letzten Monate gewesen? »Ich weiß es nicht. Ich weiß es nicht … Ich weiß es nicht.«

Ich hatte große Angst um Boud und war tief bekümmert von den Berichten über ihre Heimreise, über die endlose Abfolge von Fotografien in den Zeitungen, die sie so verändert und krank zeigten. Die simple Wahrheit dessen, was geschehen war, begriff ich gut. Boud hatte stets gesagt, sie würde sich umbringen, wenn jemals Krieg zwischen England und Deutschland ausbräche; sie hatte es versucht, war aber irgendwie gescheitert. Obwohl eine Kugel in ihr Hirn gedrungen war, hatte ihre enorm starke Konstitution sie wieder ins Leben zurückgeholt.

Ich dachte über das unlösbare Rätsel nach – warum hatte sie, die ihre Nächsten als so humanes Wesen kannten, sich von der Menschlichkeit abgewandt und gemeinsame Sache mit jenen grinsenden Bestien und ihren Armeen aus Stechschrittrobotern gemacht? Der Schrei der alten Frau in Bayonne klang mir noch in den Ohren: »Alemanes! Criminales! Bestiales! Animales!« Wie war es zugegangen, dass Boud, ein Mensch von großem, natürlichem Geschmack, eine Künstlerin und Dichterin seit ihrer Kindheit, sich diesem krassen Spießertum in die Arme geworfen hatte? Sie war ihr ganzes Leben lang exzentrisch gewesen und hatte sich außerhalb der Regeln normalen Verhaltens bewegt – niemals zu disziplinieren von Gouvernanten, Eltern oder der

Leiterin ihres Internats (die meiner Mutter diplomatisch geschrieben hatte, insofern viele Mädchen mit sechzehn die Schule verließen, gebe es gar keinen Grund, dass Unity das nicht auch tun sollte). Und doch hatte sie sich begeistert unter allen Weltanschauungen die allerkonformistischste herausgesucht. Sie war immer eine große Hasserin gewesen – das waren wir alle, Tom vielleicht ausgenommen –, aber ich hatte stets geglaubt, sie hasse intelligent, und hatte ihre Fähigkeit bewundert, die Unangenehmeren unter den erwachsenen Verwandten mit einem ihrer langen, glühenden, angewiderten Blicke in einen Zustand nervösen Unbehagens zu versetzen. Doch als sie munter an den *Stürmer* schrieb: »Ich möchte, dass es alle wissen: Ich bin eine Judenhasserin!«, da dachte ich, sie habe die ganze Logik des Hasses vergessen und sei ein für alle Mal auf die Seite des Hassenswerten übergegangen.

Es ist vielleicht sinnlos, die Handlungen eines anderen Menschen interpretieren zu wollen – man kann sich so sehr irren. Aber ich hatte immer das Gefühl, dass diese letzte vollkommen bewusste Handlung ihres Lebens, der Versuch der Selbstzerstörung, auf eine Art ihre Einsicht in die unglaublichen Widersprüche ausdrückte, in denen sie sich verfangen hatte – dass die Kriegserklärung ihr nur als Anlass für eine Tat diente, die ohnedies früher oder später unvermeidlich gewesen wäre.

Ich trauerte um meine Boud aus den Boudledidge-Tagen, meine riesenhafte, lachende Gegnerin im WZA, wo wir – es war nur drei, vier Jahre her, schien aber ein ganzes Leben – unter den Bannern von Hakenkreuz und Hammer und Sichel miteinander gekämpft hatten. Ich konnte, das wusste ich, nicht erwarten, dass Esmond, der ihr nie begegnet war, etwas anderes für sie empfinden würde als Abscheu. In stillschweigendem Einverständnis vermieden wir es, über sie zu reden.

DREIUNDDREISSIG

Für gewöhnlich scheinen die geschichtlichen Abläufe endlos zu dauern, während man sie miterlebt. Erst Jahre später erscheint das Wesentliche in perspektivischer Einordnung – teleskopisch verkürzt, in glatten Formeln für die Geschichtsbücher aufbereitet: »der Dreißigjährige Krieg«, »die Restaurationsepoche«, »die Industrielle Revolution«. Im wirklichen Leben vollzieht sich alles in schmerzhaftem Zeitlupentempo: die Krise, die zum Regierungswechsel führt, der Verlauf internationaler Verhandlungen, bei denen über das Schicksal einer ganzen Generation bestimmt wird, das Hin und Her von Schlachten, die einen Krieg entscheiden. Die wahre Bedeutung der einzelnen Phasen bleibt oft dunkel und liegt rasch begraben unter Gebirgen von Zeitungsmeldungen, Spekulationen, Gerüchten, Analysen, Kommentaren pro und contra.

Anders war es, als die deutsche Offensive gegen den Westen Europas schließlich begann. Am 9. Mai – einen Monat, nachdem Chamberlain in seine trübe Kristallkugel geblickt und festgestellt hatte, Hitler habe »den Bus verpasst« und sei nicht länger in der Lage, einen Aggressionskrieg zu führen – schlugen die Deutschen zu. Der Angriff wurde mit solcher Geschwindigkeit vorgetragen, dass keine Zeitung mit ihren Meldungen nachkam – die Extrablätter waren längst überholt, wenn sie auf den Straßen ausgerufen wurden. Wieder klebten wir am Radio. Jede stündliche Nachrichtensendung sprach von neuen Tragödien, und das reguläre Programm wurde immer wieder durch Spezialbulletins von der Front unterbrochen. Innerhalb weniger Stunden hatten die Deutschen Holland überrollt, wo die als Verteidigungssystem hochgerühmten Deichanlagen sich als etwa so effektiv erwiesen hatten wie Kindersandburgen, und die französische Front war in tödlicher Gefahr, vielleicht sogar schon gefallen.

Aus der wilden Konfusion dieser ersten Angriffstage trat auf jeden Fall eine Tatsache hervor: Der deutsche Feuerregen auf diese schlecht vorbereiteten, uneinigen Länder erhellte wie mit einem weithin glühenden Blitzschlag die wahre Natur der Gefahr, in der sich Europa befand, und er machte aller Welt die verbrecherische Dummheit der jahrelangen schäbigen Kompromisse und Abkommen mit Hitler deutlich. Über Nacht war die Beschwichtigungspolitik tot und begraben. Am Tag nach dem Beginn der Offensive erklärte Chamberlain seinen Rücktritt, und Churchill wurde aufgefordert, eine Regierung der nationalen Einheit zu bilden.

Für Esmond war dies der entscheidende Punkt, der Moment, in dem alle Zweifel beendet waren, ob der Krieg auch mit Entschiedenheit geführt würde; der Kurs der englischen Politik stand nun fest. Für Esmond hatte die Übernahme der Macht durch Churchill, der nun die beispiellose, demonstrative Unterstützung der Labour-Partei hatte, diese Politik besiegelt. Das ziellose Herumhantieren mit defekten Gasmasken, die töricht formulierten Flugblätter zum Abwurf hinter den deutschen Linien – all das, was die ersten fünf Monate seit der Kriegserklärung charakterisiert hatte, war vorbei.

Bei seinem Entschluss, zurückzukehren und zu kämpfen (der von dem Augenblick an feststand, als sich in diesen ersten Tagen des Angriffs im Westen die Lage geklärt hatte), war sich Esmond durchaus im Klaren, worauf er sich einließ. Das würde kein zweites Spanien werden, kein Abenteuer des selbstbestimmten Aktivismus gegen die Unterdrücker. Die Maschine lief an – eine Maschine, wo an jedem Rädchen ehemalige Schulpräfekten aus Wellington standen, wo jede Funktion von den Intimfeinden aus den *Out of Bounds*-Tagen überwacht wurde. Die Oberschicht – selbst die Hitler-Sympathisanten – würde nun antreten, um ihre Pflicht für König und Empire zu erfüllen, und sie würde zweifellos in allen Abschnitten des Krieges die ihr vorherbestimmte Führungsrolle ausüben. »Wahrscheinlich stehe ich bald unter dem Befehl eines deiner entsetzlichen Verwandten«, bemerkte Esmond mürrisch.

Es gab keinen Zweifel, dass dies ein spießiger Krieg werden würde, und die Absonderung der Kommunisten – die verkündeten, sie blieben bei ihrer Diagnose eines »imperialistischen« Krieges – würde die Sache noch spießiger machen. Der Dienst in einem solchen Krieg würde eine mühselige Übung werden, man würde auf Schritt und Tritt von Langeweile umzingelt sein, und doch war er unerlässlich.

Typischerweise ließ sich Esmond zwar lang und breit über alle Nachteile und trostlosen Aspekte des Krieges aus, war aber gleichzeitig voller Optimismus. Er sagte voraus, dass die notwendigen Aufräumarbeiten, mit denen man den Nazi-Schutt beseitigen müsste, überall zu gewaltigen gesellschaftlichen Veränderungen führen würden; im Verlauf des Krieges würde der Geist von Madrid wieder wirksam werden.

Er war begeistert, dass er nun in der Lage war, die Einzelheiten seiner Teilnahme am Krieg selbst zu regeln. Wäre er in England rekrutiert worden, dann wäre er der Bürokratie ausgeliefert gewesen und hätte keinerlei Einfluss darauf gehabt, in welcher Waffengattung er dienen würde. So, wie es nun stand, konnte er sich von den traditionelleren Organisationen fernhalten: Er beschloss, sofort nach Kanada aufzubrechen, um sich dort freiwillig bei der kanadischen Luftwaffe zu melden.

Esmond war der Meinung, nun zähle im Leben als Einziges der Sieg über die Achsenmächte. Die Schrecken, die diese über Europa brachten, machten es undenkbar, nun noch beiseite zu stehen. Wenn Hitler siegen würde (und das schien angesichts der Nachrichten von der Front gar nicht unwahrscheinlich), dann – dachte er – würden wir und unsere Freunde kaum überleben. Angesichts all dessen war es sinnlos, sich an den irritierenden und abstoßenden Aspekten des Militärs zu stoßen, dem endlosen Drill, der ewigen Ordentlichkeit, der Unterwerfung unter alle möglichen bedeutungslosen Rituale, über die eine Legion von tyrannischen Karriereoffizieren wachen würde – in einem Krieg, den man im Wesentlichen im Stil der englischen Torys führte. Aber es ging um Wichtigeres als all dies – es ging um die gleichen Dinge wie in Spanien, nur in weitaus größerem Maßstab, denn nun ging es um die Existenz von ganz Europa.

Was seine eigenen Aussichten betraf, verhielt er sich ernsthaft und praktisch. Er war bereit, sich allem zu unterwerfen, was in Kanada auf ihn warten mochte, und allen Versuchungen zu widerstehen (wie sie sich vielleicht regen mochten), seine Vorgesetzten bei der Luftwaffe zu provozieren, zu ärgern oder ihnen irgendwie das Leben schwer zu machen. Hier müsste er sich natürlich von lebenslangen Gewohnheiten verabschieden, aber er war überzeugt, dass das möglich sein würde.

Esmond war eine komplizierte und facettenreiche Persönlichkeit, mit einer enormen Begabung zur Veränderung und so gut wie keiner zur Selbstkritik. Seine veränderte Einstellung damals hätte er gewiss – wenn er je darüber nachgedacht hätte – auf die praktischen Erfordernisse der augenblicklichen Situation zurückgeführt – so, wie er alle seine früheren Haltungen mit den Notwendigkeiten der jeweiligen Lage, in der er sich gerade befand, begründet hätte. Es wäre ihm nur logisch erschienen, dass seine ganze Existenz jetzt von der Hingabe an die Frage bestimmt war, wie der Krieg gewonnen werden konnte – denn er war vor allem ein Mensch der politischen Tat, und dieser Zug, der in den Hintergrund trat, solange kein politisches Handeln möglich schien, beherrschte ihn nun.

Vielleicht ist es unvermeidlich, dass Esmond denen, die mit ihm in Berührung kamen, in so viel verschiedenen Gestalten erschien, denn die Persönlichkeit eines Fünfzehn- bis Zwanzigjährigen ist, mag sie noch so stark sein, immer noch in der Entwicklung und Verwandlung begriffen; einmal tritt dieser, dann jener Zug dominant hervor. Ich hatte immer das Gefühl, dass meine Familie ihn als eine Art Struwwelpeter sah (wie es in der englischen Übersetzung heißt: »There he stands! With his nasty hair and hands!«), einen jungen Flegel von unangenehmem Äußerem und noch unangenehmeren Manieren. Tatsächlich bemerkte eine Cousine einmal: »Es ist so eigenartig, dass du und Esmond es fertiggebracht habt, so ein liebes Baby zu bekommen, ich war ganz sicher, es würde ein kleiner Drache werden.« Für seine gleichaltrigen Freunde war er eine attraktive, aber etwas furchterregende Figur – manchmal ein Anführer, oft aber zu gefährlich, als dass man ihm hätte folgen wollen. Für die Durrs und andere, die ihn erst näher kennenlernten, als er schon bei der Luftwaffe war, verkörperte er bei seinen häufigen Besuchen in den USA all das, was an seiner Generation das Beste und zu den meisten Hoffnungen Berechtigende war, »wenn Esmond auch nichts eigentlich *Nettes* hat«, wie Virginia voll Bedauern sagte – sie schätzte Nettigkeit besonders, eine Qualität, die ihre Landsleute im Süden besonders kultivierten.

Welche dieser widersprüchlichen Ansichten von Esmond auch der Wahrheit am Nächsten gekommen sein mag – für mich war er meine ganze Welt, mein Erretter, der meine Träume in ein Leben übersetzt hatten, der faszinierende Gefährte meines erwachsenen Lebens (schon waren es drei Jahre) und der Mittelpunkt allen Glücks.

Esmond und ich hätten beide die Vorstellung strikt zurückgewiesen, irgendetwas an unserem Benehmen könne im Entferntesten mit unserer Herkunft oder Erziehung zusammenhängen, denn wie die meisten Menschen betrachteten wir uns als selbsterschaffen, in jeder Hinsicht frei, das Produkt unserer eigenen Handlungen und Entscheidungen. Und doch ist es nicht schwer, unseren Lebensstil während des größten Teils unseres Zusammenseins – den starken Zug von Delinquenz, den ich so attraktiv an Esmond fand und mit dem ich selbst stark sympathisierte, seine unbekümmerte Rücksichtslosigkeit, selbst sein absolutes Selbstvertrauen (das Gefühl, dass man unversehrt durch jede Flamme gehen kann) – zurückzuführen auf unsere Abstammung aus der englischen Oberschicht und die entsprechende Erziehung.

Die Eigenschaften, die der Arbeiter bei seinem Kampf um ein besseres Leben mitbringt – Geduld, Bescheidenheit, Langmut, natürliche Selbstdisziplin; die instinktive Achtung vor der Würde jedes anderen Menschen, selbst des Feindes, die der Schwarze oder der Jude so oft in ihrem eigenen Kampf um Gleichheit zeigen – diese Züge gingen uns, alles in allem, ganz ab oder fanden sich nur in höchst unentwickelter Form.

Esmonds große und gewiss echte Liebe zu seinen Mitmenschen war kaum franziskanisch; sein Hass auf den Krieg war nicht der eines Gandhi. Seine Form von Sozialismus war frei von christlicher Nächstenliebe, denn wie Boud war er ein begabter Hasser, wenn er auch im Gegensatz zu ihr das Toxin des Hasses den Feinden der Menschlichkeit, des Friedens und der Freiheit vorbehielt.

Das Milieu unserer Kindheit, ausgestattet mit einer üppigen Ader von Verrücktheit (und im Falle Esmonds von Brutalität), war kaum dazu angetan, uns auf die höchsten humanitären und kulturellen Werte hinzulenken. Kein Wunder, dass so viel von unserer Rebellion gegen diese Vergangenheit zeitweilig einen höchst persönlichen Charakter hatte. »Genossen, ich bringe oich eine Bottschaft aus dem Grab!«, hörten wir einst einen Sonntagsredner im Hyde Park rufen. »Aus dem Grab von Lenin, Marx und Nietzsche! Ihr seht all die Sachen hinter den Schaufensterschoiben von Selfridges! Schlagt die Schoiben oin! Nemmt euch die Sachen!« Es wurde uns nie ganz klar, was Nietzsche in dieser Gesellschaft zu suchen hatte, aber wenn wir auch über diese merkwürdige Ansprache kicherten, empfanden wir eine gewisse Sympathie für den darin ausgedrückten Standpunkt. »Nemmt euch das Auto! Steckt die Zigarren oin!«: Von Zeit zu Zeit hätten wir diesen Aufruf je nach der sich bietenden Gelegenheit paraphrasieren können.

In anderen Generationen hat zweifellos das gleiche Erbteil Liebhaber von Rennwagen und Rennpferden, Spieler und Frauenhelden hervorgebracht – Gentlemen, die oft genug am Ende ohne Pferd und Wagen, mittellos und ungeliebt starben. Derartige Leidenschaften waren für unsere Generation ganz uninteressant. Das Drama, das uns und so viele unserer Zeitgenossen anzog, war das lebendige Drama der Politik, die Vision, dass sich eine Welt des Überflusses und des guten Lebens für alle organisieren ließe. Zu den verschiedenen Fahnen, die auf dem Weg in dieses neue Leben voranflattern wollten, strömte eine Unzahl von Menschen verschiedenster Herkunft.

Während sich fast alle – das kann man, glaube ich, wahrheitsgemäß sagen – dem Kampf aus den besten Motiven anschlossen und jedes persönliche Opfer gebracht hätten, um ihrer Sache zu dienen, hatten einige (wir etwa) unterwegs einige alte Rechnungen zu begleichen. Allzu viel Sicherheit im Kindesalter, verbunden mit allzu viel Disziplin, die uns mit Gewalt oder deren Androhung aufgezwungen wurde, hatte in uns eine große Rücksichtslosigkeit entstehen lassen, eine Art Verlängerung kindlicher Gemeinheit. Wir stachelten einander nicht nur zu immer drastischeren Streichen und Provokationen gegen die Klasse an, der wir weggelaufen waren, wir genossen es überhaupt, die ganze Welt aufs Kreuz zu legen. Tatsächlich war dies unser eigentliches Lebensgefühl. Nach Jahren erinnerte mich Philip Toynbee daran, wie wir einmal eine Wagenladung Zylinder aus dem Garderobenraum der Schulkirche in Eton gestohlen hatten und wie wir bei einem anderen Anlass die Vorhänge eines reichen Landhauses, wo wir eingeladen waren, mitgehen ließen, um die Fenster in der Rotherhithe Street damit auszustatten. »Weißt du das *nicht* mehr?«, fragte er immer wieder. Als ich gestand, dass ich von diesen Vorfällen nur den gröbsten Umriss im Gedächtnis behalten hatte, erwiderte Philip traurig: »Auf mich hat das enormen Eindruck gemacht. Aber für dich und Esmond war's wohl ganz normal.«

Und doch hatte Esmond am Ende seines kurzen Lebens die Züge, die seine Jugend beherrscht hatten, die Gewalttätigkeit und die reflexhafte Rebellion gegen alle Autoritäten, völlig hinter sich gelassen; an die Stelle dieser Eigenschaften war eine sehr ernsthafte Hingabe an jene Sache getreten, die ihm das Wichtigste war und ohne deren Verwirklichung das Leben für ihn nicht länger lebenswert gewesen wäre: den Sieg über den Faschismus. »Jetzt sind deine Piratentage vorbei, Esmond«, pflegte Virginia Durr ihn aufzuziehen. »Meine Güte! Wie proper und respektabel du in deiner Uniform aussiehst!«

Unsere Geschäfte in Miami abzuwickeln, war ganz leicht, denn mit einem jener Zufälle, die so oft unser Leben zu regeln schienen, lief die Halbjahreslizenz für die Bar soeben aus, und wir hatten fast genug gespart, um die geliehenen tausend Dollar zurückzuzahlen. Weniger leicht fiel es uns, damit fertig zu werden, dass wir nun längere Zeit voneinander getrennt sein mussten – zumindest ein paar Monate, vielleicht ein Jahr; es hing davon ab, wie lange die Ausbildung bei der Luftwaffe dauern würde. Die unsägliche Leere einer solchen Trennung stieg drohend vor uns beiden auf, und wir versuchten ohne Erfolg, uns gegenseitig zu versichern, dass es ja in Wirklichkeit nicht sehr lange dauern würde und dass wir bald wieder zusammen in England wären.

Auf der langen Fahrt von Miami nach Washington, von wo aus Esmond dann nach Kanada aufbrechen sollte, sprachen wir über die Zukunft. Wir beschlossen, sofort ein Kind zu bekommen – als Freund und Kameraden für mich während der nächsten Jahre. Bei Kriegsende wäre es dann gerade im richtigen Alter (drei Jahre? Vier? Fünf?), damit es die neue Gesellschaftsordnung der Nachkriegszeit zu schätzen wüsste, die unserer Überzeugung nach bevorstand. Ich würde mir inzwischen eine Stelle in Washington suchen und vielleicht noch eine Ausbildung machen (Journalismus? Steno?), was mir dann im Krieg und nachher nützlich sein würde. Pläne, Pläne – Esmond war ein Meister des Planens, und er konnte diesen Diskussionen eine solche Lebendigkeit verleihen, es klang alles so unterhaltend und konstruktiv, dass es unmöglich wurde, die nächsten Monate in besonders düsteren Farben zu sehen.

Esmond drängte mich, ich solle doch schauen, ob ich nicht bei den Durrs wohnen könnte – er meinte, die geschäftige Atmosphäre einer großen Familie und Virginias unerschöpfliche Energie würden die Gefahren der Einsamkeit stark verringern. Mir gefiel diese Idee sehr. Die Durrs waren nicht nur ein Mittelpunkt all dessen, was im Leben Washingtons faszinierend war, sie strahlten auch Wärme und Zuneigung aus – Eigenschaften, die jetzt sehr wichtig schienen. In einer solchen Familie zu leben, wäre gewiss das ideale Arrangement – etwas Neues, auf das man sich freuen konnte, ein Abenteuer in sich.

Wir gingen gleich bei ihnen vorbei, nachdem wir in Washington angekommen waren, um zu sehen, ob sie wirklich so wundervoll waren, wie wir sie in Erinnerung hatten. Esmond wies darauf hin, dass Virginia trotz des etwas beiläufigen Umgangs mit Baby Sister an dem Abend, als wir zu Besuch dort gewesen waren, beträchtliche Erfahrung im Umgang mit kleinen Kindern haben musste, was unschätzbar sein würde, wenn unseres auf die Welt kam. Virginia erzählte mir später oft, wie sie gespürt habe, dass Esmond sie für diese Aufgabe auserwählt hatte. Es lag etwas Prüfendes in seinem Blick, als er sich in ihrem Heim umsah. Sie hatte das Gefühl, dass nichts Zufälliges oder Ungeplantes an dem Umstand war, dass ich, nachdem sie mich für das Wochenende eingeladen hatte, zweieinhalb Jahre blieb und ihrem bereits überfüllten Haushalt ein weiteres Mitglied hinzufügte.

In Washington gab es tausend Dinge zu erledigen – es waren Erkundigungen bei der Kanadischen Botschaft einzuziehen, wie man sich freiwillig melden könne, die Landkarte war wegen der besten Strecke für die Autofahrt nach Kanada zu studieren, der Wagen fertig zu machen. Esmond, der besorgt war, ich könne nach seiner Abfahrt unter der Untätigkeit leiden, sorgte dafür, dass ich Virginia Durr auf einer Autofahrt zum demokratischen Parteitag in Chicago begleiten würde, der nächstens stattfinden sollte. Das Baby, das sich bereits unbehaglich bemerkbar machte, bekam prompt den Spitznamen »Donk«, wegen des *Donkey*, des Symboltiers der Demokraten.

Endlich war alles geregelt, es gab keinen Grund für weiteres Zuwarten. Esmonds merkwürdig aussehendes Gepäck wurde im Auto verstaut, ein letztes Feuer im Motor mit dem Inhalt des Cocktailshakers gelöscht, ringsum hieß es »Lebwohl« und »See you soon« – »Not if I see you first«, und er fuhr langsam die Auffahrt der Durrs hinunter. Ich sah zu, wie das Auto um die Ecke bog, und ich hatte das unklare Gefühl, dass ein großer Lebensabschnitt nun vorüber war, abgerundet, hinter mich gebracht.

Joachim Kalka

NACHWORT

Die Zeitschrift *The American Weekly* brachte im Herbst 1946 einen Artikel mit dem Titel »Those Mitford Sisters«. Sechs Glamour-Frauen hingen auf der beigegebenen Illustration an den Fäden, die eine aus den Wolken ragende Hand führte – sechs Marionetten des Fatums. Neben der Zeichnung stand der törichte kleine Begleittext: »Die aristokratischen Mitford-Schwestern machten ihre Lebensreise in die verschiedensten Richtungen, und die perverse Hand des Schicksals leitete sie auf Wege, die für ihre Eltern peinlich waren.« Das Bild zeigte nebeneinander gruppiert Unity und Diana Mitford, durch eine Hakenkreuzarmbinde zusammengeheftet, Jessica mit Hammer und Sichel in der erhobenen Hand, Nancy mit der Feder der Erfolgsautorin (sie hatte soeben *The Pursuit of Love* veröffentlicht) und Pamela und Deborah, Damen der Gesellschaft ohne markante Attribute.

Die Mitford Sisters sind heute nicht mehr berühmt oder notorisch, aber von Zeit zu Zeit entdeckt das lesende Publikum diese erstaunliche Familiengeschichte wieder – jedes Mal unter günstigeren Voraussetzungen, denn es erschienen im Lauf der Zeit wichtige Ausgaben und Studien. (Nancys *The Pursuit of Love* wurde 1988 von Reinhard Kaiser hervorragend ins Deutsche übertragen, unter dem Titel *Englische Liebschaften*.) Das hier erstmals in deutscher Übersetzung vorliegende Buch, Jessicas Autobiographie ihrer Kindheits- und Jugendjahre, geschrieben im Stakkato kurzer Absätze, wie es die angehende Journalistin gelernt hatte, führt in die bizarr-unterhaltsame Privatmythologie einer englischen Landadelsfamilie um 1930 und gleichzeitig – oder, auf paradoxe Weise, »damit« – in die langen Schatten der Geschichte des letzten Jahrhunderts. Zum Privatsprachlichen gehört das »Honnen« (*Hons*) des Titels, ein Wort, in dem sich die Hennen, die für die Finanzierung des elterlichen Haushalts so wichtig waren (vgl. S. 14), die Hunnen aus dem xenophoben Vokabular des Vaters und der Plural der Höflichkeitsform Hon., *Honourable*, zu vermählen scheinen. Um bei der Übersetzung des Titels den Leser nicht mit den rätselhaft privaten »Honnen« zu verwirren, wurde hilfsweise »Hunnen« eingesetzt (ein Wort, das im Haushalt von Lord Redesdale häufig fiel und zum geistigen Ambiente der Familie gehörte); das Buch selbst erklärt die idiosynkratischen Zusammenhänge.

Das emblematische Bild, mit dem der Prolog beginnt, sind die Fensterscheiben des alten Hauses, in die kleine Hakenkreuze (von Unity) und Hammer-und-Sichel-Embleme (von Jessica) eingeritzt sind … In seiner Studie über Unity Mitford hebt David Pryce-Jones (im Sinne einer schlichten Totalitarismustheorie) des Öfteren darauf ab, dass Unity und Jessica zwei symmetrisch kontrastive, aber letztlich sehr ähnliche Positionen eingenommen hätten – sie entschieden sich für Faschismus und Kommunismus, die zwei totalitären Verlockungen des Jahrhunderts. Wenn man das in der Tat gemeinsame (aber sehr allgemeine) Motiv der Auflehnung und der Flucht aus dem hermetischen Familienzirkel abzieht, bleibt eher ein großer Unterschied übrig als eine Gemeinsamkeit – ein (wie immer naiver) Hunger nach Gerechtigkeit einerseits, auf der anderen Seite ein Durst nach glamouröser Intimität mit exotischer Macht. Es ist schön, im Briefwechsel Nancys mit Evelyn Waugh nach gewissen naturgemäß entschieden reaktionären Ausführungen Waughs Nancys Antwort unter dem Datum des 13.3.1948 zu lesen: »Ich stimme mit jedem Wort, das Du schreibst, überein, nur möchte ich in aller Bescheidenheit sagen, dass der Kommunismus ein hohes menschliches Ideal ist – I humbly submit that Communism is a high human ideal.«

In den USA, nach dem Tod von Esmond Romilly (der im November 1941 mit einer Maschine der Royal Canadian Air Force auf dem Rückflug von einem Bombeneinsatz über der Nordsee abgeschossen worden war) und nach ihrer zweiten Eheschließung (mit dem Gewerkschaftsanwalt Bob Treuhaft), trat Jessica tatsächlich in die Kommunistische Partei ein. Der Titel ihres chronologisch an den hier vorliegenden Band anknüpfenden autobiographischen Buches, *A Fine Old Conflict* (New York 1977), mag in gewisser Weise symbolisch gelesen werden: Schon als junges Mädchen hatte sie im Hyde Park die »Internationale« singen hören und die Wörter *the final conflict* als *the fine old conflict* verstanden – die wunderbar komische Einkreuzung einer typischen Upper-class-Wendung in das Pathos des Klassenkampfes. Ihr Buch, das ihre Mitgliedschaft in der amerikanischen Kommunistischen Partei bis zum Austritt 1958 schildert, enthält eine sehr interessante Beschreibung der Parteiarbeit – vor allem aber zeigt es, dass der Zorn über die Ungerechtigkeit und insbesondere über den ubiquitären Rassismus der USA für viele dieser Kommunisten wichtiger war als die byzantinisch komplizierten geschichtsstrategischen Parolen und die jeweiligen Ausprägungen der Generallinie, auf die sie von der Partei immer wieder eingeschworen wurden (in einer Phraseologie, der Jessica Mitford eine hübsche kleine Satire widmete: *Lifeitselfmanship, or How to Become a Precisely-Because Man.*)

Dieses Pamphlet, das 1956 unter ihrem Ehenamen Decca Treuhaft herauskam, war ihre allererste Veröffentlichung; man findet es im Anhang zu *A Fine Old Conflict*. Es glossiert typische Phrasen der kommunistischen Publizistik, wie sie schon im Titel (*life itself*, *precisely because*) zitiert werden, dem Titel, der im Übrigen auf Stephen Potters Begriff »Lifemanship« (1950) Bezug nimmt (die Kunst, mit sparsamen Mitteln stets allen über zu sein). Die Anregung für dieses mild satirische Unternehmen fand Jessica in einem Aufsatz ihrer Schwester Nancy (in Buchform als »The English Aristocracy« in *Noblesse Oblige*, London 1956), die eine vieldiskutierte Betrachtung veröffentlichte über den unterschiedlichen Sprachgebrauch der Upperclass (U) und jener, die dieser nicht angehören (non-U), aber vielleicht vergebliche Anstrengungen machen, für jemanden aus der Upperclass gehalten zu werden. Insbesondere geht es auch um das jeweils verschiedene Vokabular (für dieselben Gegenstände, etwa: non-U *note-paper* / U *writing-paper*, eine Differenz, die in Nancys eigenem Roman *The Pursuit of Love* – Kapitel 4 – verhandelt wird). Die hier eingeführte Unterscheidung U / non-U hat sich als linguistisch fruchtbar erwiesen; Jessica verwendet in ihrer Broschüre »L« / »non-L«. Während der naive non-L-Sprecher vielleicht sagen würde: »Mit der Zeit wird sich zeigen, ob dieser Plan gut war«, muss es auf L heißen: »Die Korrektheit dieser Politik lässt sich nur im politischen Kampf selbst demonstrieren.« Die Autorin weist unter anderem darauf hin, dass im gewöhnlichen Sprachgebrauch *an affair* eine heimliche Liebesbeziehung ist, im linken Gebrauch jedoch eine Veranstaltung zum Zweck des Spendensammelns, was zu so verwirrenden Sätzen führen kann wie »Why don't you have an affair and raise some money?«.

Etwa zu der Zeit, als sie an *Hons and Rebels* arbeitet, beginnt ihre Arbeit als kritische Journalistin. Der Band *The Making of a Muckraker* (London 1979) versammelt, beginnend mit dem Bericht über einen Kriminalfall in San Francisco 1957, die kleineren journalistischen Arbeiten der Autorin. (»Muckraker« – »Im-Dreck-Wühler« – ist eine von der einschlägigen Publizistik als Ehrentitel aufgegriffene Beschimpfung kritischer Journalisten durch Theodore Roosevelt aus dem Jahre 1906. Klassische Texte sind etwa Ida M. Tarbells *History of the Standard Oil Company*, Lincons Steffens' *The Shame of the Cities* oder – mit den Mitteln des Romans – Upton Sinclairs *The Jungle*.) Als erstes Buch von Jessica Mitford erschien dann *Hons and Rebels* (in Amerika *Daughters and Rebels*) im Jahre 1960; der ursprünglich von der Autorin geplante Titel – den der Verleger zurückwies – war *Red Sheep* gewesen, »Das rote Schaf«. Es folgte *The American Way of Death* (New York 1963) – ein Meisterwerk der sardonischen Recherche, das in detaillierter und sehr komischer Weise Ideologie und Machenschaften der (den Hinterbliebenen stets riesige Kosten aufschwatzenden) amerikanischen Leichenbestatter vorführte und ein ungeheurer Erfolg wurde. Sie war auf dieses Thema durch die Arbeit ihres Mannes gekommen, der verschiedentlich Prozesse für kleine Leute führte, die von Bestattungsunternehmen über den Tisch gezogen worden waren. Das Buch erschien erweitert und verändert als *The American Way of Death Revisited* im Jahr 2000 in London.

Die zweite große journalistisch-soziologische Untersuchung, ebenfalls ein bewundernswertes Buch, war *Kind and Usual Punishment* (New York 1973), eine Studie über die Zustände in den amerikanischen Gefängnissen, über das, was man bereits damals die Gefängnisindustrie nennen konnte, über medizinische Experimente an Gefangenen. Der Titel spielt auf das Verbot grausamer und ungewöhnlicher Bestrafung, *cruel and unusual punishment*, in der amerikanischen Verfassung an. *The American Way of Birth* (New York 1992), eine kritische Studie über die amerikanischen Entbindungskliniken, versuchte an die Erfolge von 1963 und 1973 anzuknüpfen, was nicht ganz gelang. Eine Kuriosität ist ihr vorletztes Buch *Grace Had an English Heart* (London 1988), eine reich illustrierte Meditation über historische Legendenbildung anhand der Geschichte von Grace Darling, Tochter eines Leuchtturmwärters, die beim Untergang eines Dampfers im September 1838 vor der Küste von Northumberland das Rettungsboot ruderte, das einige der Überlebenden bergen konnte. Im Zusammenhang mit *Hons and Rebels* ist es interessant, dass die Autorin hier mit dem »Grace Darling Song« beginnt, einer gefühlvollen Ballade aus dem 19. Jahrhundert (»'Twas on the Longstone lighthouse, / There dwelt an English maid …«), einem der Lieder, »die meine Schwestern und ich zu singen pflegten, um das Klavier meiner Mutter geschart« (vgl. S. 139).

*

Im Zusammenhang mit ihrer publizistischen Bravourattacke gegen die amerikanische Bestattungsindustrie war ein Satz von Jessica Mitford eine Zeitlang berühmt: »I have nothing against undertakers personally. It's just that I wouldn't want one to bury my sister.« Dies ist die ironische Mimese eines Topos rassistischer Kneipenthekengespräche: Ich habe nichts gegen diese Leute, »but would you want one of them to marry your sister?« *Marry, bury* – der witzige Satz erhält seine besondere Resonanz durch ein Leben, das von sehr unterschiedlichen Schwestern umgeben war. Zu den bewegendsten Zügen dieses Buches gehört die unverbrüchliche Zuneigung zu Unity, trotz ihrer rausch- und rätselhaften Begeisterung für die Nazis (wenn wir einen Augenblick lang mit Unitys Augen zu sehen vermögen, erkennen wir etwas Unheimliches: die modernen, attraktiven, glamourös »subversiven« Züge des Dritten Reiches).

Am 11.3.1960 beglückwünschte Nancy ihre Schwester Jessica zu ihrem Buch; am Schluss schrieb sie: »Esmond war der erste Teddy Boy, nicht wahr, ein Pionier des modernen Trends & viel beeindruckender als seine Nachfolger.« In ihrem dankbaren Antwortbrief vom 28.3. – die beiden Schwestern nannten einander in diesen Briefen gegenseitig »Susan« und unterzeichneten sich auch selbst so – notierte Jessica nur knapp: »No Susan, Esmond wasn't a pioneer Teddy Boy.« Die Teddy Boys bildeten in den fünfziger Jahren in England eine der ersten scharf ausgeprägten Subkulturen der Nachkriegszeit, definiert über einen gewissen Kleidungsstil (der sich in einigen Punkten an die edwardianische Großelternzeit anlehnte – daher »Ted[dy]«, die Kurzform von Edward), musikalische Vorlieben und eine bandenförmige, gewaltbereite Geselligkeit (was dann von der Presse stark überhöht wurde). Man begreift sowohl Nancys kleine Provokation wie Jessicas kühle Ablehnung. Esmond war kein Teddy Boy; er mochte aber in seiner Begabung für stilvolle Rücksichtslosigkeit an die Teddy Boys erinnern. So unvergleichbar die Jugendkulturen einzelner Jahrzehnte sein mögen – sie haben bestimmte Gesten der Auflehnung gemeinsam. In seinem Erinnerungsbuch schreibt Philip Toynbee über Esmond: »[Er gehörte] zu jener oberen Schicht der englischen Mittelklasse, die aristokratische ›Verbindungen‹ besitzt, die sich durch Eheschließung von unten nährt und ihrerseits gewohnt ist, die Aristokratie mit Ehefrauen zu versorgen. Für diese relativ kleine Gruppe – wie für die Mittelklasse überhaupt – waren die dreißiger Jahre eine Zeit der Belastungen und Spaltungen, eine Zeit – zwischen der Wirtschaftskrise und dem Zweiten Weltkrieg –, als der edwardianische Schein noch mühselig gewahrt wurde … Wirtschaftlicher, gesellschaftlicher und politischer Druck erzeugten unter der Oberfläche Verwerfungen und Risse.«

Die radikale Auflehnung Jessicas und Esmond Romillys gegen ihr eigenes Milieu geschieht faszinierenderweise zwar im Geiste von Parolen, die sich scharf gegen diese Herkunftsklasse richten, aber ganz mit deren unbewusst dreister Haltung. Die souveräne Unbekümmertheit, mit der Esmond und Jessica sich der Habseligkeiten, der Zeit, der Loyalität anderer bemächtigen, ist so bewundernswert wie beunruhigend. Sie waren sehr jung. Sie haben ihre Konsequenzen gezogen.

ANMERKUNGEN

Über die Mitford Sisters gibt es eine umfangreiche Literatur; ich habe die folgenden Bücher besonders nützlich gefunden: Charlotte Mosley, *The Mitfords. Letters Between Six Sisters*, London 2007. *The Letters of Nancy Mitford and Evelyn Waugh*, edited by Charlotte Mosley, London 1996. *Decca: The Letters of Jessica Mitford*, edited by Peter Y. Sussman, London 2006. – Die Anmerkungen geben nur einige wenige Sacherklärungen und Hinweise auf Zusammenhänge, die für die Leser und Leserinnen von Interesse sein könnten.

S. 7 kleine D. Die Initiale erklärt sich aus Jessicas Familienspitznamen »Decca«.

S. 10 mein Vater David Mitford, second Baron Redesdale (1878–1958), und Sidney, geborene Bowles (1878–1960) hatten sechs Töchter und einen Sohn: Nancy 1904–1973; Pamela 1907–1994; Tom 1909–1945; Diana 1910–2003; Unity 1914–1948; Jessica 1917–1996; Deborah 1920–2014. Es ist nicht uninteressant, was Nancy Mitford für einen Artikel über die eigene Person in einem amerikanischen Literaturlexikon niederschrieb (Stanley J. Kunitz, *Twentieth Century Authors. First Supplement*, New York 1955): »Mein Vater war der zweite Sohn eines englischen Peers; meine Mutter war eine Schönheit. Jüngere Söhne bekommen in England kein Geld, und ich wurde in einem armen Londoner Slum geboren. Da mein Vater darauf bestand, sieben Bluthunde und für mich ein Pony zu halten, war es ziemlich eng bei uns. Doch während des ersten Krieges gegen die Deutschen starb der ältere Bruder, und mein Vater wurde Lord Redesdale. Danach lebten wir in einem großen Haus in den Cotswolds … Mein Vater und meine Mutter, selbst Analphabeten, waren gegen jede Erziehung und wir Mädchen bekamen keine, obwohl man uns beibrachte, zu reiten und Französisch zu sprechen. Mein Bruder kam nach Eton.« Auch dies ist natürlich eine starke Stilisierung.

S. 10 Hunnen Die in England lange geläufige und auch heute noch verständliche Bezeichnung »Huns« für die Deutschen geht auf die berüchtigte Rede Wilhelms II. am 27. Juni 1900 zurück, als er bei der Entsendung des Expeditionskorps nach China – wo im Boxeraufstand unter anderen der deutsche Botschafter getötet worden war – sagte: »Pardon wird nicht gegeben, Gefangene nicht gemacht *(sic)*. Wer euch in die Hände fällt, sei in eurer Hand. Wie vor tausend Jahren die Hunnen unter ihrem König Etzel sich einen Namen gemacht, der sie jetzt noch in der Überlieferung gewaltig erscheinen lässt, so möge der Name Deutschland in einer solchen Weise bestätigt werden, dass niemals wieder ein Chinese es wagt, etwa einen Deutschen auch nur scheel anzusehen.« Die durch die unkontrollierbare Krawallrhetorik des Kaisers schon seit längerem beunruhigte deutsche Regierung sorgte automatisch dafür, dass eine abgemilderte Variante als offizielle Version gedruckt wurde. Doch einige Lokalzeitungen wurden von den Anweisungen der Ministerialbürokratie nicht rechtzeitig erreicht und druckten den authentischen Wortlaut. Die tolldreiste Mischung aus Pomp, Umständlichkeit (»möge … bestätigt werden«) und deliranter Aggressivität verfehlte ihre europäische Wirkung nicht; neben der Lächerlichkeit der Rede hörte man ihre Bedrohlichkeit, auch wenn der Kaiser anlässlich eines Unternehmens sprach, das einige europäische Nationen gemeinsam duchführten.

Zum englischen Verhältnis zu diesen »Hunnen« kann man aus den einleitenden Sätzen von Nancy Mitfords Roman *The Pur-*

suit of Love (1945) etwas zitieren, das spielerisch übertreibt, aber als Spielform eben historisch abzuleiten ist: »Über dem Kamin – deutlich sichtbar auf der Fotografie – hängt ein Schützengrabenspaten, mit dem Onkel Matthew 1915 acht Deutsche erschlagen hatte, einen nach dem anderen, wie sie aus einem Unterstand herausgekrochen waren. Er ist noch mit Blut und Haar bedeckt, ein Gegenstand der Faszination für uns Kinder.« Gegen Ende des Romans, als zu Onkel Matthews Begeisterung eine deutsche Invasion bevorzustehen scheint, drillt er hingebungsvoll die Dienstboten und sinniert stolz: »Ich würde sagen, dass wir sie zwei Stunden lang aufhalten können – möglicherweise drei, ehe wir alle tot sind. Gar nicht schlecht für so ein kleines Anwesen.«

S. 19 das Schwarze Loch von Kalkutta Eine legendäre Episode aus der imperialen Geschichte Englands: Der Nabob von Bengalen sperrte im Juni 1756 nach der Eroberung eines Forts der East India Company 146 englische Gefangene in einen viel zu kleinen Raum (das Gefängnis des Forts), wo sie bis auf dreiundzwanzig erstickten. Die Geschichte geht auf den Bericht eines einzigen Augenzeugen zurück, des Company-Beamten John Zephaniah Holwell; sie ist zuweilen grundsätzlich, häufig in ihren Einzelheiten bestritten worden.

S. 21 Little John Der (ironisch benannte) hünenhafte Begleiter von Robin Hood – eine der wenigen individualisierten Figuren unter den *Merry Men* (wie Friar Tuck oder Much, the Miller's Son). In der klassischen Verfilmung *The Adventures of Robin Hood* (Michael Curtiz und William Keighley, 1938, für Warner Brothers) gespielt von Alan Hale, Sr.

S. 25 Der Generalstreik des Jahres 1926 Das Ereignis dieses scheiternden Streiks wurde vielfach als Triumph der Selbstorganisation der englischen Upperclass erlebt. Vgl. die eindringlich-komische

Schilderung bei Christopher Isherwood, *Lions and Shadows* (1938, übersetzt von Joachim Kalka als *Löwen und Schatten*, Berenberg Verlag, 2010).

S. 43 »Highland Fling« Der erste Roman von Nancy Mitford erschien 1931, *The Pursuit of Love* – der fünfte – 1945. Beide Romane, vor allem der auch in Amerika sehr beliebte letztere, weckten ein gewisses Interesse an der mit genialer Komik geschilderten Familie Mitford und trugen nicht unerheblich zum Publikumsinteresse an Jessica Mitfords Buch und zu dessen Erfolg bei.

S. 46 beim Piltdown-Menschen Die Evolutionstheorie des 19. Jahrhunderts hatte den Begriff des *missing link* populär gemacht – des fehlenden (als Fossil noch unentdeckten) Zwischengliedes zwischen den affenartigen Vorfahren des Menschen und diesem selbst. 1912 schienen ein Schädelfragment und andere Knochen dieses fehlenden evolutionären Belegstücks in Sussex aufgefunden worden zu sein, man sprach nach der Fundstelle vom »Piltdown Man«. In den Jahrzehnten nach der Entdeckung in aller Munde, wurde die Bezeichnung als Scherz oder Invektive ähnlich wie im Deutschen »Neanderthaler« verwandt. 1953 stellte sich der Piltdown Man schließlich als eine der großen wissenschaftlichen Fälschungen der Neuzeit heraus.

S. 49 Evelyn Waugh Der hervorragende satirische Roman *Vile Bodies* (der in die Reihe seiner großen Gesellschaftkomödien wie *Scoop*, *Decline and Fall*, *Black Mischief* gehört) erschien 1930. Im 2. Kapitel findet sich der Satz: »He got ill and went to Kenya or somewhere and left his perfectly sheepish house in Hertford Street, so we've all gone to live there.«

S. 50 Stanley Spencers »Auferstehung« Der bedeutende Maler Stanley Spencer (1891–1951) – einer der wenigen streng figürlich arbeitenden Modernen – hat im Sinn einer intensiven, wenn auch ganz eigenen Religiosität (»Jesus predigt bei der Regatta von Cookham«) das Thema der Auferstehung über Jahrzehnte hinweg bis zu seinem Tod immer wieder behandelt, stets mit einer hochgradig befremdenden und bewegenden Buchstäblichkeit: Die Toten arbeiten sich in ihren Alltagskleidern aus der Friedhofserde heraus, sie helfen sich dabei gegenseitig, das Mädchen kämmt der Mutter rasch ein wenig das Haar, die Liebenden umarmen sich … Ein Jüngstes Gericht, ein Himmel oder eine Hölle werden nicht angedeutet. Unter den verschiedenen Versionen des Themas, deren erste schon 1914 entstand, dürfte es sich bei der hier erwähnten Reproduktion um das berühmte, zuerst 1927 ausgestellte Bild *The Resurrection: Cookham* handeln (heute in der Tate Gallery).

S. 91 Oswald Mosley Oswald Mosley (1896–1980), Führer der British Union of Fascists, war die große Liebe Diana Mitfords. Beide waren im Zweiten Weltkrieg vom Mai 1940 bis November 1943 interniert und wurden dann wegen Mosleys Gesundheitszustand entlassen (wogegen Nancy in privaten Briefen an die Behörden scharf protestierte) und für den Rest des Krieges unter Hausarrest gestellt. Nach dem Krieg blieben seine Versuche, eine neue Partei (unter anderem unter dem Namen National Party of Europe) zu organisieren, weitgehend erfolglos. 1951 zog er nach Paris, um bis zu seinem Tode immer wieder durch Kandidaturen und Interventionen zu versuchen, in der britischen Politik Fuß zu fassen, was aber auch zu einer Zeit beginnender Xenophobie angesichts starker Einwanderung nicht gelingen wollte.

Man gestatte eine Abschweifung. Für die Gründe, weshalb es in England trotz Mosleys Bewegung, hoher Arbeitslosigkeit und beträchtlicher Sympathien der herrschenden Klasse nicht zu einer Machtausübung durch die Faschisten kam, liefert vielleicht ein Zitat aus einem der großartigen komischen Romane von P. G. Wodehouse um Bertie Wooster und Jeeves ein Indiz. Der – ganz unpolitische – Wodehouse lässt seinen Bertie (zeitlich gesehen auf dem Höhepunkt der Mosley-Bewegung) den unangenehmen Roderick Spode souverän abkanzeln – den Führer einer Bewegung namens The Saviours of Britain, deren Mitglieder (weil alle Hemdenfarben wie *black shirts* schon vergeben sind) *black shorts* tragen. »Das Problem mit Ihnen, Spode, ist es, dass Sie eine Handvoll Schwachköpfe dazu verleitet haben, London zu entstellen und in schwarzen Turnhosen herumzurennen, und jetzt glauben Sie, Sie seien wer. Sie hören diese Figuren ›Heil Spode!‹ rufen und glauben, das sei die Stimme des Volkes. Genau da machen Sie den entscheidenden Fehler. Die Stimme des Volkes sagt im Gegenteil: Schaut euch diesen entsetzlichen Blödmann Spode an, wie er in der Turnhose daherkommt! Hat man je im Leben schon einen derart aufdringlichen Angeber gesehen?« (*The Code of the Woosters*, 1938, Kapitel 7)

S. 92 Rajani Palme Dutt Der Politiker und Publizist (1896–1974) war der Sohn eines indischen, in England nach dem Studium niedergelassenen Arztes und der schwedischen Autorin Anna Palme. Ohne dass er häufig wichtige Ämter innegehabt hätte, war er eine – vielleicht: die – Zentralfigur der englischen Kommunistischen Partei. **Harold Laski** Der englische Sozialist und Politologe (Professor an der London School of Economics) war ab 1945 kurze Zeit Vorsitzender der Labour Party und jahrzehntelang einer der einflussreichsten britischen Intellektuellen. Er lebte von 1893 bis 1950. **Ehepaar Webb** Sidney und Beatrice Webb, beide bedeutende Sozialwissenschaftler (B.W. 1858–1943, S.W. 1859–1947), waren frühe Mitglieder der reformsozialistischen Fabian Society (deren Symbol die – langsam vorrückende – Schildkröte ist), Mitbegründer der London School of Economics und Publizisten mit großem Einfluss. Die autobiographischen Werke von Beatrice Webb (*My Apprenticeship*, 1926, und das postum erschienene *Our Partnership*, 1948) sind von großem Interesse. Die Webbs verteidigten die Sowjetunion in gemeinsam verfassten Programmschriften der frühen vierziger Jahre. **John und Lytton Strachey** Lytton Strachey, Freund von Virginia Woolf und Mitglied der Bloomsbury Group, veröffentlichte 1918 das höchst erfolg- und einflussreiche Buch *Eminent Victorians*, eine Sammlung von vier biographischen Studien, die jeweils eine Legende »dekonstruieren« (eine davon deutsch im Berenberg Verlag, 2005: Lytton Strachey, *General Gordon*). John Strachey war ein Politiker mit einigermaßen bewegter Karriere (zuerst Mitglied der Labour Party, schloss er sich 1931 Mosleys New Party an, die er aber rasch wieder verließ, als ihre faschistischen Züge offen zutage traten. Er kandidierte dann als Unabhängiger mit kommunistischen Sympathien, um während des Krieges und danach wieder als Mann der Labour Party verschiedene Regierungsämter auszuüben.) Sein 1932 erschienenes Buch *The Coming Struggle for Power* wurde viel gelesen und war mit seiner Schlussfolgerung, nur eine radikale – eine gewaltsame – Lösung könne die Stagnation der englischen Politik überwinden, sehr wirkungsvoll.

S. 94 Osteria Bavaria Das Lokal in der Schellingstraße 62 heißt heute Osteria Italiana. In Oskar Maria Grafs Autobiographie *Gelächter von außen* (1966) findet sich im 7. Kapitel (»Der Bluthund taucht auf«) eine kleine Vignette, die Hitler in der Osteria zeigt: »Da saß der Mann mit einigen seiner Paladine, saß da wie nicht für den Zivilanzug geschaffen und war unbeschreiblich öd anzuschauen, wenn er sich leger gab und ab und zu kurz auflachte.«

S. 100 Das Ungeheuer von Loch Ness Nach verschiedenen Erwähnungen eines Ungeheuers, eines »Salamanders«, eines *beastie* im schottischen Loch Ness, die sich über die Jahrhunderte hinweg verfolgen lassen (wie bei vielen schottischen und skandinavischen Seen), gerieten die verschiedenen Berichte über angebliche Sichtungen im Sommer 1933 zuerst in die lokalen Schlagzeilen (vor allem im *Inverness Courier*), dann nahm sich Ende Oktober die Londoner Massenpresse der Sache an. Während die Legende seitdem immer wieder Aufmerksamkeit gefunden hat, bildete das Jahr 1934 wohl den Höhepunkt des faszinierten öffentlichen Interesses. Vgl. Nicholas Mitchell, *The Loch Ness Story*, London 1974, erw. 2. Auflage Harmondsworth 1976.

S. 101 »Wigs on the Green« Nancy Mitfords 1935 erschienener Roman – eine hübsche, doch an ihren besten Büchern gemessen marginale Satire – wurde erst 2010 wiederaufgelegt (Penguin Books). Als ihr Verleger sie 1951 bat, einer Wiederveröffentlichung zuzustimmen, lehnte sie ab; sie schrieb an Evelyn Waugh: »Es ist zu viel geschehen, als dass man Witze über Nazis noch komisch finden oder in ihnen etwas anderes als den Gipfel der Geschmacklosigkeit sehen könnte.«

S. 117 Peter Rodd Die Ehe, die Nancy Mitford 1933 schloss, wurde rasch unglücklich; Rodds flamboyant zynisch-egoistische Züge führten zu einer Trennung lange vor der 1958 vollzogenen Scheidung. Äußerungen Nancys wie »Marriage, the horror of it!« (Brief an Diana vom 19.11.48) sind kaum ironisch zu nehmen. Die große Liebe im Leben Nancy Mitfords war dann der gaullistische Offizier Gaston Palewski, den sie 1942 in London kennenlernte und dessentwegen sie nach Paris übersiedelte – eine indirekte Schilderung dieser Beziehung findet sich in *The Pursuit of Love*. Peter Rodd ist teilweise in einer Figur von Evelyn Waugh wiederzuerkennen: Basil Seal in *Black Mischief* (1932) und *Put Out More Flags* (1942), außerdem in Jasper Aspect in *Wigs on the Green*.

S. 122 Philip Toynbee Der von 1916 bis 1981 lebende Sohn des Historikers Arnold Toynbee war Schriftsteller und Zeitungsmann (beim *Observer*). Sein vielleicht interessantestes Werk ist die Reihe von Versromanen, die er unter dem Titel *Pantaloon* veröffentlichte (beginnend mit *Pantaloon or The Valediction*, 1961). Er schrieb das Erinnerungsbuch *Friends Apart. A Memoir of Esmond Romilly and Jasper Ridley in the Thirties* (1954); hier werden die im vorliegenden Band geschilderten Ereignisse ergänzt oder gelegentlich aus etwas anderer Perspektive beleuchtet. Jessica Mitford veröffentlichte als Zeugnis der Freundschaft *Faces of Philip: A Memoir of Philip Toynbee* (New York 1984).

S. 179 in einer einzigen katastrophalen Schlacht Mitte Dezember 1936 kam es beim Versuch der Nationalisten, im Zug ihrer Einkesselung Madrids die Straße nach Nordosten abzuschneiden, zu schweren Kämpfen in und um die kleine Stadt Boadilla del Monte, bei denen das Thälmann-Bataillon und das Dąbrowski-Bataillon der Internationalen Brigaden etwa achtzig Mann verloren; es fielen hier auf loyalistischer Seite fast alle eingesetzten Engländer. Esmond Romilly gab seinen Erinnerungen an Spanien – wie später hier im Text erwähnt (S. 209) – den Titel *Boadilla*. Dieses Buch wurde 1971 veröffentlicht; 2011 erschien eine spanische Ausgabe mit einer Einleitung von Antonio R. Celada. – Vgl. auch Kevin Ingram, *Rebel. The Short Life of Esmond Romilly*, New York 1986.

S. 209 Guernica Die baskische Stadt wurde am 21.4.1937 bei einem hauptsächlich von der deutschen Legion Condor zur Unterstützung Francos durchgeführten Luftangriff zerstört. Picassos gleichnamiges Gemälde, im Sommer desselben Jahres entstanden, wurde vom Künstler einer zukünftigen spanischen Republik hinterlassen und kam infolgedessen – nachdem es seit den dreißiger Jahren im Museum of Modern Art in New York zu sehen gewesen war – 1981 nach Madrid, wo es nun im Museo Reina Sofía hängt.

S. 211 Cliveden Set Die Machenschaften der »Cliveden-Clique«, einer Gruppe von konservativen Politikern und Publizisten, die sich auf dem gleichnamigen Landsitz von Nancy Astor (1879–1964) trafen, sind vielleicht gelegentlich in einem verschwörungstheoretischen Sinne überbetont worden; hier spielte die Berichterstattung in Claude Cockburns *The Week* (vgl. S. 304) eine beträchtliche Rolle. Jedenfalls stand diese Gruppierung, welchen Einfluss sie nun jeweils direkt oder indirekt ausgeübt haben mag, für eine Politik des Kompromisses mit dem Dritten Reich.

S. 249 »The Petrified Forest« In dieser Verfilmung des Broadway-Stücks von Robert E. Sherwood wiederholten Leslie Howard und Humphrey Bogart ihre melodramatischen Bühnenrollen – die des desillusionierten Intellektuellen und des psychopathischen Gangsters, die beide in der Wüste Arizonas sterben; die weibliche Hauptrolle übernahm Bette Davis (Warner Brothers, 1936).

S. 263 »King John« Die Anwesenheit des Stücks von Shakespeare in dieser nach dem Prinzip des Kalauerhumors zusammengestellten Bibliothek erklärt sich daraus, dass im Amerikanischen *john* eine Bezeichnung für die Toilette ist. **Familien Graham und Meyer** Der Finanzier Eugene Meyer (1875–1959) hatte 1933 die bankrotte *Washington Post* gekauft, die er durch lange, geduldige Investitionen schließlich ab etwa 1950 zu einer der führenden Tageszeitungen machen sollte; durch ihren Reichtum, ihren Einfluss und ihre vielfältigen Verbindungen war die Familie Meyer eine der wichtigsten im politischen Washington. Eugenes Gattin Agnes E. Meyer stand in enger Verbindung mit Thomas Mann, dem sie im Exil – ungeachtet seiner oft abfälligen Äußerungen in den Tagebüchern (»die beschwerliche Geistpute in Washington«, 2.3.1942) – vielfältig behilflich war. Die Tochter Katharine (»Kay«; 1917–2001), zum Zeitpunkt der Erzählung seit kurzem mit Philip Graham verheiratet (Juni 1940), sollte später die Herausgeberschaft der *Washington Post* übernehmen, die sie lange Zeit leitete, unter anderem während der kritischen Phase der Publikation der »Pentagon Papers« über die geheime Seite des Vietnamkriegs und während des Watergate-Skandals; ihre Autobiographie *Personal History* erschien 1997.

S. 278 Damon Runyon Der amerikanische Sportreporter und Kriegsberichtserstatter Damon Runyon (1884–1946) begann Anfang der dreißiger Jahre Milieugeschichten aus der Halb-, Unterhaltungs- und Unterwelt rund um den Broadway zu schreiben, die sofort sehr großen Erfolg hatten und mit ihrem charakteristisch pittoresken Slang eine bestimmte Form der amerikanisch-großstädtischen Alltagssprache abbildeten und mitprägten (»Runyonese«). Die erste Sammlung erschien 1932: *Guys and Dolls.*

S. 287 Dead End Dieser Film (Samuel Goldwyn 1937, Regie William Wyler) war der erste mit der Halbwüchsigen-Gang »The Dead End Kids« (Billy Halop, Leo Gorcey, Huntz Hall, Bobby Jordan usw.), die im folgenden Jahr in *Angels With Dirty Faces* (Michael Curtiz für Warner Brothers) wiederkehrte und sieben Filme zusammen drehte, Dutzende in anderen Gruppierungen (The Bowery Boys usw.) nicht gerechnet. Vgl. David Haye/Brent Walker, *The Films of the Bowery Boys. A Pictorial History of the Dead End Kids*. Secaucus, N. J., 1984

S. 289 Christopher-Robin-Gedichte Inbegriff kindlich-kitschiger Sentimentalität. Zwei Bücher von A.A. Milne sind heute allgemein – zu recht – berühmt: *Winnie-the-Pooh* (1926) und die Fortsetzung *The House at Pooh Corner* (1928). Der Autor hat hier die Spieltiere seines (1920 geborenen) Sohnes Christopher belebt, und er erzählt von einer bukolischen Welt, die sie – mit ihrem kleinen Herrn und Meister – bevölkern. Der Ursprung dieser Christopher-Robin-Mythologie liegt jedoch in dem Gedichtband *When We Were Very Young* (1924), dem dann noch *Now We Are Six* (1927) folgte. Diese Gedichte waren höchst erfolgreich. Während aber die genuin komischen *Pooh*-Bücher nur gelegentliche Kitsch-Einsprengsel enthalten, sind Milnes Kindergedichtbände Orgien des Süßlich-Schelmischen; als solche waren sie zeitgenössisch beliebtes Objekt der literarischen Satire. J. B. Morton (»Beachcomber«) reimte parodistisch: »Hush, hush, / Nobody cares! / Christopher Robin / Has / Fallen / Down- / Stairs«, und in den komischen Romanen von P. G. Wodehouse ist ein Faible für Christopher-Robin-Gedichte unweigerlich das Stigma schwachköpfig-sentimentaler junger Frauen (etwa Madeline Bassett in *The Mating Season*). Die Folgen der ambivalenten Popularität dieser Bücher für Milnes realen Sohn lassen sich noch an dessen 1974 erschienener Autobiographie *The Enchanted Places* ablesen.

S. 294 Auden und Isherwood Die Abreise der beiden bekannten britischen Autoren in die USA löste 1939 in England viel Unmut aus, vor allem auch bei der Linken. Die frühe Freundschaft der beiden schildert Christopher Isherwood in *Lions and Shadows* (vgl. Anmerkung zu S. 25); Auden war als Sanitäter im Spanischen Bürgerkrieg gewesen. Isherwood schrieb Anfang der vierziger Jahre: »Im Herbst 1938, nachdem Auden und ich aus China zurückgekehrt waren, wurde unser drittes Stück aufgeführt – und von einem Publikum, das unter dem Eindruck der Beschwichtigungspolitik des Münchener Abkommens stand, kühl aufgenommen, weil es ja den Ausbruch eines europäischen Krieges beschreibt. Im Januar 1939 schifften wir uns nach New York ein – mit der Absicht, unseren ständigen Wohnsitz in den USA zu nehmen.« Ein wichtiges Augenzeugenporträt der literarischen Szene in England gibt Julian Symons, *The Thirties: A Dream Revolved*, London 1960 (übrigens mit interessanten Seitenblicken auf die Brüder Romilly und *Out of Bounds*). Zum politisch-literarischen Hintergrund vgl. Samuel Hynes, *The Auden Generation. Literature and Politics in England in the 1930s*, London 1976; Valentine Cunningham, *British Writers in the Thirties*, Oxford/New York 1989.

S. 321 Dartington Ähnlich wie A. S. Neals Summerhill zog die von Leonard und Dorothy Elmhirst 1925 in einem Herrenhaus in Devon gegründete reformpädagogische Privatschule Dartington Hall (die bis 1987 existierte) einen Schwarm von misstrauischen Gerüchten an.

S. 344 durch einen Schuss Unity Mitford hatte seit längerem in München gelebt und dort den engen Kontakt mit Hitler und anderen hohen Nazis genossen. Am 3. September 1939, dem Tag der Kriegserklärung Englands und Frankreichs an Deutschland, ging sie in den Englischen Garten und schoss sich eine Kugel in den Kopf – was sie für den Fall eines Krieges zwischen England und Deutschland wiederholt angekündigt hatte. Der Selbstmordversuch misslang; sie erlitt aber eine schwere Gehirnverletzung. In einer ungewöhnlichen Aktion wurde sie trotz des Krieges – der sich allerdings noch in dem von Jessica Mitford so eindringlich beschriebenen Lähmungsstadium des »phony war« befand – nach England überstellt und kam am 3. Januar 1940 mit der Fähre von Calais in Folkestone an. Obwohl sie die Fähigkeiten des Sprechens und Schreibens wiedererlangte, besaß sie nun nur noch die Intelligenz eines Kindes und bedurfte ständiger Pflege – um die sich ihre Mutter unablässig kümmerte. Unity starb 1948; sie liegt mit Nancy und anderen Familienmitgliedern auf dem Friedhof von Swinbrook begraben. Zum Leben von Jessicas Lieblingsschwester vgl. die vielleicht nicht in allen Schlussfolgerungen luzide, aber sehr materialreiche Studie von David Pryce-Jones, *Unity Mitford: A Quest*, London 1967.

S. 358 Donk Der Esel ist das Symboltier der Demokratischen Partei, der Elefant das der Republikaner. Diese Symbolisierung bildete sich in den siebziger Jahren des 19. Jahrhunderts heraus; Kristallisationskerne waren Karikaturen des bedeutenden und politisch einflussreichen Zeichners Thomas Nast in *Harper's Weekly*. – Vgl. die Widmung (S. 4).

BEREITS ERSCHIENEN:

Christopher Isherwood

Löwen und Schatten

Eine englische Jugend in den zwanziger Jahren

Der Film *Cabaret* machte Christopher Isherwood weltberühmt. Berühmt war er schon: als Verfasser jener zwei Romane, die im Berlin der beginnenden Nazizeit spielen und zur Vorlage des Films wurden; und, weil er mit Stephen Spender und W. H. Auden ein spektakuläres Trio bildete. Seine Jugenderinnerungen aus Schule und Universität, Cambridge und London lesen sich als eine »Education sentimentale« wie es nur wenige gibt in der Weltliteratur. Eine komisch ironische Schilderung von Tagträumen, Einsichten, fast ein Roman: darüber, wie alles anfing: die Liebe zur Literatur und die zu den Männern.

»Wir raten eindringlich zur Lektüre.«
Susanne Mayer, Die Zeit

Aus dem Englischen und mit einer Einleitung
von Joachim Kalka
320 Seiten
ISBN 978-3-937834-36-8

Iris Origo

Eine seltsame Zeit des Wartens

Italienisches Tagebuch 1939/40

In der Rückschau ist es leicht, Anzeichen für drohendes Unheil auszumachen. Aber wer mittendrin in der Geschichte steckt, kann nur versuchen, sich aus Gehörtem, Gesehenem und Gelesenem ein Bild zusammenzusetzen. Im Sommer 1940 tritt Italien in den Zweiten Weltkrieg ein, ein gutes Jahr zuvor beginnt Iris Origo ihr Tagebuch. Die Britin lebt in der Toskana, ist aber auch in Rom bestens vernetzt. Und während die Nazis über halb Europa hinwegziehen, spricht sie mit Bauern und Politikern, hört Radio und liest Zeitungen – und hält alles fest. So bekommen wir nicht nur Einblick ins faschistische Italien, sondern auch ein Gefühl dafür, wie es ist, wenn die Welt am Wendepunkt steht.

»Das ist vielleicht das Eindrucksvollste an diesem kurzen Buch: Wie die Überzeugungen und Beobachtungen der Autorin sich ergänzen oder auch kreuzen.«
Stephan Speicher, Frankfurter Allgemeine Zeitung

Aus dem Englischen von Anne Emmert
Mit einem Vorwort von Lucy Hughes-Hallett und
einem Nachwort von Katia Lysy
136 Seiten
ISBN 978-3-949203-07-7

Die deutsche Erstausgabe von *Hunnen und Rebellen. Meine Familie und das 20. Jahrhundert* erschien 2013 bei Berenberg.

Die Originalausgabe erschien 1960 unter dem Titel *Hons and Rebels*.

Konzeption | Gestaltung: Antje Haack | www.lichten.com
Satz | Herstellung: Büro für Gedrucktes, Beate Zimmermanns
Abbildungen: Einbandillustration von Antje Haack, Frontispiz von nybooks: Jessica (vorn) und Unity, im Alter von vier und acht Jahren
Reproduktion: Frische Grafik, Hamburg
Druck und Bindung: CPI – Clausen & Bosse, Leck
Printed in Germany
ISBN 978-3-949203-43-5